本书受江西省社科规划项目"改革劳动合同法对江西民营经济发展的影响研究"（编号：20WT40）和国家社科基金项目"AI算法下骑手工作压力、职业伤害与就业保护优化研究"（编号：22BGL206）共同资助。

经济管理学术文库·管理类

就业保护对我国民营企业的影响
——基于雇佣的视角

The Impact of Employment Protection on
Private Enterprises in China:
from an Employment Perspective

刘庆玉／著

经济管理出版社
ECONOMY & MANAGEMENT PUBLISHING HOUSE

图书在版编目（CIP）数据

就业保护对我国民营企业的影响：基于雇佣的视角 /
刘庆玉著. -- 北京：经济管理出版社，2024. -- ISBN
978-7-5096-9834-1

Ⅰ．F279.245

中国国家版本馆 CIP 数据核字第 2024TU2207 号

组稿编辑：张巧梅
责任编辑：杜　菲
责任印制：张莉琼
责任校对：蔡晓臻

出版发行：经济管理出版社
　　　　　（北京市海淀区北蜂窝 8 号中雅大厦 A 座 11 层　100038）
网　　址：www.E-mp.com.cn
电　　话：（010）51915602
印　　刷：北京晨旭印刷厂
经　　销：新华书店
开　　本：720mm×1000mm/16
印　　张：12.25
字　　数：226 千字
版　　次：2024 年 10 月第 1 版　　2024 年 10 月第 1 次印刷
书　　号：ISBN　978-7-5096-9834-1
定　　价：88.00 元

前　言

　　为劳动者提供更强就业保护被认为是劳动合同法最重要的内容,《劳动合同法》甚至被称为我国的就业保护法。传统理论表明,就业保护向在业劳动者提供更高的就业安全机会,有效保障他们的权益,使劳动者和用人单位处于更加平等的地位,极大地促进了劳动关系正常化。但是,如果就业保护降低了企业的雇佣水平,那么也可能因此延长失业劳动者再就业的时间。劳动者的最终处境取决于二者的综合。本书从民营企业雇佣的视角分析了《劳动合同法》所包含的就业保护制度的影响,它不仅有助于考察就业保护对劳动者的综合影响,而且有助于了解就业保护对民营企业乃至整个劳动力市场及宏观经济增长的影响。

　　为了探索就业保护的影响,本书采用了两种方法。第一种方法基于就业保护在企业层次上可能存在法律效力差异的认识,从《劳动合同法》中的无固定期限劳动合同条款的法律效力和企业年限之间的关系开展研究,第二种方法则基于《劳动合同法》在区域层次上可能存在落实差异的认识,从《劳动合同法》落实情况与各区域劳动法律法规及历史环境之间可能存在的内在联系开展研究。在合理假设下,基于这两种方法的分析结果均表明,就业保护在短期内降低了民营企业雇佣水平,企业对就业保护立法的冲击可能会存在适用和消化的过程,它们可能采取有效的激励措施,鼓励劳动者延长工作时间以应对劳动投入的减少。在内容方面,本书主要包括三部分,第一部分包括第一章、第二章和第三章,包括研究背景、研究问题和相关文献梳理;第二部分则是本书的主体部分,包括第四章至第八章,该部分又包括三部分,第四章至第六章研究劳动合同法对民营企业雇佣水平的影响,第七章研究民营企业可能采取的应对措施,第八章则以制造业为例开展研究;第三部分是本书的结论部分,包括第九章。

　　本书在研究过程中曾得到来自中国社会科学院、北京师范大学等院校和科研机构的许多业界知名专家的指导、建议和帮助,他们给本书的相关研究提供了许多宝贵的建设性意见，对他们表示衷心的感谢，但秉持文责自负的初心而不对他们的姓名一一列举。同时，许多同仁和好友对本书的研究提出了宝贵意见，中国社会科学院数据中心为本书的研究提供了重要支持，在此对他们一并表示衷心的感谢。最后，感谢工作单位江西师范大学对本书研究及出版给予的大力支持和资助。

本书是笔者承担的江西省社科规划项目"改革劳动合同法对江西民营经济发展的影响研究"（编号：20WT40）和国家社科基金项目"AI算法下骑手工作压力、职业伤害与就业保护优化研究"（编号：22BGL206）的阶段性成果，在此，感谢江西省社科规划办和国家哲学社会科学规划办给予的大力支持。

尽管本书的研究持续多年，试图从多角度探索劳动合同法实施对我国民营企业的影响，但限于学识和认知水平，以及对相关数据和材料的把握能力，书中难免存在不妥之处，在此恳请读者批评指正。

刘庆玉

2024 年 2 月 20 日

目　录

第一章　绪论 ……………………………………………………………… 1

　　第一节　研究背景 ………………………………………………… 1

　　第二节　研究意义 ………………………………………………… 3

　　第三节　拟解决的问题 …………………………………………… 4

　　第四节　使用的理论工具和研究方法 …………………………… 6

第二章　文献综述与理论分析 …………………………………………… 8

　　第一节　文献综述 ………………………………………………… 8

　　第二节　理论分析 ……………………………………………… 16

第三章　《劳动合同法》与就业保护 ………………………………… 30

　　第一节　《劳动合同法》实施前的劳动力市场 ……………… 30

　　第二节　《劳动合同法》：更强的就业保护 ………………… 39

　　第三节　劳动合同签订状况显著改善 ………………………… 44

第四章　就业保护的实施与影响 ……………………………………… 60

　　第一节　《劳动合同法》得到有效实施 ……………………… 60

　　第二节　《劳动合同法》实施与企业雇佣规模 ……………… 64

　　第三节　研究设计 ……………………………………………… 66

第五章　基于法律效力的企业差异的分析 …………………………… 71

　　第一节　企业年限与无固定期限劳动合同条款法律效力的关系 ………… 71

　　第二节　不同年限民营企业雇佣规模的变化 ………………… 73

第三节　基于企业年限与无固定期限劳动合同条款法律效力之间关系的
回归分析 ……………………………………………………………… 82
第四节　本章小结 ……………………………………………………………… 94

第六章　基于法律落实的地区差异的分析 …………………………………… 96
第一节　就业保护的地区落实环境 ………………………………………… 96
第二节　地区分组及描述性统计分析 …………………………………… 101
第三节　基于就业保护落实环境的分析 ………………………………… 106
第四节　稳健性分析 ……………………………………………………… 118
第五节　反事实检验 ……………………………………………………… 124
第六节　最低工资对结论的影响 ………………………………………… 126
第七节　本章小结 ………………………………………………………… 130

第七章　溢出效应：劳动者加班时间的变化 ……………………………… 133
第一节　加班时间的宏观表现 …………………………………………… 134
第二节　员工延长加班时间的企业表现 ………………………………… 136
第三节　员工延长加班时间的区域表现 ………………………………… 148
第四节　本章小结 ………………………………………………………… 153

第八章　就业保护对制造业民营企业雇佣的影响 ………………………… 155
第一节　民营企业总雇佣水平 …………………………………………… 155
第二节　民营企业生产人员雇佣水平 …………………………………… 158
第三节　民营企业工程技术人员雇佣水平 ……………………………… 160
第四节　民营企业服务人员雇佣水平 …………………………………… 162
第五节　民营企业一般行政人员雇佣水平 ……………………………… 164
第六节　民营企业管理人员雇佣水平 …………………………………… 166
第七节　本章小结 ………………………………………………………… 168

第九章　结论和建议 ………………………………………………………… 170
第一节　结论 ……………………………………………………………… 171
第二节　建议 ……………………………………………………………… 176

参考文献 ……………………………………………………………………… 179

第一章 绪论

第一节 研究背景

　　劳动合同法是我国劳动力市场制度建设中一件重要的事情，它的出台和我国劳动力市场建设的起源以及发展历程存在不可分割的联系。我国的劳动力市场建设始于20世纪90年代的国有企业改革，为了规范国有企业改革带来的工人下岗，于1994年出台了《中华人民共和国劳动法》（以下简称《劳动法》）。《劳动法》无论是在制定还是在落实过程中，总体上贯彻着效率优先、兼顾公平的理念。它在客观上促成了我国劳动力市场的形成。但随着时间的推移，伴随着劳动力市场的逐渐壮大，劳动关系的日益复杂化，《劳动法》逐渐呈现出一些不适应性，如在用工关系中不规范现象以及企业侵蚀劳动者正当权益等。随着劳动力市场供求关系的转变以及收入水平的提高，劳资矛盾逐渐被引发和激化。在这种背景下，《中华人民共和国劳动合同法》（以下简称《劳动合同法》）于2007年颁布并于2008年开始实施，2012年全国人民代表大会常务委员会通过《关于修改〈中华人民共和国劳动合同法〉的决定》，新修订的《劳动合同法》则于2013年7月1日起施行。对于新出台的劳动合同法，蔡昉和都阳（2008）认为它是中国劳动力市场制度建设的重要里程碑，迎合了形势发展的要求，同时也与当前我国社会建设的理念相一致。从这个角度来讲，《劳动合同法》的"颁布和执行是大势所趋"（蔡昉，2008）。尽管社会上曾出现过一些不同的声音，但"关于《劳动合同法》的争论是正常的"（蔡昉，2008），因为一方面，对劳动力市场进行规制是所有国家的共同特征，包括发达国家和发展中国家，另一方面，规制（包括劳动力市场规制）在经济学上从来就是有争议的话题，在这方面，"学术界也远远没有取得共识"（蔡昉，2008）。因此，重要的并非是否要对劳动力市场进行规制，而是应该进行怎样的规制，怎样的规制才适合中国劳动力市场的实际状况。

《劳动合同法》在劳动法律法规的基础上进行了多方面调整，加强就业保护则是其主要方面之一，它力图解决劳动力市场上就业过于灵活的问题，从而缓解劳动力供求形势逆转下日趋紧张的劳动关系。就业保护无疑会对劳动力市场绩效产生影响，因为它限制了企业在员工雇佣和解雇方面的自由选择权（同时却增强了员工与企业进行讨价还价的能力）；同时，它也使劳动者就业变得更加安全，有助于劳动者安心工作以及通过人力资本投资提高劳动生产率，劳动力市场上的交易成本也将因此而降低。

因此，如何评估《劳动合同法》的绩效是学术界面临的重要问题。2012 年修订《劳动合同法》至今已过去 10 多年，当前也再次出现要对劳动合同法进行调整的声音，围绕劳动合同法开展的讨论也再次增多，如钱雪松、石鑫（2024）提出《劳动合同法》会降低企业劳动力流动性，还会对不同类型的劳动力产生异质性影响，改变企业的劳动力雇佣结构。当前决策层已经提出要对《劳动合同法》进行调整，如果缺乏对《劳动合同法》绩效的全面了解，调整并不会降低对《劳动合同法》的争议，将来还可能出现再调整。因此，正确认识《劳动合同法》的绩效非常重要，而要对《劳动合同法》的绩效进行评估，至少需要考虑以下三方面：一是它对劳动者的影响，考察（在业）劳动者就业是否真的变得更加安全，以及这种更加安全的就业是否会是牺牲其他劳动者的利益为代价的，如加剧他们再就业的难度；二是它对企业的影响，考察劳动合同法是否改变了企业的选择、影响了企业的资源配置，以及企业是否采取了应对措施；三是它对劳动力市场建设所具有的重要意义。

本书从民营企业的视角考察《劳动合同法》的影响，以及《劳动合同法》对企业雇佣（包括雇佣水平和雇佣结构）的冲击，由此展开的分析对以上三方面均能触及：对于劳动者而言，如果企业雇佣水平受到严重影响（负向），说明虽然在业劳动者的就业变得更加安全，但其他劳动者的利益可能会受到影响，如给他们的再就业增加了难度；对于企业而言，如果企业雇佣水平和结构受到了影响，说明《劳动合同法》改变了企业的选择，企业资源配置发生了变化，在此基础上进一步考察可以帮助了解企业是否采取以及采取了怎样的积极应对措施；

对于劳动力市场建设而言，有助于正确认识我国劳动力市场的实际状况，以及《劳动合同法》下阶段的调整和完善。而之所以选择民营企业，则是因为民营企业一直被认为是非正规就业的集中地，被不少学者认为可能是受《劳动合同法》潜在冲击最大的市场主体。

第二节　研究意义

本书选题契合当前我国经济形势以及劳动力市场制度改革和完善的需要，具有一定的理论意义和较强的现实意义。

（一）理论意义

1. 充实现有的有关就业保护制度的研究

尽管围绕就业保护制度开展研究的文献已经较为丰富，但其研究对象主要集中于发达国家，所形成的理论成果未必适用于发展中国家，毕竟，发达国家的新古典情形与发展中国家的实际情形相去甚远。此外，发展中国家的企业面临更强的资金约束，劳动者则面临更强的收入约束，这可能使就业保护制度在发展中国家与发达国家有完全不同的表现。以发展中国家为对象开展的研究主要限于巴西和印度等国，而中国作为最大的发展中国家，劳动力市场正跨越刘易斯转折点，呈现出许多既不同于传统二元理论也不同于新古典理论的特点，因此，相关研究对就业保护制度的认识更为丰富和全面。

2. 充实现有的劳动力市场规制理论

蔡昉（2014）认为劳动力市场制度所发挥的作用并非一成不变，它会随着国家或地区的经济发展水平呈现出差异。因此，对各种发展阶段的经济的研究有助于充实现有的劳动力市场规制理论。因为中国无论是在经济发展水平方面还是在劳动力市场状况方面，都呈现出和其他经济体现在或过去明显的差异。而就业保护制度是市场规制理论的重要方面之一，在不同的环境及发展阶段下对就业保护制度的研究可以给围绕劳动力市场规制开展的研究提供启发。

（二）现实意义

1. 对《劳动合同法》做出客观公正的评价

《劳动合同法》的颁布是我国劳动力市场立法过程中的一个重要事件，也是在法律层面试图向劳动者提供就业保护所进行的一种尝试，由于就业保护本身在理论上尚存争议，人们对《劳动合同法》有不同的认识与看法实属正常，但法律实施过程中的许多外界因素干扰了人们对《劳动合同法》做出客观公正的评价，这不利于法律在实践中的改进和完善。本书力图在这方面有所贡献，希望通过研究，能有助于对《劳动合同法》的影响做出客观公正的评价。

2. 对我国劳动力市场本身形成正确的认识

不同的劳动力市场下，企业和劳动者的行为模式千差万别，他们对就业保护制度的反应也千差万别，了解他们所做出的反应有助于增加对主体行为模式的认识。例如，劳动者如何看待就业保护对他们的积极意义，面对就业保护带来的压力，企业是否采取以及采取了怎样的积极应对措施，就业保护最终能否实现其提高就业安全水平的初衷，等等。对劳动力市场主体双方的了解在意义上甚至远远超出《劳动合同法》或就业保护的层面。

3. 了解《劳动合同法》影响下企业的真实处境

企业是一个国家开展生产经营的基本单元，它的好坏反映了一个国家或地区的国民经济的基本状况。对《劳动合同法》影响下企业的雇佣水平及其变化情况的分析不仅有助于了解企业在《劳动合同法》影响下的真实处境，更有助于了解企业为应对《劳动合同法》的影响所采取以及未采取的措施，从而增强对企业生产经营以及《劳动合同法》的影响的正确认识。

4. 为《劳动合同法》的调整及建立适合我国国情的就业保护制度提供支撑

我国正面临经济增速放缓带来的挑战和跨越"中等收入陷阱"的艰巨任务，劳动力市场的成功与否至关重要，正因如此，决策层已经将《劳动合同法》的调整提上议事日程。全面认识、正确估计《劳动合同法》的影响，不仅有助于《劳动合同法》的改进与完善，从而探索适合我国经济发展水平及民族特色的就业保护制度，也有助于实现我国跨越"中等收入陷阱"进而迈入高收入国家行列的宏伟目标。

第三节　拟解决的问题

本书拟解决的问题主要涉及如何评估《劳动合同法》或就业保护机制的影

响问题，旨在为下阶段我国就业保护制度的改进和完善提供支撑。具体而言，研究主要考察以下四个方面的问题：

（一）通过什么方法考察《劳动合同法》的影响是合适的

这是方法性问题，也是所有评估该法的影响时必须面对的问题。《劳动合同法》在全国范围内同时实施的特点给评估它的影响带来了困境，每种方法都有一定的优缺点，关键是如何在这些优缺点之间进行平衡。

（二）《劳动合同法》是否影响以及在多大程度上影响了民营企业的雇佣水平

从理论模型看，《劳动合同法》对企业雇佣水平的影响存在不确定性，它既可能促进企业雇佣水平的增加，也可能导致企业雇佣水平的下降。企业是提供社会就业的基本单位，也是就业保护制度直接影响的对象，考察就业保护制度对企业雇佣水平有助于了解它对社会就业的影响。同时，企业雇佣水平的变化方向也能折射出就业保护制度是否真的能实现对劳动者的保护，如果就业保护程度提高后企业雇佣水平下降明显，则说明它给予在业劳动者就业安全的同时可能以阻碍了其他劳动者的就业机会为代价，且企业雇佣水平下降越多，则说明付出的代价越大。

（三）《劳动合同法》是否影响了民营企业的雇佣结构以及这种影响的含义是什么

这个内容在现有文献中较为缺乏，已有文献涉及这个问题时主要是从劳动者的年龄结构和受教育程度结构等方面进行考虑，本书则是基于工作岗位的角度。与基于年龄结构或受教育程度结构的角度相比，基于劳动者工作岗位的角度进行分析不仅能展现《劳动合同法》的冲击在不同劳动者中的分布情况，更为重要的是，从生产的角度而言，它还可以进一步展现《劳动合同法》影响下企业资源配置与选择的变化，因为企业在不同工作岗位上的雇佣结构的变化对企业生产投入方式而言有更深层次的含义。

（四）面对《劳动合同法》的冲击，民营企业做出了怎样的应对，是否采取了积极的应对措施

从发达国家的经验来看，在就业保护制度的冲击下，有些企业采取了积极的应对措施如提高劳动生产率，而有些企业则可能采取了消极的应对措施，其措施不同使就业保护制度对这些国家的影响也存在明显差异。有些国家的企业劳动生产率上升、企业竞争力增强，就业没有受到负面冲击，而有些国家的就业则出现

明显下降，企业竞争力也下降了。同样，《劳动合同法》作为一项就业保护法，它在带来就业保护的同时也促进了企业的竞争力，提升了劳动生产率，但也可能给企业带来巨大的压力。了解企业的实际处境，观察企业经营是否受到冲击，以及是否采取以及采取了怎样的应对措施，有助于对企业当前及未来的处境进行判断和预测。

第四节　使用的理论工具和研究方法

为了了解《劳动合同法》对民营企业雇佣规模的影响，本书采用了理论与实证相结合的研究方法，以更加全面地认识其与企业雇佣变化之间的关系。在理论上，分别在新古典理论、二元劳动经济理论、补偿工资决定理论以及效率工资理论等现代劳动经济学理论框架下，以模型论证的方式探讨了就业保护对企业雇佣水平可能产生的影响，以及不同前提或假设对结果的影响，以此了解《劳动合同法》与民营企业雇佣之间关系的各种可能情形。

在实证研究中采用了计量经济学的方法，利用微观调查数据考察《劳动合同法》实施前、后民营企业雇佣水平及雇佣结构的变化并探讨这种变化和《劳动合同法》实施之间的关系。为了获得这种关系，本书采取了两种不同思路，但都得到了相似的结论。在计量经济分析中，统计性描述、线性回归以及双差分方法是主要的分析方法；中国社会科学院《民营企业竞争力调查》中的数据为本书提供了计量分析的基础数据，所使用的微观数据还包括国泰君安的数据、CGSS数据以及CHIP数据等，此外，还包括《中国统计年鉴》数据、《中国劳动统计年鉴》数据以及《中国城市统计年鉴》数据等。

在实证研究中采用了总量分析与结构分析相结合的方法，总量分析旨在直接对企业受《劳动合同法》影响的状况得出基本结论，结构分析则旨在深入考察《劳动合同法》冲击在不同劳动群体之间的分布与承受状况，并探索企业为应对《劳动合同法》的影响可能采取的措施。

另外，还采用了机制分析和个案分析的研究方法。通过机制分析考察民营企业在《劳动合同法》实施后在企业雇佣水平上采取的应对机制，即企业是否采取了积极措施来弥补雇佣水平下降导致的劳动投入不足，以及这些方式是否充分弥补了企业雇佣水平的下降等。个案分析则是选择制造业企业进行专门分析，之所以选择制造业，既是基于我国制造业大国的地位，也是基于制造业就业的重要性，同时还使结论更有价值和针对性。代表性个案的分析不仅有助于和总体分析的结论进行比较和印证，从中获得新的发现，同时也有助于和其他文献的结论进行比较。

第二章　文献综述与理论分析

第一节　文献综述

一、就业保护机制对企业雇佣水平的影响：理论研究

Lazear（1990）认为，由于就业保护给主体双方的力量带来不对等的变化，企业雇佣会受到影响。就业保护提高了企业解雇成本，使劳动者获得了相对于企业的力量优势，劳动者可以凭借这种优势在谈判中获得更高的工资收入，这将降低企业的雇佣水平，但这应该会发生在长期，而短期解雇水平的下降可能反而会带来企业雇佣水平的上升。Mortensen 和 Pissarides（1999）也从解雇成本的角度探讨就业保护对企业雇佣的影响，认为对解雇的规制会由于提高企业解雇成本而导致企业的解雇行为下降，但他们没有考虑解雇成本提高对企业新增雇佣的影响。Blanchard 和 Portugal（2001）则认为，就业保护和企业雇佣之间的关系可能较为模糊，因为，尽管理论上就业保护给工人带来的更安全工作使劳动者愿意付出一定的工资代价，导致就业保护可能降低工资，但是，就业保护也可能提高工资，因为更安全的工作使劳动者能够有力量和企业进行讨价还价。作者认为现实中后一种情形出现的机会可能会大于前一种情形①。不过，就业保护可能会提高企业的创新活动（Acharya et al.，2014），且工资提高也可能是因为就业保护会

---

① Elmeskov 等（1998）认为，OECD 国家的证据表明那些成功的国家相比于失败国家，成功的原因至少部分在于他们的改革努力在更大程度上是指向了减少内部人的讨价还价能力。

提高劳动生产率（倪骁然和朱玉杰，2016；陆瑶等，2017）。

Autor等（2006）认为，如果劳动力市场没有摩擦，由科斯理论可以推理出就业保护的影响将被企业与劳动者之间有效率的谈判所抵消，此时就业保护既不能给劳动者提供真正的保护，也不会影响企业的雇佣水平。但在科斯理论的前提不成立时，就业保护带来的解雇成本可能会减少企业的雇佣动机与解雇动机，短期中就业保护将减少就业波动，增强就业安全；而长期中就业保护如果没有相应的生产率的提高，则仅凭简单的劳动需求与供给模型就可以预期到企业雇佣水平的下降。长期中就业保护将给劳动者带来经济租，但劳动者工资增加的要求不一定会影响企业的雇佣水平，前提是生产率能有相应的提高。不过，David等（2007）认为，由于就业保护降低了企业的外部选择和"威胁点"，即便企业利润下降，工人也可能要求增加工资。如果企业内员工工资上升的要求以缺乏劳动生产率增加作为支撑，企业雇佣水平势必会为之付出代价（Autor et al.，2006）。

有时候劳动者要求高工资可能既不是生产率的原因，也不是为了追求经济租。例如，Kim（1997）认为，劳动者往往高估自己的处境，即便他们可能被随时解雇也天真地认为他们受到了免于不公正解雇的法律保护，而这样的人的比例竟然高达近90%。David等（2007）也持有类似的观点，他们认为就业保护制度实施后企业雇佣水平的变化方向依赖于劳动者对就业保护制度的评价，如果劳动者对就业保护持有积极观点，那么企业雇佣水平将会提高，如果劳动者对就业保护持有负面观点，企业雇佣水平将会下降。劳动者普遍存在的主观认知偏差被Jolls（2006）认为就业保护机制之所以是必要的重要原因。但Jolls（2006）并不看好这种基于校正劳动者的主观认知偏差的保护机制的效果，他认为即便劳动者主观上愿意为这种收益而支付的价值（表现为低工资或者是比法令实施前更低的工资）大于成本，对目标人群施加的特定法令也可能导致收益的价值低于成本，因为他们可能处于较差的金融地位。劳动者对这种"新"的工作评价可能不高，从而不愿意为此买单，也可能是因为劳动者认为他们实际无法真正享有相应的收益，这将使劳动者和企业缺乏谈判基础，由于无法使劳动者接受工资的下降，企业雇佣水平将会减少（Autor et al.，2006）。由于就业保护，企业投资更难撤销，使企业计划投资下降（潘红波和陈世来，2017），进而导致企业需要提升盈余管理水平（李建强，2020）。

就业保护制度也可能由于其他方面而对企业雇佣水平有积极意义，如更加稳定的就业可能促使劳动者更愿意进行人力资本投资，从而提高企业的生产率与技术，同时，更稳定的就业也可能使企业在扩张时无须为劳动力能否得到满足而担忧。Kessing（2006）认为，相对于劳动力市场更加自由的竞争对手而言，面对就业保护的企业在捍卫自己的市场地位方面会表现得更加突出（不过在面对扩张时可能并非如此）。不完全竞争市场中的企业彼此间具有策略影响，产品市场对双方至关重要。由于利润没有受到负面的影响，它将和竞争对手获得同样的胜利机会。从这点来看，就业保护制度在给在业者提供更加安全的就业时不会带来企业雇佣水平的下降（因此它确实提高了劳动者的就业安全）。

大多数的分析都把就业保护制度当成一个既定事物或既定外生冲击，但Brügemann（2007）认为，就业保护制度可能是劳动力市场演变的内生结果，因此对就业保护制度的分析必须注意，它在实践中往往是一个很长过程的事实，过程的差异可能会给就业保护制度本身及其对企业雇佣的冲击带来不同影响。按照作者的观点，就业保护制度对企业雇佣水平最终会产生怎样的影响要依赖于三个方面的情况：首先是政策能否被预期到，其次是受损者是否可以采取行动去降低受益者的收益，最后是行动是否代价高昂。

二、就业保护机制对企业雇佣水平的影响：实证研究

大多数国家都存在就业保护制度，他们只是在就业保护的方式、特点与程度等方面存在差异。围绕就业保护制度探讨其如何影响企业雇佣水平的文献并不多，更多文献是关注它们对就业或失业的影响。例如，Lazear（1990）就提出，就业保护机制对就业的实际影响在现实中可能表现复杂，但作者倾向于就业保护机制在长期中会导致就业下降，而短期中就业保护机制则有促进就业的作用。Kuhn（1993）对加拿大的就业保护进行了具体的分析，认为加拿大的就业保护主要以四个月的提前通知期为主要特征，在局部均衡框架下提前通知的要求有效地减少了失业，不过这种影响很快就会消失，即就业保护制度不存在长期影响。Heckman 等（2000）基于拉丁美洲国家之间的横向比较也得出了就业保护会降低一个国家的总就业水平的结论[1]。Kugler 等（2005）也持有类似观点。

Garibaldi 等（2004）的研究基于企业层面，研究在两方面做出了贡献：一是发现大多数欧洲国家就业保护的严格性随企业规模分布而变，二是就业保护制度

---

① Heckman 等（2000）的研究基于拉丁美洲国家之间的横向比较，利用就业安全指标反映各国 EPL 的差异。

对企业雇佣水平的影响存在门槛效应。作者以意大利为考察对象①，发现在实施就业保护制度时，企业规模靠近门槛值的企业往往无所作为，而正处于门槛值上的企业甚至出现倒退，门槛效应显著但较小。1990年的保护制度改革（这次改革增加了小企业的雇佣成本，作者注）中小企业的表现再次验证了此观点。类似地，Edwards 等（2004）也选择小企业作为分析对象研究了英国就业立法对小企业的影响，其中包括就业保护法（如1972年的不公平解雇法）。他认为这种法律对小企业不会产生多大的影响，因为调查（针对300多家企业）发现一半以上的企业解雇行为没有感受到来自法律的冲击，企业受到的影响主要表现为解雇工人时的轻松感受到了影响，法律的效果影响了企业作决策的方式，但对企业的实际行为没有影响。尽管他们仍认为可以从法律（包括就业保护法）自身的性质、企业所处的竞争环境和企业内部的各种关系出发对此进行解释，但他们也并不否定就业保护法没有对企业产生任何实质性影响的原因可能是规模小使企业拥有的对解雇采取非正式处理方法的机会（因为尽管法律有规定，但管理者和工人有自己对公平的理解）的观点。Freyens 和 Oslington（2007）分析了澳大利亚劳动力市场规制对劳动力市场的影响情况②，发现实施不公平解雇保护机制降低了澳大利亚中小企业的解雇率，但这种冲击较为缓和（Modest），不过，由于他们将视线局限在企业解雇行为的变化上，导致他们没有在企业最终雇佣水平上得到明确结论。国内在这方面也有一定的研究，钱雪松和石鑫（2024）是国内最新研究的代表，他们发现就业保护会推动企业用机器设备替代生产型劳动力，因此，会在减少生产型劳动力的同时提高技术和研发型劳动力。

就业保护机制可能会降低劳动生产率或许是就业保护机制降低了企业雇佣水平的重要原因。理论上，如果没有工人工资的下降，更安全的工作极可能带来企业雇佣水平的下降，除非企业劳动生产率上升。而实际上，由于就业保护限制扭曲了企业在进行生产要素投入时的选择，因此企业生产率可能不仅不会上升，反而会有所下降，这进一步加剧了企业雇佣水平下降的可能性。Galdón-Sánchez（2002）的研究表明，就业保护制度确实可能不利于企业生产率的提高。如果把IT部门看成是高技术部门或者是技术进步的象征，根据 Galdón-Sánchez（2002）

---

① 据 Garibaldi 等（2004）介绍，意大利的就业保护制度规定，雇佣规模为15人以上的企业在招聘员工时必须重新雇佣被解雇的员工，而雇佣规模不及15人的小企业则仅需对被解雇的员工支付货币补偿即可。作者的分析选择了员工规模最低为1人最高为30人的私人企业。

② Freyens 和 Oslington（2007）的分析以澳大利亚中小企业为对象。

的研究，IT部门的发展与就业保护之间呈负向关系，这是因为专业化经济需要专业技能的人才，但更严格的就业保护会带来失业工人更长的失业周期，而失业工人的失业周期延长会影响企业对他们的需求，从而不利于专业化经济的发展。Ichino和Riphahn（2005）也得出了类似的结论，他们利用来自意大利银行的数据考察了就业保护冲击对工人行为的影响。该分析基于对545位男性和313位女性白领持续1年的每周观测。意大利的就业保护给予劳动者免予解雇的保护只有在任期开始的第12周之后方能生效，职员（尤其是男性）达到就业保护的条件时其每周的缺勤数会立刻上升，作者将这种缺勤数的上升归因于就业保护的生效，因为基于其他因素如职业焦虑或社会规范均无法解释缺勤数出现的这种跳跃，而员工缺勤数上升的直接后果就是劳动生产率下降。Neugart和Skedinger（2011）也认为就业保护确实会降低生产率，因为它会降低工作和劳动力的流动（Job and Labor Turnover），但劳动者的工资不会发生明显的变化。不过，劳动合同法可能提高了劳动者的工资（屈小博，2017）。于传荣等（2017）发现，劳动合同法明显改善了上市公司的创新投资，但具体情况依赖于企业所有制性质、劳动密集度和地区市场环境。刘力和谢郁（2021）也发现劳动合同法通过人力资本投资效应及要素替代效应促进了企业创新，且民营企业表现得尤为明显。

但是，David等（2007）认为，尽管理论上就业保护会扭曲企业选择，导致企业生产率下降，但企业也可能会采取资本深化等方式提高生产率。他们认为，他们的结论同Acemoglu和Finkelstein（2005）关于医疗保险制度赔偿计划改变带来的劳动成本变化对美国医疗行业的影响是一致的，后者认为医院借此提高了资本劳动比和工人的技术组成，并将之归因于资本与技术的互补性以及技术与技能的互补性，因此，从劳动生产率的角度而言，就业保护制度对企业雇佣水平的影响并不明确。他们在以美国Wrongful-Discharge Protection为分析对象评估遣散成本和生产率的关系时发现，就业保护覆盖的企业采取了资本深化的行为，提高了企业员工的劳动生产率（尽管企业的全要素生产率下降）。调整成本的上升"令人意外地"激发了资本和技术的深化，导致企业提高了资本投资和非生产工人的雇佣水平。类似地，MacLeod和Nakavachara（2007）也发现，就业保护可以提高以高水平的投资和技术为特征的职业的就业。

就业保护机制对企业雇佣水平的影响可能存在时效性。例如，Autor等（2006）利用Panal Data检测了就业保护机制对企业雇佣的影响是否存在时效性，他以五年为一个分析的窗口期，并在基本差分模型的基础上加入了一系列控制变量以控制其他因素可能带来的冲击；尽管他们事前认为就业保护机制存在长期影响，但他们的实证结果却显示保护机制的就业效应存在的时间可能不会超过七年。针对长期效应逐渐消失或者说处理组和控制组在长期中趋于收敛的结论，他们给出了一些未加证明的解释：首先，可能纯属统计学的问题，因为随着时间的推移，越来越多的州采用了同样的规制，这就导致控制组数量减少，从而使长期效应失去了统计上的显著性；其次，也可能是信息的问题，保护机制刚实施时企业高估了保护机制带来的成本①，但对成本的认识随着时间的推移迅速得到纠正，不过也可能是经过一段时间后企业掌握了如何利用规制或降低成本的问题。David 等（2007）也得出相似的结论，发现就业保护的处理效应在短期内达到最大，即在规制被采纳后的三年左右时间达到峰值，然后趋于下降，但在使用不同数据或不同行业分析时结论略有差异，当包含不同行业时结论较为模糊，而当仅包含制造业时结论较为清晰。这表明制造业受到的影响较大，可能是因为制造业更具有季节性和更高的周期性，使得保护规制带来的成本更高。就业保护机制的影响可能存在的行业差异也为 David 等（2007）所证实，他们发现，与其他行业不同，美国制造业受保护机制的影响显著，这种影响在不同类型工人间存在结构性差异：由于就业保护机制实施后企业采取了资本深化行为，非生产性工人的雇佣水平上升，但生产工人的雇佣水平下降。李建强等（2020）从劳动合同法对企业营利管理的影响也发现了短期效应和长期效应的差异。

也有学者发现，就业保护机制对企业雇佣水平的冲击未必是负面的，也可能导致企业雇佣水平上升，至少不会下降。例如，Kessing（2006）发现，拥有就业保护管制的国家的企业通常会赢得更多的合同。因为拥有受保护的工人，企业的赌注会更高，更具攻击性，这可以使企业产生足以抵消就业保护引发的成本的期望收益。这一结论反击了对就业保护可能降低企业竞争力的不公平指责（相反，它还帮助企业赢得市场地位）。Koeniger 和 Prat（2007）的发现与之类似。Koeniger 和 Prat（2007）则发现，如果劳动报酬不变，解雇成本、进入沉淀成本和行政流动成本对于企业和工作的转换有相互抵消的影响，如果企业退出却不需要支付解雇成本，那么更高的雇佣成本会提高企业的转换，而解雇成本也借此提高工作的转换，为此他们推断，管制下的已在企业会从更高的进入成本中受益，

---

① Autor 等（2006）提出，由于司法裁决出现的这种创新，不确定性在所难免，企业高估成本是理所当然的现象。

因为它减少了外部拥挤。Dewit 等（2009）则以跨国公司为例进行分析，发现"不利"的就业保护制度差异将妨碍跨国公司的海外投资，国内的保护水平更高将趋于打击 FDI，因为它使企业不愿意在海外发展而锁定在国内，从而有利于跨国公司在（本）国内的发展。由于企业可能采取一些应对就业保护的方式，因此导致就业保护对企业雇佣水平的影响结果往往很难确定（Bhattacharjea，2009）。潘敏和袁歌骋（2019）发现，就业保护会改变企业的杠杆率，但不同所有制企业的影响不同，如国有企业杠杆率会因就业保护而上升，但非国有企业杠杆率则因就业保护而下降。实际上，就业保护可能降低了企业风险（高文静等，2022）。

也有其他一些文献间接地从侧面触及有关就业保护机制对企业雇佣水平的影响这一问题。例如，Arum 等（2000）发现，在控制了州水平上的固定效应后，劳动力市场管制的强度与个体水平上的自雇佣存在正向关系，即管制程度越强，个体的自雇佣现象会越多并且越成功，作者讨论的劳动力市场管制包含了很多属于就业保护的内容，如错误解雇的赔偿的法律等。因为在管制严格的情形下企业会鼓励员工进行自雇佣，如将更多的业务交给他们。如果 Arum 等（2000）的结论成立，那么合理的推论是，劳动力市场管制越强则企业的雇佣水平会越低。王甫希等（2018）则认为，就业保护制度会增强外部环境压力和组织响应的持续互动机制，显著降低了企业用工灵活性。刘京权（2020）认为，《劳动合同法》的规范要求会使企业在管理中面临多种劳动用工风险。蒋帆和于大川（2021）发现，《劳动合同法》的解雇规制对部分劳动者的就业稳定性造成了负面影响。张明昂（2022）发现就业保护可能会降低劳动力的流动性。李丁等（2021）的研究则表明，就业保护的影响可能会存在较大的异质性，这种异质性会体现在不同的劳动力及劳动力市场上。

从现有文献看，选择从企业雇佣水平的视角分析就业保护机制影响的文献并不多，有限的文献也没有达成一致意见。究其原因可能在于，保护制度的差异（Autor et al.，2006）和研究方法的区别（David et al.，2007）。制度与方法的不同使样本即便选择在相同的国家或地区（Heckman and Pages，2004）也无法得到一致的结论。或许可以套用 Edwards 等（2004）的观点，笼统地说就业保护制度是否产生了影响或产生了怎样的影响并不是一个好的问题，因为不同的就业保护制度会有不同的影响。实际上，在讨论就业保护制度的影响时，不仅要对保护制度本身进行分类，即便是劳动者（Labor）也要分类讨论，如区分成工资劳动者（Wage Labor）和薪水劳动者（Salaried Labor），即便在相同的劳动力市场管制下他们受到的影响也不尽相同（Holmes，2005）。这正是本书研究价值所在，因为《劳动合同法》提供就业保护的方式有其自身特点，中国劳动力市场与国外尤其是发达国家的情况有较大差别，关于《劳动合同法》如何影响企业雇佣的研究既丰富了现有的就业保护理论，也有助于加深对《劳动合同法》以及中国劳动力市场与企业的了解和认识。

三、本书的创新

从上述文献来看，就业保护制度对劳动力市场的影响有其积极促进的方面，也有其消极阻碍的方面，所以才导致就业保护的最终影响难以判断。但是，由于发展中国家的市场主体受到的约束可能较多，如企业面临着更为严重的资金约束，同时，劳动者通常面临较严重的收入约束。

国内外也有许多专家学者曾探讨过《劳动合同法》对企业雇佣的影响，如Park 等（2012）以及黄平（2012）的研究，等等。Park 等（2012）发现在金融危机冲击下企业仍能感受到来自《劳动合同法》的压力，黄平（2012）认为，《劳动合同法》尽管提高了企业的解雇成本，但不同类型的企业受到的影响存在明显差异。但总体上从企业雇佣层面上分析《劳动合同法》的影响的文献较少。企业是市场主体之一，了解《劳动合同法》影响下企业雇佣的变化不仅有助于了解《劳动合同法》对劳动者就业安全的终极影响，也有助于了解企业的行为模式与反应模式，这无论是从认识法律实施效果还是从改革与完善法律的角度看都至关重要。

为了考察《劳动合同法》对民营企业雇佣可能存在的影响，本书试图从两方面着手开展研究，一是考察民营企业雇佣水平受到的影响，二是考察民营企业雇佣结构受到的影响。由于《劳动合同法》在全国统一实施，给识别它对企业雇佣的影响带来了困难，为此，本书另辟蹊径，采用了以下两种方法尝试进行探索。第一种方法是《劳动合同法》实施过程中部分条款如无固定期限劳动合同的法律效力可能在企业层次上存在差异的特点出发进行探讨。这实际上也是国外文献开展相关研究的通常做法。这就需要在《劳动合同法》条文中去寻找那些就业保护意义明显、就业保护提升力度大，并且其法律效力与企业客观条件存在密切关系的条款，借助这些条款去考察不同企业在《劳动合同法》实施前后雇佣水平的变化情况，从而识别出法律对企业雇佣的影响。第二种方法则是基于

《劳动合同法》在区域层次上可能存在落实情况差异的特点。由于无法直接获知法律的实际执法情况，选择基于劳动法律法规的历史环境与《劳动合同法》的现实环境之间可能存在的关联性对《劳动合同法》在各区域可能的落实情况进行预期，由此探讨《劳动合同法》的实施与企业雇佣的变化情况之间的关系。尽管两种方法都不完美，均存在一定缺陷，但两种方法互相印证仍可以让本书研究依据所得到的结果做出谨慎的判断。

第二节　理论分析

一、基于解雇成本视角：新古典理论及二元劳动力市场理论

在传统经济学理论中，工资由劳动力市场的供求均衡决定，企业在市场均衡工资下根据由企业自身技术状况决定的边际劳动生产率决定劳动力需求数量。就业保护对雇佣水平的影响主要体现为它增加了解雇成本，从而提高了实际用工成本。如果企业边际生产率保持不变，将会导致企业劳动力需求数量下降，但具体情况要视产品市场竞争程度及劳动力市场的供求状况而定。不妨将企业所处的市场环境假定为竞争性市场。竞争性市场中企业产品价格由产品市场供求关系决定，企业自身的生产与投入决策不影响市场价格，企业在既定市场价格下选择安排自己的投入与产出。当外生的就业安全程度提高时，企业的雇佣情况会发生怎样的变化呢？

图 2-1 大体上揭示了当就业保护程度提高时企业雇佣水平的变化情况。图 2-1 的左上图和右上图表明，在劳动生产率不变的情况下，雇佣成本上升首先导致企业必须在更低工资下才会需求同样的劳动力数量，即企业劳动需求曲线下降，由 l_d 下降至 l_d'，当工资水平不变时企业雇佣水平下降，如由 l_1 下降至 l_3。当所有企业用工成本都上升时，市场的劳动需求下降，如由 L_d 降至 L_d'。如果劳动力供给不变（如工人存在"货币幻觉"，只看中到手的货币，这可能尤其适用于低发展水平的国家），则由市场均衡决定的工资水平将下降，由 w_1 降为 w_2，这反过来又会提高企业的雇佣水平，如由 l_3 上升至 l_2。通常情况下均衡工资下降幅度小于雇佣成本增加量，从而导致企业雇佣水平最终仍然有所下降，具体情况依

赖于由市场供求弹性决定的工资下降水平。

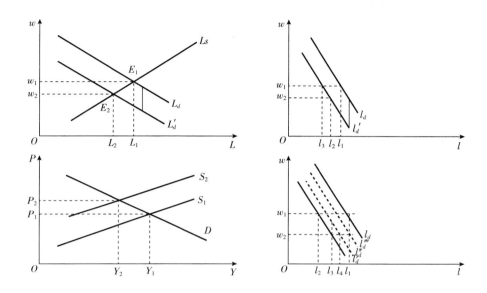

图 2-1 就业保护提升时由竞争性均衡决定的企业雇佣水平

注：左上图和右上图表明就业保护提升时企业雇佣水平的变化依赖于劳动力市场工资的调整情况，左下图和右下图表明就业保护提升时企业雇佣水平的变化依赖于产品市场价格的调整情况。

如果劳动力供给完全无弹性，即曲线垂直，就业保护带来的雇佣成本完全被工资下降抵消，企业实际用工成本不受雇佣成本增加的影响，此时，就业保护提升不会影响企业雇佣。当劳动力供给弹性较大时，雇佣成本的上升带来的均衡工资下降较少，企业实际用工成本上升较多，从而导致企业雇佣水平下降较多。反之，当劳动力供给弹性较小时，雇佣成本的上升带来的均衡工资下降较多，实际用工成本上升较少，导致企业雇佣水平下降较少。这种调整会传递到产品市场从而带来更多的调整。

如果产品市场为封闭市场，价格由本国供求决定，那么这种调整的影响较大，而产品价格的调整又会再次影响劳动力市场，如图 2-1 的左下图和右下图所示。劳动力市场的调整导致产品供给减少，S_1 向左移动到 S_2，产品价格上涨，企业的劳动需求曲线向右移动，在工资不变的前提下企业雇佣人数将上升。当由 l_d'' 移至 l_d''' 处，企业雇佣水平由 l_3 上升为 l_4，但仍低于之前 l_1 的水平。此时，尽管产品市场的调整使企业雇佣水平的降低趋缓，但没有发生方向上的逆转。如果由

l'_d 移至 l'''_d 处，则企业雇佣人数上升为 l_1，回到了之前的情况。实际中劳动力需求曲线的移动依赖于产品需求弹性，当弹性小时，它靠近 l'''_d，当弹性大时，它更靠近 l'_d 处。

相比于封闭市场，如果产品市场是开放的（产品价格由国际市场价格决定），由于就业保护带来的雇佣成本变化以及国内劳动力市场的调整不会影响产品价格，因此不存在产品市场对劳动力市场的反馈机制，在其他条件不变的前提下企业雇佣水平可能下降更多。从这个角度看，它意味着在同等情形下出口型企业的雇佣水平比非出口型企业更容易受到就业保护制度的影响。因此，从实证的角度看，比较出口型企业和非出口型企业在雇佣水平上的不同变化趋势可以识别就业保护制度的影响。

与均衡工资决定理论框架稍有不同，二元劳动力市场理论将经济区分为现代部门和传统部门，并认为传统部门存在着大量的在职失业，边际生产率为 0 或极低，传统部门工资并不由劳动边际生产率决定，而可能采用分享工资的形式（由平均劳动生产率决定），现代部门的工资则由大于分享水平的生存工资决定。由于传统部门吸收了现代部门之外的所有劳动力，因此需要关注的是现代部门的企业雇佣水平与就业保护程度之间的关系。

在二元劳动力市场理论中，现代部门企业雇佣水平仍由企业用工成本和边际生产率决定。企业实际用工成本取决于生存工资和解雇成本之和，由于工资固定于生存工资，不存在劳动力市场工资调整的反馈机制，解雇成本上升将导致企业雇佣水平下降，如图 2-2 所示。当初始的就业保护制度带来的解雇成本为 r_0 时，在 w_0 的生存工资下，根据 MPV 曲线，企业将雇佣 l_0 的劳动力，但新的就业保护制度将解雇成本提高至 r_1 时，同样的生存工资下企业的雇佣水平下降为 l_1。

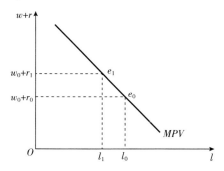

图 2-2　就业保护提升时二元经济条件下现代部门企业雇佣水平的决定（不存在反馈效应）

注：该图表明就业保护提升带来的结果成本提高直接降低了现代部门企业的雇佣水平。

由于产品价格假定为不变，图 2-2 适用于开放经济下的小国情形。但如果企业用工成本上升会引起产品价格上升，导致企业劳动力需求曲线向右移动，企业雇佣水平的下降将被减缓。但产品价格上升幅度低于雇佣成本，劳动力需求曲线向右移动不足以使劳动力需求数量回到原状态，导致企业雇佣水平仍有所下降[①]。但大体上，与均衡工资理论相比，在其他条件相似的情况下，二元经济中就业保护程度提高对企业雇佣水平的负面效应更大，因为二元劳动力市场上缺乏工资的反馈机制。如果说均衡工资决定理论适合于发达经济，而二元劳动力市场理论适合于发展中经济，那么这似乎表明在其他条件相似的情况下，相同的就业保护制度会给发展中国家的企业雇佣水平带来更大的负面影响，而给发达国家的企业雇佣水平带来的负面影响更小，这与 Kugler（2004）的观点较为接近。不过，这未必是真实的情形，根据前面的分析，就业保护及其引致的解雇成本对企业劳动力需求的影响不仅取决于劳动力市场状况，还依赖于产品市场对劳动力市场的反馈，而后者又依赖于产品市场的垄断性和产品需求弹性，通常发达国家生产的产品相对具有弹性，同时发达国家的产品生产又具有更强的垄断性，这两种相反力量的对比最终决定了发达国家与发展中国家在同样的就业保护制度下企业雇佣水平变化的关系，如图 2-3 所示。所以它不仅是劳动力市场问题，也是产品市场问题。

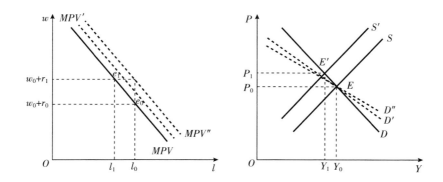

图 2-3 就业保护提升时二元经济条件下现代部门企业雇佣水平的决定（存在反馈效应）

注：该图表明产品需求弹性不同，产品市场对劳动力市场以及企业雇佣水平决定的反馈也不同。

---

① 尽管在垄断条件下产品价格的上升幅度可能大于雇佣成本增加的幅度，但正如在均衡工资决定理论分析所指出的那样，企业劳动力需求数量仍会有所下降。

综合起来，在就业保护或与此相关的解雇成本以及企业雇佣水平的关系上，二元劳动力市场理论与传统理论结论相近，即由于就业保护提高了企业的成本，将导致企业劳动力需求数量下降，二者的差别仅在于它们所适用的劳动力市场类型以及产品市场状况可能导致企业雇佣人数的减少程度。

二、基于就业安全的独立视角：补偿工资理论

早在 200 多年前，亚当·斯密就指出过补偿工资差别和就业稳定性之间的关系。补偿性工资理论并不否定均衡工资决定理论，只是它认为在实际的劳动力市场上，工作岗位（也包括劳动者）并非同质，每种工作可能都存在着与之相关的特征，而劳动者应当因为工作中那些令人厌恶的特征而获得相应补偿。工作稳定性是工作岗位的重要特征之一，也是劳动者选择就业岗位时考虑的重要内容之一，有些企业提供的就业较为稳定，而有些企业提供的就业相对不稳定，为了招聘到合适的劳动者，二者提供了不同的工资。

与新古典以及二元经济的分析框架不同，在补偿工资理论框架下，就业保护带来的就业安全可以被作为单独要素看待，而不是仅仅被视作增加了劳动雇佣成本，就业安全具有的主动和积极的一面被凸显出来，这实际上是一种功利主义的视角。通常情况下，稳定的就业对劳动者而言是好事，劳动者厌恶不稳定的就业。假设劳动者在选择工作时同时考虑工资和工作稳定性两个方面，除此之外工作是同质的（不存在地位、声誉、舒适度等的区别）。劳动者在工资报酬和工作稳定性之间权衡，如图 2-4（a）所示。等效用曲线的形状既依赖于劳动者的主观因素，也受到许多客观因素的影响。例如，劳动力市场的紧张程度会影响等效用曲线的形状，当劳动者能较容易地找到工作时，劳动者对工作稳定性不看重，从而等效用曲线较为陡峭，相反，当劳动者寻找工作较为困难时，等效用曲线较为平缓。等效用曲线的形状与劳动力供给曲线密切相关，对就业保护制度下企业雇佣水平的变化有重要含义。

类似地，企业的劳动力需求取决于劳动的边际生产率和边际成本，当劳动的边际生产率不变时，劳动力需求依赖于边际成本。企业雇佣劳动的边际成本则主要由企业支付给工人的工资和与工作稳定性相关的成本（如劳动合同中约定的解雇赔偿等）决定。工资与工作稳定性即劳动者的就业安全程度之间的等成本关系如图 2-4（b）所示。等成本曲线的形状既依赖于企业自身生产经营的特点，也与外部经济形势密切相关。例如，当经济形势好或企业经营顺利时，就业安全并

不会转化为企业的实际成本，从而等成本曲线较为陡峭，当经济形势不好或企业经营困难时，就业安全容易转化为实际成本，导致等成本曲线较为平缓。又如，当劳动力市场较为紧张时，劳动者主动离职的可能性大，从而等成本曲线较为陡峭，当劳动力市场较为宽松时，劳动者主动离职的可能性小，等成本曲线较为平缓。等成本曲线的形状与劳动力需求曲线密切相关，从而对就业保护制度下企业雇佣水平的变化有重要含义。

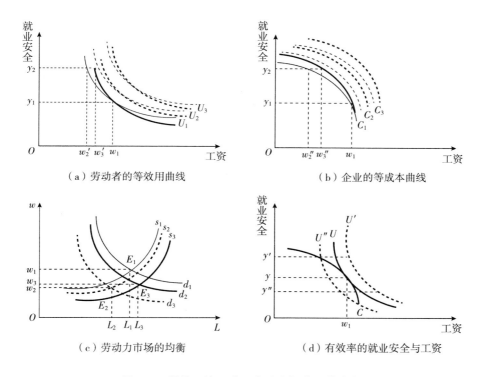

图 2-4 补偿工资理论下企业雇佣水平的决定

注：按照补偿性理论，假如企业甲提供 y_1 的就业安全，企业乙提供 y_2 的就业安全，那么企业甲向劳动者支付的工资要高于企业乙，其差额即为补偿性工资。如果企业甲提供和企业乙一样的就业安全，补偿性工资差别就会消失或下降，其用工成本中就业安全成本上升，工资成本下降。总成本变化则依赖于企业等成本曲线的形状。

假设就业安全由就业保护制度外生决定，企业仅提供制度规定的就业安全。可以用补偿性工资理论分析当就业保护变化时企业雇佣水平的变化。由于初始就业安全由就业保护制度外生决定，工资是劳动者唯一可追求的目标，既定就业安全下的劳动力供给曲线是其行为的集中体现；工资也是企业唯一的决策变量（假设劳动生产率不变），劳动力需求曲线也是其行为的集中体现。因此，既定就业安全水平下企业的需求和劳动者的供给共同决定了均衡的工资水平。如图 2-4（c）所示（适用于短期分析），初始就业安全水平为 y_1，劳动力供给与需求曲线分别为 s_1 和 d_1，均衡的工资为 w_1，劳动者效用水平为 u_1。

假设就业保护制度改革提高了对就业安全的要求，导致就业安全程度提高。等效用曲线表明劳动者在更高的就业安全程度下愿意接受更低的工资水平并提供相同劳动，因此 s_1 向右移动，移动幅度依赖于等效用曲线的形状和位置。当等效用曲线形状较为平缓时，劳动者愿意为更高的就业安全而放弃较多工资，劳动力供给曲线向右移动幅度大，反之亦然。对企业而言，等成本曲线表明更高的就业安全带来了更高成本，只有降低工资水平企业才会愿意雇用相同数量的劳动力，d_1 向下移动，移动幅度依赖于企业等成本曲线形状及所处位置。当等成本曲线相对较为平缓时，即就业安全的提高要求工资有较大下降企业才能维持成本不变，劳动力需求曲线移动幅度较大，反之亦然。新的供求曲线不仅决定了劳动力市场新的工资水平，也决定了新的劳动力需求数量，如图 2-4（c）所示。

可以确定的是，就业安全的提升会降低均衡的工资水平，但劳动力数量以及企业雇佣水平的变化则不确定，它依赖于就业安全程度提高时供求曲线的移动状况，进而，它依赖于企业所处的等成本曲线的形状和位置及劳动者所处的等效用曲线的形状及位置。当新的均衡为 E_2 时（对应的等成本曲线较为平缓或等效用曲线较为平缓），表明劳动力数量及企业雇佣水平相对于初始状况有所下降，当新的均衡为 E_3 时（对应的等成本曲线较为陡峭或等效用曲线较为陡峭），表明新的均衡的劳动力数量及企业雇佣水平均有所上升。

E_2 的情形较为常见，即尽管劳动力需求曲线向下移动，供给曲线向右移动，但需求曲线移动的幅度更大，导致均衡的工资水平和劳动力数量均下降。劳动力需求下降幅度更大的原因在于，企业为提高就业安全而付出的代价大于劳动者为提高就业安全而愿意承担的代价（从而这种就业安全的提高是无效率的行为），即相对而言，劳动者对就业安全的评价并不高；从等效用曲线和等成本曲线的形状角度看，这是因为劳动者处于等效用曲线相对陡峭的位置而企业处于等成本曲线相对平坦的位置。再来看 E_3 的均衡情形。由于需求曲线向下移动的幅度小于供给曲线向右移动的幅度，均衡的劳动力数量以及企业雇佣水平上升。从图形上看，只要劳动者处于等效用曲线相对平坦的位置而企业处于等成本曲线相对陡峭的位置，即企业为提高就业安全而需要付出的代价小于劳动者为提高就业安全而愿意承担的代价（此时就业安全的提高是有效率的），E_3 的情形是可能的。

　　尽管 E_3 的情形在图形上或理论上都能自圆其说，但是，E_3 的情形显然会造成一些困扰：如果 E_3 的均衡可以实现，即就业安全程度提高时均衡的劳动力数量和企业雇佣水平反而上升，那么为何企业不在（初始）制度就业安全水平较低时主动提高就业安全程度呢？毕竟，（如果不考虑产品市场的变化）企业的生产规模可以因此而提高，企业的利润也可能更高，因此企业的理性行为应当是将就业安全程度提高至制度规定水平之上。关于这一点，或许可以从以下几个方面来解释：

　　首先，劳动者方面。尽管更高的就业安全水平下劳动者愿意降低工资，但如果更高的就业安全是企业的自行决定，劳动者对于企业单方面提供更高就业安全的行为可能缺乏信心，劳动者相信企业在自身利益需要时可能会牺牲自己的利益，而缺乏制度保障使劳动者的维权成本较高，维权困难导致劳动者对企业承诺的就业安全评价较低，劳动者更看重实际到手的货币，而不看重预期货币收入。因此，即便企业愿意向市场提供更高程度的就业安全，劳动者也会要求获得较高工资，导致企业丧失向劳动者提供更高水平就业安全的动机，而转为依靠货币工资来吸引劳动者，使均衡稳定在 E_1 的水平。但如果更高水平的就业安全获得了制度保证（这对于新兴市场和转型经济尤其重要），劳动者对这种保障有足够信心，理性预期下的劳动者愿意接受工资较大幅度下降。

　　其次，企业方面。即便劳动者愿意因为就业安全水平提高而接受较大幅度的工资降低，企业也可能不愿意向劳动者提供高于制度规定的就业安全水平。因为对于企业而言，更高的就业安全水平不仅意味着它在解雇工人时需要支付相应的解雇成本，更意味着企业的用工自主权受到了限制，企业未必能以支付解雇成本的方式顺利实现对劳动者的解雇。这点对于曾经经历过早期计划经济的企业而言尤为重要。与高工资水平相比，在制度规定水平之上向劳动者提供更高的就业安全带来的预期成本对企业而言存在不确定性，它可能会在后期带来较高的交易成本，从而使企业倾向于低就业安全、高工资水平的简单解决方式。这或许可以解释近年来我国农民工群体在劳动力市场上的一些遭遇，进入 21 世纪以来，我国农民工工资上升较快，并且这种工资上升持续了较长时间，但大部分农民工工作稳定性依然非常低，这并不完全是因为农民工群体存在"货币幻觉"，无视就业安全，也可能是因为他们就业的企业偏爱灵活就业，不愿意提供更多的就业安全保障。但就业保护制度的改变则不同，它不仅会改变企业的成本预期，也会降低未来的交易成本。

另外，劳动力市场的信息不足也可能是重要原因，这对于发展中国家尤其适用。由于发展中国家劳动力市场建立时间较短，各方面还不完善，劳动力市场上劳动者与企业双方地位不对等的现象非常普遍，双方难以在信息上进行有效沟通。信息不足使劳动力市场难以在就业安全和工资上实现有效率的配置，或者说此时存在市场失灵。另外，也可能存在妨碍企业主动提高就业安全的其他因素。例如，惯性因素，就业安全具有一定的惯性，当企业改变就业安全时，不仅适用于新入职的员工，也适用于已入职的员工，牵一发而动全身，这将大大提高企业提高就业安全时的边际成本，促使企业不会轻易去改变它。从这个角度看，新企业将会比那些历史悠久的企业更愿意提供更高的就业安全程度，因为它们的历史负担较轻。

正因为上述几个方面的原因，就业安全水平提高时 E_3 成为了新的均衡。劳动力市场在 E_1 实现了既定就业安全下的有效率，但却没有实现就业安全和工资均可调整情况下的有效率。而 E_3 实现了就业安全和工资以及劳动力数量的有效率状态，均衡的劳动力数量增加，如图 2-4（d）所示。如果市场完美，在初始均衡已经实现了有效率的状态（E_3），如果因为外生原因而提高就业安全（如从 y 提高至 y'），此时从企业的角度而言，提高就业安全使企业愿意支付给员工的工资快速下降，而从员工的角度看，提高就业安全时员工所愿意接受的工资下降较为缓慢，劳动力市场效率降低，企业和劳动者都将为此承担代价，劳动力数量和企业雇佣水平下降，新的均衡如 E_2 点所示。

因此，从补偿性工资理论来看，就业保护制度的加强对劳动力市场的影响不能一概而论，如果劳动力市场本身是有效率的，那么保护制度的加强既可能会降低市场效率，还可能会降低企业雇佣水平；但如果劳动力市场本身不完美，存在各种导致低效率的因素，那么提高就业保护制度可能会提高劳动力市场的效率，也会提高企业雇佣水平。

三、"就业安全+效率工资"理论

本书建立可供分析的经验模型的思路受补偿工资理论的启发，即希望能将就业保护放在就业安全的独立视角下进行分析，而不是仅将其视作雇佣成本。由于补偿工资理论侧重劳动者效用考虑，即侧重补偿工作差异带来的影响，因此更适合劳动供给的分析。但其将就业保护放在就业安全的独立视角下展开分析的思路可以借用，在这种思路以及传统的效率工资理论的基础上，本书尝试构造适合从劳动需求的角度加以分析的框架。

传统的效率工资理论认为，工人努力程度和工资数量有关，企业向工人支付高于均衡水平的工资时往往能在劳动生产率上有不错的收获。实际上，劳动生产率不仅与工资有关，也可能和就业安全有关。正如适当提高工资会提高劳动者的努力程度一样，适当提高就业安全也可能提高劳动生产率，如劳动者将更愿意进行人力资本投资，因为预期投资收益更加稳定，劳动者工作起来可能更专心。并且与提高工资不同的是，提高就业安全并不会让企业直接付出代价，相关费用只有当解雇确实发生时才需要支付。如果经济形势乐观，企业提高就业安全可以提高劳动者努力程度与劳动生产率，但却不会产生实际成本，这将导致企业雇佣水平高于初始水平。从这个角度看，就业保护程度的提高对企业雇佣水平的影响可能受到经济形势的影响，经济形势好时企业提高就业保护程度不仅不会降低企业雇佣水平，还可能提高企业的雇佣水平，因为它提高了劳动生产率。因此，如果市场是完善的，企业会根据对经济形势的预期自动将就业安全程度提高到高于市场（制度）的合适水平，使就业安全程度提高带来的边际劳动生产率收益与预期的边际成本相等的水平。这种高于市场（制度）就业安全水平的就业安全可以被称为"效率就业安全"。

"效率就业安全"不仅可以用来说明为何企业会将就业安全程度提高到市场（制度）水平之上，也可以用来解释就业保护制度提高了劳动者的就业安全时企业雇佣水平的变化。当就业保护制度加强了对劳动者的保护时，企业雇佣水平的变化依赖于劳动生产率提高与"效率就业安全"的关系。假设劳动生产率的提高只和就业安全绝对值有关，而与相对值无关。如果企业最初的就业安全水平高于新的制度规定，那么企业保持该水平的就业安全仍可以获得原来的劳动生产率，但就业保护提升的制度安排却可能如前文所言，降低企业提供更高就业安全时的预期成本，这种收益与成本的变化对比将导致企业提高雇佣水平。如果企业最初的"效率就业安全"低于新的制度规定，那么企业会被迫将安全水平提高至"效率就业安全"之上，如果初始的"效率就业安全"是有效率的，那么这将降低企业雇佣水平。

不过，生产率的提高只和就业安全水平的绝对值有关的假设未必成立。正如效率工资理论中劳动者提高劳动生产率是因为工资高于均衡工资一样，就业安全带来劳动生产率提升也是因为企业提供的就业安全高于市场（制度）水平，且二者在一定范围内呈正向关系（逆转的情况不可能在现实中出现）。当就业安全制度水平提高时，企业提供的就业安全与市场（制度）水平差距缩小，"效率就业安全"带来的劳动生产率提升会下降。如果出于生产率的考虑，企业将就业安全程度提高至维持原有差距的水平，此时虽能提高劳动生产率，但其效率依赖于企业将就业安全水平提高至新制度水平之上的成本（机会成本）变化状况。如果成本不变，那么企业将就业安全水平提高至维持原来"效率就业安全"是有效率的，此时企业雇佣不变；如果成本提高，那么企业雇佣下降；如果成本下降，企业雇佣则上升。

因此，就业保护制度与企业雇佣水平之间的关系并不具有唯一性，就业保护制度对企业雇佣水平的影响既要依赖于劳动者的行为模式（"效率就业安全"与劳动生产率之间的关系），也要依赖于企业的行为模式（企业提供就业安全时的成本变化状况）。接下来可以建立基于"效率就业安全"的数理模型。为了分析的方便，不考虑产品市场的价格变化，将产品价格正则化为1。企业的生产函数为 $f(l, w_0+\Delta w, a_0+\Delta a)$，其中 l 表示企业的劳动投入，w_0 表示市场工资，$w_0+\Delta w$ 表示效率工资，其中的 Δw 表示效率工资与市场工资的差距，通常大于0。a_0 表示制度化的就业安全程度，$a_0+\Delta a$ 则表示效率就业安全水平，其中的 Δa 表示效率就业安全水平与制度就业安全水平的差距，通常也大于0。

企业的成本函数为工资成本与预期的解雇成本之和，即 $(w_0+\Delta w)l+g(w_0+\Delta w, a_0+\Delta a)l$，其中的前一项为工资成本，后一项则为预期的解雇成本。预期的解雇成本依赖于预期的人均解雇成本和劳动投入数量，而预期的人均解雇成本则依赖于诸多因素，如工资率的高低和就业安全程度的状况以及不能由企业所决定的经济形势等，能由企业选择的只有工资率和就业安全。假设企业根据边际成本与边际收益相等的原则决定自己的要素投入数量及效率工资水平和效率就业安全程度，则有：

$$f_1(l, w_0+\Delta w, a_0+\Delta a)=w_0+\Delta w+g(w_0+\Delta w, a_0+\Delta a) \tag{2-1}$$

$$f_2(l, w_0+\Delta w, a_0+\Delta a)=l+g_1(w_0+\Delta w, a_0+\Delta a)l \tag{2-2}$$

$$f_3(l, w_0+\Delta w, a_0+\Delta a)=g_2(w_0+\Delta w, a_0+\Delta a)l \tag{2-3}$$

其中，式（2-1）表示劳动投入决策时的边际成本与边际收益相等，式（2-2）表示效率工资决策时的边际成本与边际收益相等，式（2-3）表示效率就业安全水平决策时的边际成本与边际收益相等。在式（2-1）、式（2-2）、式（2-3）

中包含了三个等式，也有三个未知数，因此可以求解出 l、Δw 和 Δa，分别表示为 $l(w_0+a_0)$、$\Delta w(w_0,\ a_0)$ 和 $\Delta a(w_0,\ a_0)$，即都依赖于市场工资水平和制度就业安全水平以及其他既定的或不由企业决定的因素。为了了解制度就业安全水平发生变化时企业雇佣水平受到的影响，可以对式（2-1）关于 a_0 求导，则有：

$$f_{11}\times l_2(w_0,\ a_0)+f_{12}\times\Delta w_2(w_0,\ a_0)+f_{13}\times(1+\Delta a_2(w_0,\ a_0))$$
$$=\Delta w_2(w_0,\ a_0)+g_1\times\Delta w_2(w_0,\ a_0)+g_2\times(1+\Delta a_2(w_0,\ a_0))$$

整理得：

$$l_2(w_0,\ a_0)=\frac{1}{f_{11}}\big[(g_1+1-f_{12})\times\Delta w_2(w_0,\ a_0)+(g_2-f_{13})\times(1+\Delta a_2(w_0,\ a_0))\big]$$

$$(2-4)$$

根据式（2-3），有：

$$g_2=f_3/l \tag{2-5}$$

根据式（2-2），有：

$$1+g_1=f_2/l \tag{2-6}$$

将式（2-5）、式（2-6）代入式（2-4）可得：

$$l_2(w_0,\ a_0)=\frac{1}{f_{11}}\left[\left(\frac{f_2}{l}-f_{12}\right)\times\Delta w_2(w_0,\ a_0)+\left(\frac{f_3}{l}-f_{13}\right)\times(1+\Delta a_2(w_0,\ a_0))\right] \tag{2-7}$$

根据生产函数的性质可知，$f_{11}<0$，因此制度规定的就业安全上升时，企业雇佣的变化 $l_2(w_0,\ a_0)$ 的方向与 $\left(\dfrac{f_2}{l}-f_{12}\right)\times\Delta w_2(w_0,\ a_0)+\left(\dfrac{f_3}{l}-f_{13}\right)\times(1+\Delta a_2(w_0,\ a_0))$ 正好相反。因此，$l_2(w_0,\ a_0)$ 的符号或方向依赖于 $\Delta w_2(w_0,\ a_0)$、$(1+\Delta a_2(w_0,\ a_0))$、$\left(\dfrac{f_2}{l}-f_{12}\right)$ 和 $\left(\dfrac{f_3}{l}-f_{13}\right)$ 的大小和符号。

先来看 $\Delta w_2(w_0,\ a_0)$，由于效率工资和效率就业安全均能对劳动生产率产生相同的效果，从某种角度上看二者存在相互替代的作用，因此 $\Delta w_2(w_0,\ a_0)>0$。

对于 $(1+\Delta a_2(w_0,\ a_0))$，如果 $1+\Delta a_2(w_0,\ a_0)<0$，则意味着 $\Delta a_2(w_0,\ a_0)<-1$，假设就业安全由 a_0 提高至 a_0' 时（$a_0'>a_0$），则有：

$$\frac{\Delta a(w_0,\ a_0')-\Delta a(w_0,\ a_0)}{a_0'-a_0}<-1$$

即

$$\Delta a(w_0,\ a_0')-\Delta a(w_0,\ a_0)<-(a_0'-a_0) \tag{2-8}$$

式（2-8）意味着就业安全水平提高时，企业效率工资高出制度规定的水平不仅不会提高，反而会下降，下降的速度比就业安全水平提高的速度快。如果效率工资和效率就业安全总是存在（这是效率工资理论的基础），则式（2-7）不可能成立，否则如果该式成立，意味着就业安全水平提高时，"效率就业安全"极可能消失，这与对效率就业安全的理解不符。因此，通常情况下，$1+\Delta a_2(w_0,a_0)>0$ 成立。

因此，$l_2(w_0,a_0)$ 的符号似乎完全由生产函数的形式决定，即由生产函数形式 $\left(\dfrac{f_2}{l}-f_{12}\right)$ 和 $\left(\dfrac{f_3}{l}-f_{13}\right)$ 的符号和大小来决定。当 $\dfrac{f_2}{l}>f_{12}$ 且 $\dfrac{f_3}{l}>f_{13}$ 时，如通常的柯布—道格拉斯生产函数形式。此时 $l_2(w_0,a_0)$ 为负，即由于制度就业安全水平的提高，企业雇佣水平会下降。但是，如果企业处于成长早期，或者说柯布—道格拉斯生产函数呈规模递增的性质，则 $l_2(w_0,a_0)$ 为正，即制度就业安全水平的提高不仅不会降低企业雇佣水平，反而会导致企业雇佣水平上升。

从上述分析看，企业生产函数的形式对就业安全提高时企业雇佣水平的变化非常重要，长期生产函数存在规模报酬递增特征的企业和不存在该特征的企业表现可能完全相反，前者在就业安全水平提高时企业雇佣水平上升，后者在就业安全水平提高时企业雇佣水平下降。不过，如果考虑其他因素，如企业对由就业安全带来的成本预期可能发生变化，那么即便生产函数为规模报酬递减，企业雇佣水平也可能随着就业安全程度提高而上升。

例如，尽管 $\dfrac{f_2}{l}>f_{12}$ 且 $\dfrac{f_3}{l}>f_{13}$，但由于企业对就业安全提高后的成本预期发生了变化，导致效率工资水平和效率就业安全水平下降，即 $\Delta w_2(w_0,a_0,E)<0$ 且 $(1+\Delta a_2(w_0,a_0,E))<0$，其中 E 表示企业对就业安全提高后的成本预期，它依赖于一系列经济环境因素，如 $\Delta w_2(w_0,a_0,E)<0$ 可能是因为交易成本降低了，导致综合就业安全时的成本不升反降，根据二者的替代关系，$\Delta w_2(w_0,a_0,E)<0$ 可能成立，只要交易成本降低的预期足够强大，此时 $\Delta w_2(w_0,a_0,E)$ 表示的是 $\dfrac{\Delta w(w_0,a_0',E')-\Delta w(w_0,a_0,E)}{a_0'-a_0}$。类似也有 $(1+\Delta a_2(w_0,a_0,E))<0$ 的情形。

综合上述分析来看，当就业保护制度带来了就业安全程度的提高时，企业的劳动力需求可能上升也可能下降，具体情况依赖于由工资、就业安全（资本水平）所决定的生产函数的形式以及企业对未来经济形势的预期（这关系到就业安全可能带来的预期成本）。在效率工资理论的框架下，由劳动的边际生产率（决定于效率工资和效率就业安全）等于边际成本（决定于工资、就业安全）决定了企业的劳动力需求数量。即企业的劳动力需求的变化由下式决定：

$$l_d = g(w, w_0, a, a_0)$$

但是，根据上述分析，w 和 a 都是内生变量，即 $w = w(w_0, a_0)$，$a = a(w_0, a_0)$，因此有：

$$l_d = f(w_0, a_0) \tag{2-9}$$

其中，l_d 表示企业劳动需求量，w_0 表示市场工资水平，a_0 表示制度规定的就业安全水平。则：

$$\Delta l_d = f_1(w_0, a_0)\Delta w_0 + f_2(w_0, a_0)\Delta a_0$$

为此，可以简单地写出可能用于估计就业安全与企业劳动力需求数量之间关系的经验方程，它采取 OLS 的形式：

$$\Delta l_d = \alpha + \beta \times \Delta w_0 + \gamma' \times \Delta a_0 + \sum \delta \times \chi + \varepsilon \tag{2-10}$$

其中，γ 即体现了要考察的就业安全与企业劳动力需求的关系，而 χ 代表其他控制变量，如企业的资本存量、企业的行业特征以及企业对未来经济形势的预期等。如果市场均衡的工资水平保持不变，则式（2-10）可以简化如下：

$$\Delta l_d = \alpha + \gamma' \times \Delta a_0 + \sum \delta \times \chi + \varepsilon \tag{2-11}$$

第三章 《劳动合同法》与就业保护

第一节 《劳动合同法》实施前的劳动力市场

《劳动合同法》的立法背景可能要追溯到《劳动法》的立法，正是《劳动法》实施后我国劳动力市场的状况为《劳动合同法》的出台创造了条件、提供了机会。1994年《劳动法》出台时，我国改革开放已经发展到了关键时期，此前围绕国有企业改革进行的一系列探索均没有获得成功。这些探索旨在不触及根本体制的情况下以一些灵活的方式搞活企业，调动企业生产积极性，增强企业成本收益意识。改革的主要依据包括1979年的《关于扩大国营工业企业经营管理自主权的若干规定》和1988年的《工业企业法》等，前者赋予了企业开除职工的权利，但这种权利被严格限制使用；后者则给予企业更多的经营自主权与人事权，但同时强调了职工代表大会对保护职工利益的重要性，劳动者仍具有国家职工身份，工资主要部分仍和身份挂钩，激励或奖励部分受到严格限制，劳动者的积极性和创造性有待进一步激发（贾平，1993）。国有企业大面积亏损的现象依然严重，而其中经营性亏损仅占20%左右（郭元晞，1990）。

既定框架下的扩权未能从根本上改变国有企业面临的亏损局面，究其原因，郭元晞（1990）认为在于职工身份和所有权问题导致国有企业在劳动力处理上的低效率。同期自主进行生产决策、拥有完全人事权的乡镇企业取得的巨大成功给国有企业管理带来了启发，国有企业在劳动管理上进行了一些边际上的改革，但这种局部意义上的改革（新人新办法、老人老办法）带来的激励只对劳动增量部分产生了显著影响，对巨大的存量部分毫无作用（杜海燕和郭晋刚，1993），而存量的重要性要远远大于增量。只有打破既有框架才能从根本上改变国有企业面临的困局，国有企业改革的方向和潜力注定来自对其大量在职失业劳动力的处理。

新一轮的改革在 1992 年邓小平同志南方谈话后拉开了序幕，1993 年，中国共产党第十四届三中全会关于现代企业制度的决定标志着我国向市场经济体制转变的真正开始。随着企业改制的进行，大量工人被解雇下岗①，在当时形势下，能否规范解决好下岗问题将制约我国国有企业转换经营机制的进程（田秋生，1993），正是在这种背景下我国推出了历史上第一部规范劳动力市场的《中华人民共和国劳动法》。《劳动法》对我国劳动力市场的形成起到了规范和促进作用。同时，《劳动法》对扩大企业用人自主权激发企业活力进行了规范，针对当时面临的普遍存在的国有企业效率低下问题，《劳动法》呈现出效率优先、兼顾公平的特点。企业经营者在人事、薪资和考核奖惩等方面的权力由此逐渐扩大。

《劳动法》实施后，国有企业劳动力效率低下的问题逐步得到化解，劳动力市场也逐渐发展壮大②。新形成的劳动力市场具有很强的就业灵活性，企业利用劳动力市场来解决劳动投入的能力有明显改善（王德文和蔡昉，2005）。劳动者的身份差别渐趋淡化，流动性和竞争性上升，有效地推动了劳动力市场机制调节作用的形成（蔡昉和王德文，2008）。但是随着人口结构的转变以及劳动力供求关系的转变，潜藏在劳动力市场中的许多问题逐渐浮出水面，并有矛盾尖锐化趋势。它涉及问题广泛，以下两个方面是其集中体现。

一、劳动力市场规范性不足

《劳动法》实施后，由于劳动力市场需求方仍以改制国有企业为主，而劳动力市场供给却在快速扩张③，供求对比使企业处于劳动力市场上的相对较强势的地位，也使伴随着工人大规模下岗失业而出现的劳动力市场具有鲜明的劳动者弱势特征。因此在劳动力市场上不时会传出一些不和谐的声音，如有些企业会在用

---

① 据国家经贸委企业司（1993）调查，有些企业在职职工与离退休人员的比例甚至达到 1∶2。孙忠英（1993）认为在职失业的人员加上离退休人员的总数可能达到企业职工总数的 40% 以上，陈清泰（2000）甚至认为国有企业的冗员可能高达 5 成。

② 吴敬琏（2004）认为，国有企业工人大规模下岗基本完成后，尽管国有经济的症结并没有得到彻底解决，但企业冗员的现象基本得到解决，压在企业身上的负担基本被移除。

③ 供给者既包括新加入的劳动者，还包括下岗和未下岗的冗员劳动者以及大量进城寻找工作的农民工。

工关系中拒绝与职工签署劳动合同，而劳动者因为就业困难可能选择妥协。由于得不到有效保护，赢了官司却丢了工作的现象让劳动者常常在权益和就业之间选择就业，从而导致不规范用工和就业大量出现。灵活自由但缺乏足够的规范成为市场所面临的主要问题。表3-1显示，2005年外来劳动者签订合同的比重仅为11.94%，该比重在本地劳动者中也仅为59.69%。由于缺乏劳动合同或劳动合同不规范，扣押劳动者报酬的情况经常出现。据当时估计，上海市欠薪类案件占劳动行政部门案件总数的70%以上，而广东省则近65%的三资企业及私营企业存在拖欠与克扣工资的现象（杜正武，2003）。在历年的劳动争议案件的成因中，劳动报酬一直位居最高比重（见表3-2）。

表3-1　《劳动合同法》实施前后劳动者签订劳动合同的比例　　　　单位：%

年份	外来劳动者		城市本地劳动者		农民工	
	签订合同	未签订合同	签订合同	未签订合同	签订合同	未签订合同
2001	14.77	85.23	48.36	51.64		
2005	11.94	88.06	59.69	40.31		
2010	25.69	74.31	64.57	35.43	42.00	58.00
2011					43.80	56.20
2012					43.90	56.10
2013					41.30	58.70
2014					38.00	62.00

资料来源：外来劳动者和城市本地劳动者的数据来自王美艳（2013），农民工的数据来自中国统计局发布的历年《全国农民工监测调查报告》。

即便签署劳动合同，也存在合同签署后不送到劳动行政管理部门备案的现象，霸王合同、以合同期满为由大量辞退员工（尤其是中老年员工）的情形也很多，劳动者的正当权益无法得到充分保障。表3-2显示，由解除劳动合同引发的劳动争议居第三位，尽管低于劳动报酬及社会保险，但它比劳动报酬及社会保险增长更快。不规范现象逐渐由不签署劳动合同向劳动合同不规范与随意解除合同转变，而劳动争议中劳动者胜诉的案件数和用人单位胜诉的案件数之比最高的年份超过5:1的局面则从侧面反映出，这种解除劳动合同行为中普遍存在的非正当性（许多年份都在3:1以上）。如此高的胜诉比既反映了劳动者诉求的正当合理性，也体现了劳动者在劳动力市场中的弱势地位以及保护制度的缺乏。

表3-2　近年来劳动争议案件立案数及原因情况

年份	当期案件受理数	按原因分的案件受理数				
		劳动报酬	社会保险	变更劳动合同	解除劳动合同	终止劳动合同
2002	184116	59144	56558	3765	30940	12908
2003	226391	76774	76181	5494	40017	12043
2004	260471	85132	88119	4465	42881	14140
2005	313773	103183	97519	7567	54858	14015
2006	317162	103887	100342	3456	55502	12366
2007	350182	108953	97731	4695	67565	12696
2008	693465	225061	—	—	139706	
2009	684379	247330			43876	
2010	600865	209968		—	31915	
2011	589244	200550	149944		31915	
2012	641202	225981	159649		31915	
2013	665760	223351	165665		31915	
2014	715163	258716	160961		31915	
2015	813859	321179	158002		31915	
2016	828410	345685	145671		31915	
2017	785323	331463	135211		31915	
2018	894053	380751	144533		31915	
2019	1069638	446572	149966		31915	
2020	1094788	462729	136496		31915	

资料来源：根据历年《中国劳动统计年鉴》数据整理得到。

二、劳动者的实际利益受到侵蚀

灵活性有余、规范性不足的劳动力市场带来了一系列的后果，它使劳动者的实际利益受到侵蚀，这客观上也是我国企业的劳动力成本优势的来源之一。关于这一点，最为集中的体现是国民收入中劳动收入的份额日趋下降、资本的份额日趋上升，这加剧了收入分配的差距。

《劳动法》实施后企业经营状况明显改善，尽管劳动者收入有所提升，但劳动者工资增速持续低于经济增速，导致劳动收入占国民收入份额持续下降。白重恩（2008）认为中国的劳动报酬占国民收入的份额自1995年后开始降低，至

2006 年时共下降了约 12 个百分点。刘润芳和杨建飞（2011）则认为 1992~2008 年国民收入初次分配格局中劳动报酬所占比例下降了 8.2%，在再分配中则下降了 10% 以上。即便存在统计技术与口径的差异等方面的原因，劳动报酬份额下降却是共识。劳动收入份额下降与劳动者的地位紧密相关。蔡昉（2005）认为收入分配格局中劳动者报酬的下降和产业结构由劳动密集型向资本密集型转变有关。而这种转变正是由劳动密集型行业职工大规模下岗引起，除非从业者工资能有较大幅度的上升，否则劳动者报酬下降势所必然。肖红叶和郝枫（2009）也表达了类似观点，认为是产业结构的变化（这种产业结构的变化仍然和改制以及由改制引致的劳动力市场密切相关）引起了劳动收入分配的下降，而短期中（由大规模下岗引起的）要素价格体系扭曲的因素不容忽视。即劳动者报酬持续低于边际劳动生产率，资本报酬却比边际资本生产率高（李稻葵等，2009）。

　　上述问题的症结既有劳动力供求关系的原因，也有就业保护制度缺乏的原因。由于缺乏就业保护，处于弱势地位的劳动者无法要求企业签署劳动合同，也无法和企业谈待遇。Harrison（2005）、白重恩等（2008）、罗长远和张军（2009）[1] 等均发现劳动者缺乏谈判能力也对劳动份额下降具有一定解释能力。表 3-3 给出了 1996~2020 年我国各类型城镇单位就业人员的年平均工资状况。如果把非国有单位的工资视为市场化工资（受劳动者谈判地位的影响），而国有单位的工资视为垄断工资（不受或少受劳动者谈判地位的影响），从表 3-3 可以看出，与具有垄断性的国有单位相比，在很大程度上依赖于劳动者谈判地位的市场化工资（以非国有单位的工资体现）实际上不断下降，这或许反映出劳动者谈判地位日趋下降的窘境（从数据看，这种局面似乎从 2008 年开始有所转变），2014 年后再次出现新的转变。

表 3-3　按登记注册类型分的城镇单位就业人员年平均工资

年份	国有单位（元）	其他单位（元）	国有单位/其他单位（%）
1996	6207	8521	0.73
1997	6679	9092	0.73

---

　　① Harrison（2005）从全球资本流动削弱了劳动者谈判地位解释了劳动收入占比下降的原因，白重恩等（2008）及罗长远和张军（2009）等从改制降低了劳动者地位的角度解释了我国劳动者收入占比的下降。白重恩和钱震杰（2009）还发现在所有劳动收入份额变化的原因中国企改制的影响远大于垄断因素及其他因素的总和。

续表

年份	国有单位（元）	其他单位（元）	国有单位/其他单位（%）
1998	7579	9241	0.82
1999	8443	10142	0.83
2000	9441	11238	0.84
2001	11045	12437	0.89
2002	12701	13486	0.94
2003	14358	14843	0.97
2004	16445	16519	1
2005	18978	18362	1.03
2006	21706	21004	1.03
2007	26100	24271	1.08
2008	30287	28552	1.06
2009	34130	31350	1.09
2010	38359	35801	1.07
2011	43483	41323	1.05
2012	48357	46360	1.04
2013	52657	51453	1.02
2014	57296	56485	1.01
2015	65296	60906	1.07
2016	72538	65531	1.11
2017	81114	71304	1.14
2018	89474	79453	1.13
2019	98899	87195	1.13
2020	108132	92721	1.17

资料来源：根据历年《中国劳动统计年鉴》数据整理计算得到。

事实上，由于缺乏制度保护，劳动者的正当权益受到伤害的情形也表现在其他方面。例如，由于害怕失去工作，劳动者难以拒绝企业的加班要求。据估计，95%的出口加工型企业未能遵守国家规定的工作与加班时间规定。2007年在涉及劳动报酬有关的劳动争议中，有近80%的案件和加班有关（夏凡，2010）。表3-4给出了我国城镇就业人员平均工作时间状况。显然，除个别职业和受教育程度外，所有职业、行业和受教育程度的劳动者每周的工作时间均超过40小时。从分职业的情况看，较高的是商业、服务业的劳动者，而劳动者每周工作时间在50小时以上的职业有两类。从受教育程度的情况看，加班最为严重的是受教育程度为小学、初中或高中的劳动者，其中受教育程度为初中的就业人员每周工作时间长达50小时。从分行业的情况看，加班时间最长的可能是住宿和餐饮业的从业者。

表3-4　城镇就业人员调查周平均工作时间　　　　　单位：小时/周

按职业分							
时间	单位负责人	专业技术人员	办事员和有关人员	商业、服务业人员	农林牧渔水利业生产人员	生产、运输设备操作人员及有关人员	其他人员
2005 年 11 月	47.2	43.2	44.4	52.0	43.0	51.4	48.9
2006 年 11 月	47.3	44.1	44.4	52.0	41.9	50.8	48.4
2007 年 11 月	47.7	43.4	43.8	50.3	38.2	49.8	46.7
2008 年 11 月	47.5	43.0	43.5	49.1	37.7	48.2	46.8
2009 年 11 月	47.5	42.8	43.3	49.0	37.7	48.9	46.3
2010 年 11 月	47.1	43.1	44.0	49.8	41.5	49.7	47.8
2011 年 11 月	47.7	43.7	43.9	49.5	38.2	48.7	47.7
2012 年 11 月	48.2	43.7	44.0	49.6	38.3	48.8	49.8
2013 年 11 月	48.4	43.9	44.0	49.9	38.2	49.5	49.2
2014 年 11 月	48.4	43.9	43.8	49.9	37.6	49.5	44.0
2015 年 11 月	46.9	42.9	43.1	47.7	38.9	47.9	44.6
2016 年 11 月	47.8	43.4	43.7	48.4	39.4	48.5	50.6
2017 年 11 月	47.5	43.0	43.5	48.3	39.2	48.9	44.6
2018 年 11 月	47.8	43.2	43.6	48.5	39.4	49.2	44.9
2019 年 11 月	48.3	43.5	44.2	49.1	38.7	49.8	47.6
2020 年 11 月	48.6	43.7	44.7	49.6	36.7	50.3	50.2
按受教育程度分							
时间	未上过学	小学	初中	高中	大专	大学本科	研究生
2005 年 11 月	44.4	47.8	50.0	47.8	43.2	41.9	41.3
2006 年 11 月	41.5	46.4	49.3	47.7	43.8	42.1	42.2
2007 年 11 月	37.3	43.4	47.3	46.8	42.9	41.7	41.4
2008 年 11 月	36.4	41.7	46.1	46.0	43.0	41.7	41.1
2009 年 11 月	36.9	43.3	46.1	46.1	42.9	41.5	41.1

续表

按受教育程度分						
时间	未上过学	小学	初中	高中	大专	大学本科	研究生
2010 年 11 月	43.5	47.2	48.9	47.2	43.7	42.1	41.1
2011 年 11 月	40.1	45.0	48.1	47.1	43.8	42.4	41.7
2012 年 11 月	39.8	44.5	48.2	47.4	44.0	42.4	41.6
2013 年 11 月	39.6	44.8	48.8	47.6	44.3	42.5	41.8
2014 年 11 月	40.1	44.6	48.7	47.8	44.5	42.6	41.4
2015 年 11 月	42.1	45.3	48.1	46.0	43.4	41.7	41.0
2016 年 11 月	41.9	46.1	48.6	46.7	44.0	42.3	41.7
2017 年 11 月	41.8	46.2	48.9	46.9	44.0	42.1	41.5
2018 年 11 月	42.0	46.5	49.2	47.3	44.3	42.3	41.5
2019 年 11 月	41.5	46.4	49.5	47.9	44.7	42.7	42.0
2020 年 11 月	39.5	45.6	49.6	48.5	45.2	42.8	42.0

按行业分，仅列出六种加班最严重的行业						
时间	制造业	建筑业	交通运输、仓储和邮政业	批发和零售业	住宿和餐饮业	居民服务、修理和其他服务业
2005 年 11 月	51.1	51.6	49.9	52.5	53.9	52.3
2006 年 11 月	50.4	51.3	50.0	52.5	54.4	52.1
2007 年 11 月	49.4	49.7	49.1	50.9	52.1	50.2
2008 年 11 月	47.9	48.2	48.1	49.6	50.7	49.0
2009 年 11 月	48.5	48.4	47.8	49.6	50.1	48.8
2010 年 11 月	49.0	50.2	48.8	50.3	51.4	50.4
2011 年 11 月	48.1	48.8	48.2	49.8	51.5	49.5
2012 年 11 月	48.2	49.4	48.8	50.2	51.4	49.1
2013 年 11 月	48.9	49.7	49.0	50.5	51.4	49.9
2014 年 11 月	48.7	49.6	48.2	50.5	51.6	50.0
2015 年 11 月	47.1	47.3	46.9	48.3	49.9	46.8
2016 年 11 月	47.7	48.1	47.7	48.9	50.5	47.6
2017 年 11 月	48.0	48.2	48.1	48.9	50.8	47.7
2018 年 11 月	48.3	48.3	48.4	49.2	51.3	48.1
2019 年 11 月	48.9	48.9	49.1	49.7	51.9	48.9
2020 年 11 月	49.5	49.2	49.3	50.1	52.6	49.7

资料来源：根据历年《中国劳动统计年鉴》的数据整理计算得到。

由于缺乏保护，劳动者的工作可能也增添了一定的危险性（刘琦，2005），导致我国劳动安全事故发生数及死亡人数均呈逐年攀升的态势（2004 年前）。劳动者工作条件的状况也可以由表 3-5 给出的历年中国工伤保险的参保以及享受保险的基本情况中看出端倪。2001 年后，实际享受了工伤保险的人数和年末参保人数都在逐年增加，但实际享受工伤保险待遇人数的增长速度明显快于参保人数的增长速度，尤其是 2002 年和 2003 年，实际享受工伤保险待遇人数的增长速度分别是参保人数的近 30 倍和 6 倍多，虽然这说明有资格享受工伤保险待遇的劳动者增加了，但反过来也似乎说明，劳动者工作条件保障不足可能导致了工伤事故增加。这其中除了有劳动者自身安全意识淡薄的因素外，劳动者缺乏对涉及自身安全的重大问题进行讨价还价的能力也是重要原因之一。

表 3-5　历年全国工伤保险基本情况

年份	年末参保人数 （万人）	同比增长率 （%）	全年享受工伤保险待遇人数 （万人）	同比增长率 （%）
2001	4345.3	-0.1	18.7	-0.6
2002	4405.6	1.4	26.5	41.7
2003	4574.8	3.8	32.9	24.2
2004	6845.2	49.6	51.9	57.8
2005	8477.8	23.9	65.1	25.4
2006	10268.5	21.1	77.8	19.5
2007	12173.4	18.6	96.0	23.4
2008	13787.2	13.3	117.8	22.7
2009	14895.5	8.0	129.6	10.0
2010	16160.7	8.5	147.5	13.8
2011	17695.9	9.5	163.0	10.5
2012	19010.1	7.4	190.5	16.9
2013	19917.2	4.8	195.2	2.5
2014	20639.2	3.6	198.2	1.5
2015	21432.5	3.8	201.9	1.9
2016	21889.3	2.1	196.0	-2.9
2017	22723.7	3.8	192.8	-1.6
2018	23874.4	5.1	198.5	3.0

年份	年末参保人数（万人）	同比增长率（%）	全年享受工伤保险待遇人数（万人）	同比增长率（%）
2019	25478.1	6.7	194.2	-2.2
2020	26763.4	5.1	187.6	-3.4

资料来源：根据历年《中国劳动统计年鉴》的数据整理计算得到。

同时，从表中也可以初步看到，无论是 2008 年颁布实施的《劳动合同法》还是 2012 年修订的《劳动合同法》，都导致随后的参保人数以及享受工伤保险待遇人数发生了明显的变化，体现出《劳动合同法》对劳动者的保护。

第二节 《劳动合同法》：更强的就业保护

"由于社会发展相对滞后于经济发展，对普通劳动者和家庭的社会保护机制尚不健全"（蔡昉，2010）。就业保护制度的缺乏与劳动法实施后劳动力市场上的许多问题都有直接或间接的关系。就业保护制度缺乏加上供大于求的劳动力市场形势导致劳动者处于弱势地位，无法与企业就工资待遇、工作时间及工作条件等进行讨价还价，但劳动力市场形势变化为扭转这一局面提供了契机。在经历了长达 10 多年的劳动力充分供给后，劳动力市场的供求形势开始发生变化。一方面，人口与计划生育政策使我国总和生育率不断降低，劳动力供给的自然增长速度渐趋放缓，而作为城市劳动力重要来源的农村过剩劳动力也趋于枯竭，据蔡昉（2007）估算，2005 年农村中的真正剩余且在 40 岁以下的劳动力仅占 10.7%；另一方面，经济长期保持高速发展使劳动力需求持续快速扩张，1996~2005 年城镇就业人数平均每年增加 829 万人，并且 2000 年后增速趋于上升（蔡昉，2007）；此消彼长的态势导致 2004 年前后出现了中国改革开放以来的第一次民工荒，这次民工荒实际上预示着劳动力短缺时代的到来，我国的劳动力市场即将跨过刘易斯转折点而步入新古典阶段。

劳动供求形势转换带来的是劳动关系的日趋紧张，劳动者和企业之间的直接冲突越来越频繁。2004 年以前，虽然劳动争议大量出现，但劳动者与企业的直接冲突较为罕见。2004 年以后，劳动关系的性质开始转变，劳动争议的形式也开始发生变化，劳动者采取各种方式为自己争取利益，大部分劳动者选择用脚投票。同时，随着经济发展水平与人们收入的提高，劳动者对基于公平目的的保护制度的需求日趋上升（蔡昉，2010），这为改革劳动力市场制度、向劳动者提供更强的就业保护创造了条件。

正是在上述背景下，2008 年《劳动合同法》颁布实施。尽管《劳动合同法》清楚表明它旨在使劳动者和企业各自的权利和义务关系更加清晰，但突出对前者的就业保护是该法的典型特征。人大常委会针对劳动合同法的实施情况进行了多次调研，由于在调研中了解到部分企业大量使用劳务派遣用工代替正式用工的不规范用工现象，2012 年全国人民代表大会常务委员会作出了关于修改《中华人民共和国劳动合同法》的决定，修订内容主要针对经营劳务派遣业务主体的资格条件、被派遣劳动者的权利、劳务派遣用工的规范性及违规惩罚，新修订的《劳动合同法》于 2013 年 7 月 1 日起实施。至此，政府政策完成了从效率优先向效率与公平并重的转变。效率与公平并重意味着法律在保障企业资源配置权力的同时也保障劳动者免予被随意解雇，保护劳动者公平就业。在向劳动者提供就业保护方面，《劳动合同法》有许多努力，大致可以包括以下几个方面：

一、加大了对拒不签署规范劳动合同的用工行为的惩处

虽然 1994 年的《劳动法》已经明确提出用人单位和劳动者应当订立劳动合同，但是法律实施后依然存在大量未签署合同的用工行为，由于没有签署劳动合同或签署合同不规范，导致许多伤害劳动者权益的案件不断发生。对此，《劳动合同法》通过以下三方面强化了用工关系发生时签订规范的劳动合同的要求：首先，它拓宽了需要签订劳动合同的用人单位的主体范围。《劳动合同法》的适用范围更加广泛，除了原来规定的主体类型之外，它还将民办非企业单位包括进来①。另外，许多企业类型没有被《劳动法》覆盖，虽然后来被其他文件补充进去，但法律效力不如《劳动合同法》。其次，它明确了企业不签订劳动合同时的解决办法。《劳动法》仅对是否签署劳动合同给出抽象原则，没有针对企业拒不签订合同的行为制定相应措施，虽然后来的文件作了弥补，但仅涉及如何处理与

---

① 尽管其他法规如 2004 年最低工资规定将民办非企业组织包含在内，但未在订立劳动合同方面提出要求。

此相应的劳动争议等方面，实际运用时仍存在很大的不确定性①，而《劳动合同法》第10、第11、第14和第82条则对相应的各种情形给出了清晰的处理方法。最后，它加大了当签署的劳动合同不规范时用人单位应承担的法律责任。例如，当双方对劳动报酬和劳动条件约定不明确时，《劳动法》以及后来的文件均没有就此做出明确规定，但《劳动合同法》第18、第26、第28、第81、第86、第93和第94条则分别对各种情形下企业应当承担的责任做出了明确规定。

二、它对用人单位解除及终止劳动合同的能力加以严格限制

与此前的法律法规相比，《劳动合同法》严格限制了用人单位解除和终止劳动合同的能力，赋予了在职员工免受不正当解雇的权利，这主要表现在三个方面，即提高了相关的门槛条件、增加了需要支付经济补偿金的情形以及提高了赔偿金的计算标准。

1. 提高了用人单位解除与终止劳动合同的门槛条件

（1）提高了用人单位在试用期内解除与终止劳动合同的门槛条件。《劳动法》并没有对用人单位在试用期内解除劳动合同规定明确条件②，而《劳动合同法》第21条中则明确规定，除非在劳动者存在严重过失或者是劳动者被确认无法胜任工作的情形下，否则不能解除劳动合同，劳动合同的解除由约定转为法定。此外，它还对试用期的时间期限进行了明确的限制，从而防止企业以试用代替雇佣③。

（2）提高了用人单位在试用期结束后解除与终止劳动合同的门槛条件。首先，用人单位单方面解除劳动合同的门槛被提高，相比于《劳动法》，《劳动合同法》增加了用人单位不得进行单方面辞退和经济裁员的两种情形，即职业病情形和长期工作满15年且距法定退休年龄不足5年的情形。其次，终止劳动合同

---

① 例如，1995年5月10日劳动部《违反〈劳动法〉有关劳动合同规定的赔偿办法》第2条第2点规定：用人单位故意拖延不订立劳动合同的情形下，用人单位需要补足劳动者的应得工资（再加上25%的赔偿）。但它没有明确界定在没有劳动合同的情况下该如何计算应得工资的期限，以及应得工资以什么标准计算才是合理的。

② 后来的补充规定可见1995年1月19日劳动部办公厅对《关于如何确定试用期内不符合录用条件可以解除劳动合同的请示》的复函和1995年10月10日劳动部办公厅《关于试用期内解除劳动合同处理依据问题》。

③ 新法对试用期的时间期限规定更严格、更具体，如明确规定当劳动合同仅约定了试用期时，该试用期不能成立，该试用合同应该被认定为劳动合同，从而加大了对试用期劳动者的保护。

的门槛被提高，用人单位终止劳动合同的权利被限制①。最后，经济性裁员必须经过更严格、更复杂的程序②。

2. 增加了用人单位解除与终止劳动合同时需要向劳动者支付经济补偿金的情形

《劳动法》规定了用人单位解除与终止劳动合同时需要支付经济补偿金的有关事项③，在这方面，《劳动合同法》以及后来的实施条例除了将作为计算标准的月工资以及支付方式④进行了明确外，最突出的表现就是劳动合同到期终止必须支付补偿金的相关规定。按照《劳动合同法》实施之前的规定，合同到期终止时劳动者不能获得经济补偿金，这就使企业可能通过设置终止条件或合同短期化方式逃避责任，但《劳动合同法》第46条规定，除特殊情形外劳动合同终止时劳动者仍然有权获得补偿金。由于合同终止也需支付经济补偿金，劳动者（尤其是年长劳动者）正当权益得到保障，用人单位难以通过技术手段轻易"解雇"劳动者。

3. 增加了用人单位违法解除或终止劳动合同时需要承担的代价

关于违法解除或终止劳动合同的处理，《劳动法》仅在第30和第98条有所涉及，《劳动合同法》则加大了对违法解除与终止劳动合同的惩处力度，这主要体现在违法认定和赔偿金两个方面。《劳动合同法》在违法认定方面的改进主要体现为，它通过施加更多限制使用人单位的有关行为更容易被认定为违法，从而达到就业保护的宗旨。赔偿金方面的改进则主要体现为计算方式的变化。《劳动

---

① 《劳动法》第23条允许劳动双方约定劳动合同终止条件；但《劳动合同法》第44条禁止了这种行为。第45条还规定了6种需逾期终止的情形（尽管之前也有逾期终止的规定文件，如1986年《国营企业实行劳动合同制暂行规定》和1994年2月7日劳动部《关于逾期终止劳动合同等问题的复函》，但适应范围非常有限）。

② 见《劳动合同法》第41条的规定。

③ 仅有原则性规定，1994年12月3日劳动部文件《违反和解除劳动合同的经济补偿办法》给出具体规定。

④ 改革主要体现在经济补偿金的计算方式上，之前为按年计，即不满1年的工作时间，用人单位需要向劳动者支付1个月工资作为经济补偿金；《劳动合同法》实施后实际为按6个月计，工作时间不满6个月按半年计，需支付半月工资；工作时间满6个月但不满1年时，按1年计，需支付1个月工资。如若企业本来准备在第7个月解雇员工，此时企业可能提前解雇员工，以节省需要支付的经济补偿金；若企业本来准备在第5个月解雇员工，考虑到经济补偿金，解雇可能推迟至第6个月。

法》没有规定赔偿金额，后来的文件作了补充①，但与劳动者的需要和就业保护的精神正好相反，它给新入职员工提供了较高保护，对老员工的保护力度较小，而实际上新入职员工最不需要保护，因为招聘新员工的理由一般不会马上消失。老员工由于积累的人力资本多是属于企业专用型，解雇后将难以谋取相应工作，但《劳动法》恰恰弱化了对他们的保护，不过，这与国外早期法律相似（贺东山，2013），《劳动合同法》则意识到这个问题，给他们提供了更强的就业保护。此外，它还将赔偿金的支付标准由 25% 提高至 100%。不过，《劳动合同法》仅适用于违约责任，而不能适用于侵权责任，它在赔偿标准的规定上非常明确，法官的自由裁量权受到限制，威慑效果不足（段宏磊，2022）。同时，它对企业一视同仁的做法也可能对小微企业产生不利影响（陈熹煜，2022）。

三、它明确并降低了签署无固定期限劳动合同所需满足的条件

《劳动合同法》所提供的就业保护还体现在，它降低了无固定期限劳动合同的签署门槛，提高了双方签署高等级合同的可能性。由于解雇门槛更高，无固定期限劳动合同成为许多国家进行就业保护的有效手段之一。

《劳动合同法》在无固定期限劳动合同方面取得的最大进步主要体现在两个方面：一是增加了可签订无固定期限劳动合同的适用情形，二是使无固定期限劳动合同广为人知、深入人心。虽然在《劳动法》中已经规定如果劳动者在用人单位连续工作满 10 年的情形下可以签署无固定期限劳动合同，但需要劳动者主动提出，如果劳动者处于弱势地位，他未必有能力向企业提出这样的要求。但在《劳动合同法》中默认此时双方续签的劳动合同应当为无固定期限劳动合同。此外，《劳动合同法》规定了适用无固定期限劳动合同的其他三种情形（见《劳动合同法》第 14 条），这大大提高了双方签订无固定期限合同的现实可能性。不仅如此，有关无固定期限劳动合同的讨论在客观上促进了劳动者对它的认知，或许正是这个原因，无固定期限劳动合同的签订率才会在短时期内出现猛的上升。据王美艳（2013）估计，2010 年上海、武汉、沈阳、福州和西安五个城市的劳动力中外来劳动力的无固定期限劳动合同的签订比例达到了近 20%，而本地劳动力则为约 45%。

---

① 这体现在 1994 年 12 月 3 日劳动部《违反和解除劳动合同的经济补偿办法》、1995 年 5 月 10 日劳动部《违反〈劳动法〉有关劳动合同规定的赔偿办法》以及 2001 年 11 月 5 日劳动与社会保障部办公厅《关于用人单位违反劳动合同规定有关赔偿问题的复函》中。

除上述措施外,《劳动合同法》提供的就业保护措施还包括,要求用人单位必须建立职工名册制度,对未建立职工名册制度的用人单位进行惩罚;等等。总体上,加大针对劳动者的就业保护是《劳动合同法》最主要的特征,这是针对劳动力市场过于灵活、劳动者缺乏保护的情形而适时推出的一项制度变革,也意味着我国的劳动力市场政策开始转向"公平与效率并重"。

第三节　劳动合同签订状况显著改善

一、两种可能性

尽管 1994 年颁布的《劳动法》即明确提出了建立劳动关系应当订立劳动合同,但实际上仍然存在大量的无劳动合同的用工行为,据王美艳(2013)的估计,2005 年,外来劳动力签订合同的比例仅 12%左右,城市本地劳动力签订合同的比例仅 60%左右。劳动合同签订率低的主要原因在于,劳动力市场上供求双方力量不均衡,强势的企业为规避义务、实现灵活用工,拒绝或拖延与劳动者签署劳动合同,弱势的劳动者为了实现就业,对此只能被动接受。但是,《劳动合同法》强化了对企业和劳动者依法订立书面劳动合同的要求,对企业故意不签署或拖延签署劳动合同的行为提出具体的应对措施,加大了惩处的力度。例如,1995 年 5 月 10 日劳动部颁发的《违反〈劳动法〉有关劳动合同规定的赔偿办法》第 2 条中规定,用人单位故意拖延订立劳动合同的需要补足劳动者的应得工资,并支付 25%的赔偿,但它并没有明确界定什么样的行为属于故意拖延不订立劳动合同的行为,同时,它也没有明确该如何计算应得工资。这种模糊性给工人维权所能获得的收益增加了不确定性,却间接提高了企业不签署劳动合同的收益。对此,《劳动合同法》则明确规定"已建立劳动关系,未同时订立书面劳动合同的,应当自用工之日起一个月内订立书面劳动合同","用人单位自用工之日起超过一个月不满一年未与劳动者订立书面劳动合同的,应当向劳动者每月支付两倍的工资","用人单位自用工之日起满一年不与劳动者订立书面劳动合同的,视为用人单位与劳动者已订立无固定期限劳动合同",针对未订立书面劳动合同时劳动报酬问题,《劳动合同法》也给出了明确规定,"用人单位未在用工的同时订立书面劳动合同，与劳动者约定的劳动报酬不明确的，新招用的劳动者的劳动报酬按照集体合同规定的标准执行，没有集体合同或者集体合同未规定的，实行同工同酬"。

针对劳动用工不签署劳动合同的行为，《劳动合同法》的规定加大了企业的违法成本，提高了劳动者的维权收益，理应会改善劳动合同的签订状况，提高劳动合同签订率。但同时，由于《劳动合同法》提高了守法企业的劳动成本，间接提高了违法企业的成本优势及竞争优势，在不被付诸法律行动的前提下，其违法收益增加，这可能会提升企业的违法冲动，导致企业拒不签署劳动合同的行为不降反升。作为一部全面规范劳工关系、保护劳动者和企业双方的合法权益的综合性法律，其发挥效力的前提是劳动者和雇主必须签订合法的劳动合同，只有在这一前提下，《劳动合同法》保护劳动者利益、规范劳动力市场的目的才能实现。

王美艳（2013）根据 CULS1、CULS2 和 CULS3 的数据发现，2010 年劳动力签订合同的比率和 2001 年及 2005 年相比有较大幅度提高，这一结论对城市本地劳动力和外来劳动力都适用，而且外来劳动力签订合同的比率上升的幅度要显著大于城市的本地劳动力，她的观点也得到使用其他微观调查数据文献的支持。不过，劳动合同签订状况的改善不仅在城市本地劳动力和外来劳动力之间不平衡，魏建和肖永泼（2013）还发现，即便控制住学历、企业规模、工作时间和求职方式等因素，劳动合同状况的改善与劳动者对法律的熟悉程度仍存在高度相关性。这实际上说明，劳动合同签订状况改善极有可能是劳动者主动争取的结果，企业本身并没有动机去主动落实《劳动合同法》的有关规定。这一结果可能暗示处于强势地位的企业规避自身义务的主观意愿并没有下降，劳动者的合法权益仍需要靠劳动者主动依法争取。然而，程延园和杨柳（2010）的研究结论却发现，在劳动合同方面表现不佳的民营企业和小型企业在提高劳动合同签订率方面确实取得了显著的成绩，相比那些信誉良好的外资企业而言进步明显。但也有企业可能存在刻意拖延的现象（熊诗芸和陈丹，2011）。

与地方性行政法规不同，《劳动合同法》在全国范围内同时生效实施，这给分析带来了困难。由于缺少有效的对照组，上述文献的结论或者来自统计数据的简单对比，将《劳动合同法》实施前后的劳动合同签订状况的对比简单地归因于《劳动合同法》的影响，或者是来自简单的回归分析，却没有剔除不可观测因素的影响，如金融危机对劳动力市场的潜在冲击（王美艳（2013）的研究选择《劳动合同法》实施两年后的数据，在一定程度上避免了金融危机的影响）。

简单的对比或回归分析使不同样本产生的结论不同，但缺乏可信性是共同特点。Freeman 和 Li（2013）的研究做了改进，他们利用 2006 年、2008 年和 2009 年珠三角地区的广州、深圳、东莞、佛山、惠州、肇庆、江门、中山和珠海 9 市实地调研所获 Panal Data 分析了《劳动合同法》对劳动合同签订状况的影响，通过 DiD 方法消除了不可观测变量的潜在影响，并在控制工人和企业特征后发现，《劳动合同法》对劳动合同签订状况确实具有显著影响。Freeman 和 Li（2013）的分析将《劳动合同法》的效应限定在企业内，仅考虑了企业由不签署劳动合同转变为签署劳动合同的情形，而没有考虑其他情形。但实际中完全可能存在其他情形，如《劳动合同法》不仅激励劳动者努力向企业争取签署劳动合同，还可能激励劳动者由不签合同的企业转移到签署合同的企业（当然，这也可能反过来促使原来拒不签署合同的企业转而愿意与劳动者签署劳动合同）。

与 Freeman 和 Li（2013）类似，本书试图在可信的基础上评估《劳动合同法》对劳动合同签订状况的政策效应，并为进一步研究《劳动合同法》对劳动力市场表现的影响奠定基础。但不同的是，本书使用的数据具有更强的代表性，它来自全国 5 个省份的 11 个城市；同时，与 Freeman 和 Li（2013）将《劳动合同法》的效应限定在企业内部不同的是，本书所考虑的《劳动合同法》的效应来自劳动者在转换工作中劳动合同签订状况的变化。此外，为了控制不可观测变量的影响，本书使用了双差分方法，但与 Freeman 和 Li（2013）不同的是，本书 DiD 方法的使用是基于《劳动合同法》执法环节可能存在不完善的假设，这一假设同样具有强烈现实感。尽管本书方法、数据和指标选择都不同，但所得到的结论却与 Freeman 和 Li（2013）相似。

二、数据的来源与处理

本书使用的数据来自中国收入分配研究院的 CHIP2008 微观调查数据。在数据中，不仅提供了受访者的当前合同状态，而且还提供了受访者前一份工作的合同状态（非首次务工者），前后两次合同状态的差异为分析《劳动合同法》实施前后受访者劳动合同状况变化奠定了基础。该数据尽管只有一次观测值，但通过受访者的回忆，数据提供了受访者二次劳动合同状况信息，因此也能构成 Panal

Data①，而且，针对这种 Panal Data 可能存在的一些问题，会在敏感性分析和稳健性分析中加以考虑。

流动人口调查问卷中有关受访者劳动合同的信息主要来自"受访者当前主要工作岗位的合同信息"② 和"受访者在上一份工作中的合同状况"③。样本中涵盖了从事雇佣劳动工作者和从事非雇佣劳动工作者，其中的雇佣劳动工作者成为分析的对象（如果不考虑《劳动合同法》的溢出效应，这一做法显然合理）。在样本中删除了当前工作为非雇佣劳动受访者的做法可能对全面估计《劳动合同法》的影响产生不利影响，因为受访者由雇佣劳动工作转向非雇佣劳动工作可能正是因为受到了《劳动合同法》的影响，如企业出于成本压力将其解雇，就业困难使其被迫放弃寻找雇佣工作，转向家庭帮工、自雇佣等工作。但根据受访者提供的信息，由雇佣劳动转向非雇佣劳动的受访者约占25%，其中转向自雇佣的比例占到95%以上，而根据受访者提供的有关向自雇佣工作转向的原因，95%左右属于自愿离开雇佣劳动工作，换言之，属被迫离开的受访者仅占其中的5%左右，占样本总量的比重约1%，因此由于《劳动合同法》而导致劳动者被迫离开雇佣劳动转向非雇佣劳动的比例至少低于1%。因此可以认为，把这部分受访者删除不会对上述做法所得到的结论产生实质性影响，并且它还可以使本书研究集中关注《劳动合同法》对雇佣劳动者的影响。

雇佣劳动者包括固定工、长期合同工、短期合同工、无合同的临时工和打零工的受访者。CHIP2008 可以提供受访者合同信息的另一个变量是受访者在上一份工作中的合同状况，它提供了受访者上份工作的合同状况（针对上份工作合同可能存在的时间维度问题，后面的敏感性分析和稳健性分析将进行讨论），问卷中所有回答了该问题的受访者在上份工作中均为雇佣劳动。

子样本由当前和上份工作均为从事雇佣劳动的受访者组成，该样本总量为997 份。表3-6 给出了受访者当前工作和上份工作签订劳动合同的基本情况。表中的 Panal A 显示，受访者在当前工作中签订了劳动合同的比例比上份工作中签

---

① CHIP 数据还能提供一种由 CHIP2007 和 CHIP2008 构成的 Panal Data，因为 CHIP2008 数据中有一部分受访者包括在 CHIP2007 中。但由此所形成的样本量很少，总样本量仅841 份，若考虑到部分重要信息在一些样本上的缺失，则有效样本量更小。

② 问卷中的选项包括：①固定工；②长期合同工（一年及以上）；③短期合同工（一年以下）；④无合同的临时工；⑤不领工资的家庭帮工；⑥自我经营；⑦打零工；⑧其他。

③ 问卷中的选项包括：①固定工；②长期合同工（一年及以上）；③短期合同工（一年以下）；④无合同。

订了劳动合同的比例高出约 50%，Pana B 表明，受访者中当前工作中无劳动合同的劳动者数量比上份工作中无劳动合同的劳动者数量降低了约 34.5%。从这些直观统计结果看，《劳动合同法》实施后，劳动合同签订率有所上升，劳动合同的质量也有了提高，在上份工作签署了劳动合同的受访者中，35.6% 的劳动合同为短期合同（1 年以内），而在当前工作签署了劳动合同的受访者中，这一比例降低为 19.4%。

表 3-6　受访者当前工作和上份工作的劳动合同签订情况

Panel A 是否签订劳动合同（签订为 1，未签订为 0）				
指标	观测值	均值	标准差	最小值	最大值
当前工作	997	0.61	0.49	0	1
上份工作	997	0.41	0.49	0	1
Panel B 按合同性质分的各合同类型的样本量（单位：份）			
指标	固定工	长期合同	短期合同	无合同
当前工作	135	356	118	388
上份工作	101	160	144	592

　　表 3-6 的描述性统计结果表明，《劳动合同法》改善了劳动者的劳动合同签订状况。但简单的对比并不能真正揭示《劳动合同法》对劳动合同签订状况的政策效应。如果按照文献的做法，以受访者当前的劳动合同状态为被解释变量（仍取 0~1 变量的形式），以受访者进入当前工作岗位的时间是否发生在《劳动合同法》实施后为体现《劳动合同法》影响的政策变量，进行 OLS 回归可以发现，所得到的政策效应均为负（即便加入一些反映劳动者个体特征和城市特征的控制变量，结果也不会改变），即《劳动合同法》实施与受访者合同状态之间存在负向关系，它降低了受访者签订劳动合同的概率。这一结果和郑英隆等（2013）的研究结论相似，但却与描述性统计结果揭示的情况相反。后者显示，《劳动合同法》实施后受访者的劳动合同签订率有所改善，受访者当前工作签署了劳动合同和未签署劳动合同的比例为 1.57∶1，而受访者上份工作签署了劳动合同和未签署劳动合同的比例为 0.68∶1。

　　回归分析的结果与描述性统计结果的差异正好与现有文献结论不一致的情形相呼应，实际上，这种不一致可能来自两个方面，一是上述回归分析方法中的缺陷，《劳动合同法》在全国范围内统一实施使利用回归分析获得因果效应估计的做法受到限制。二是作为解释变量的虚拟变量区分的是当前工作与上份工作，而非《劳动合同法》实施前和《劳动合同法》实施后，这种模糊性模糊了《劳动合同法》的影响，接下来将先后解决这两个方面的问题，以获得对该法对劳动者劳动合同签订状况的政策效应的可信估计。

假设：

$$Y_{it} = \begin{cases} Y_{1it} & \text{如果 } D_{it} = 1 \\ Y_{0it} & \text{如果 } D_{it} = 0 \end{cases}$$
$$= Y_{0it} + (Y_{1it} - Y_{0it})D_{it}$$

真实的因果效应为 $E(Y_{1it} - Y_{0it})$，但上述描述性统计量或回归分析得到的因果效应为：

$$E(Y_{it}) - E(Y_{it-1}) = E(Y_{it} \mid D_{it} = 1) - E(Y_{it-1} \mid D_{it-1} = 0) = E(Y_{1it} - Y_{0it-1})$$

在上述模型中，Y 表示劳动合同签订状态，Y_{0i} 和 Y_{1i} 分别表示在是否有《劳动合同法》下的可能状态。t 表示《劳动合同法》实施后受访者的当前工作，$t-1$ 表示《劳动合同法》实施前受访者的过去工作。真实因果效应为受访者当前工作的真实状态和没有实施《劳动合同法》的当前工作的可能状态之间差异的期望值，而上述回归分析得到的因果效应却为受访者当前工作的实际状态和实施《劳动合同法》之前上份工作的实际状态之间差异的期望值。两者之间的差为 $E(Y_{0it} - Y_{0it-1})$，即没有实施《劳动合同法》的受访者当前工作的可能状态与实施《劳动合同法》之前的上份工作的实际状态之间差异的期望值。

如果不存在《劳动合同法》之外的冲击，也不存在不可观测变量的影响，由于 i 和 j 表示的是相同的受访者（前后两份不同的工作之中），则 $E(Y_{0it} - Y_{0it-1}) = 0$，因此，上述回归分析得到的是真实效应的无偏估计。但是，如果存在外生冲击，如金融危机对劳动力市场供求关系的影响，或者存在不可观测变量的影响，如工会的影响发生变化或劳动力市场供求关系发生变化等，则 $E(Y_{0it} - Y_{0it-1}) \neq 0$，此时使用上述方法得到的是真实效应的有偏估计。当 $Y_{0it} > Y_{0it-1}$ 时，即如果没有《劳动合同法》的受访者的当前的潜在状态也要好于上份工作时（如劳动力市场形势变得有利于劳动者），则回归分析的结果会高估《劳动合同法》的影响，反之，如果 $Y_{0it} < Y_{0it-1}$ 时，即如果没有《劳动合同法》的受访者的当前的潜在状态要差于上份工作时（如劳动力市场形势变得不利于劳动者），则回归分析的结果可能会低估《劳动合同法》的影响。因此，简单的回归分析所

得结果的偏离方向随着所用样本和方法的不同而不同。

破解该难题的思路来自 Almeida 和 Carneiro（2009），他们注意到，尽管有些法律是全国统一实施的，但是，由于执法成本的存在，这些法律在实际中的执行情况往往存在地域差别，这种情况在发展中国家尤其如此。同样，《劳动合同法》也存在实际执行效果的问题（很多其他法律也类似），它不仅受到当地法律制度环境如执法所需的人力、物力资源的配置情况的制约，也受到经济环境如失业压力等的影响。因此，不同地区的执行力度可能存在差异，这种差异虽然有悖于法律初衷，但却提供了对法律实施效果进行评估的有利视角。

如果这种差异真的存在，借鉴 Almeida 和 Carneiro（2009）的思路，可以利用各地区在《劳动合同法》执法力度上的差异对样本进行分组，以解决不可控的外生冲击及不可观测变量的问题。严格执行《劳动合同法》不仅要求劳动关系双方签署劳动合同，使劳动关系正规化，更重要的是，这种更加正规的雇佣关系将提高企业的雇佣成本和解雇成本，导致企业生产成本上升、竞争力下降，危及地区经济竞争力。因此，执法力度构成对地方政府的考验，金融危机爆发后的经济形势加剧这种考验。地方政府有很强的发展经济的冲动，他们可能会权衡执法与经济发展。部分地区在执法上相对严格，所显现的《劳动合同法》的效应也相对较强，而部分地区在执法上会相对宽松，因而显现的法律效应相对较弱。在微观数据中的样本来自 5 个省份的 11 个城市①，这 11 个城市中有 5 个省会城市、6 个非省会城市。在同一省份中，省会城市一般政治符号地位相对突出，非省会城市的政治符号地位则相对较弱。因此，根据前述假说，可以认为在《劳动合同法》的执法力度方面，两类城市会呈现出差异，省会城市的执法力度高于非省会城市，后文的稳健性检验中将以反事实检验的方式证明省会城市与非省会城市的执法力度确实存在差异。

把是不是省会城市当成区分处理组与控制组的标准来分析《劳动合同法》的政策效应，该做法的有效性还需要验证省会城市和非省会城市是否在影响劳动合同签订（或者是劳动力市场）的其他方面表现出不同。尽管省会城市和非省会城市会在很多方面表现出明显不同，但这些差异大多并不会随着时间而发生快速变化，使用双差分方法可以消除这些差异对估计的影响。值得关注的是，金融

①　删除了那些仅包含省会城市或非省会城市单独一项的省份或直辖市，由此得到的样本被用于简单回归分析中。这纯粹是出于统一样本、便于比较的需要。

危机的冲击（及相应的经济刺激政策）是否会在省会城市和非省会城市表现出显著不同。如果金融危机的冲击及相应的刺激政策在省会城市和非省会城市表现出显著差异，则上述分组方式无效。接下来以综合性的结果指标 GDP 指数来考察冲击及刺激政策的差异性，如表 3-7 所示，GDP 指数变化显示冲击与刺激的综合结果在省会城市和非省会城市间（指样本所涉及的省会城市和非省会城市）并没有出现系统的方向性偏离，不存在显著的省会城市效应或非省会城市效应，其中河南、江苏两省的省会城市受到的冲击略大于非省会城市，而安徽、浙江和广东三省的非省会城市受到的冲击略大于省会城市。省会城市 GDP 增速平均下降 2.88 个百分点，非省会城市 GDP 增速平均下降 2.94 个百分点，与省会城市基本持平（广东省共有三个城市的数据，其中东莞市的 GDP 的变化异常，与广州市和深圳市的情况差别较大，为此将其从样本中剔除），因此，大致可以认为上述分组方式平衡了各城市受到的金融危机冲击以及相应的政策刺激。

表 3-7　GDP 指数情况

地区	2008 年 GDP 指数	2007 年 GDP 指数	GDP 指数的变化（%）
省会城市			-2.88
非省会城市			-2.94
郑州	112.2	115.9	-3.7
洛阳	114.4	116.2	-1.8
合肥	117.2	118.1	-0.9
蚌埠	111	113.5	-2.5
南京	112.1	115.7	-3.6
无锡	112.4	115.3	-2.9
杭州	111	114.6	-3.6
宁波	110.1	114.9	-4.8
广州	112.3	114.9	-2.6
深圳	112.1	114.8	-2.7

资料来源：根据 2008 年和 2009 年《中国城市区域经济统计年鉴》整理。

　　表 3-8 给出了处理组和控制组的描述性统计结果。显然，处理组和控制组并没有表现出明显差异。处理组与控制组的受访者在性别组成、年龄结构和受教育年限以及当前工作单位雇佣人数等方面均不存在统计上的显著区别。而从均值

看，处理组受访者当前工作劳动合同签订状况的均值要比上份工作高出约0.22，而控制组受访者当前工作劳动合同签订状况的均值要比上份工作高出约0.17，处理组的劳动合同签订状况均值提高程度高出控制组约0.05，不过，这个差异在统计上缺乏显著性。

表3-8 样本的描述性统计结果

变量	处理组（省会城市）			控制组（非省会城市）		
	样本量	均值	方差	样本量	均值	方差
性别	582	1.30	0.46	415	1.32	0.47
年龄	582	30.96	9.91	415	29.8	9.30
受教育年限	396	9.38	2.24	295	8.96	2.43
当前工作单位雇佣人数	582	5.56	2.27	579	5.99	1.98
上份工作性质	582	0.38	1.02	415	0.45	0.50
当前工作性质	582	0.60	1.10	415	0.62	0.49

注：工作性质指是否有劳动合同，有劳动合同为1，无劳动合同为0。

三、双差分模型分析

基于上述分析，可以得到用于估计《劳动合同法》对劳动合同签订状况影响的双差分模型，如下：

$$y_{it} = \alpha + \beta ds_{it} + cdh_{it} + \gamma ds_{it} \times dh_{it} + \varepsilon_{it} \quad i=1, \cdots, n$$

其中，y 为受访者的合同状态。ds 是虚拟变量，当受访者 i 来自处理组时值为1，当受访者 i 来自控制组时值为0。dh 是虚拟变量，指受访者的当前工作时值为1，指受访者的上份工作时值为0，由于它并不直接与时间挂钩，它在时间维度上的模糊性带来的问题将在本章的结果分析及敏感性分析中加以考虑。交互项 $ds \times dh$ 的系数 γ 即为要估计的政策效应（在反事实检验中将证明，它确实是政策效应，而不是先验的省会城市效应）。n 为样本量。

表3-9第（1）列给出了模型的基本结果，政策效应的值为正，表明《劳动合同法》对改进受访者的劳动合同签订状态具有积极的作用，较符合直观的预期。但这个回归系数的解释需要特别谨慎，尽管它反映的是《劳动合同法》的影响，但它衡量的是《劳动合同法》给受访者在《劳动合同法》实施前后两份

工作的劳动合同签订变化状况，而不是《劳动合同法》实施前后的两个年度的劳动合同签订变化状况。回归系数的值为0.02，与受访者劳动合同签订水平的均值显得较小，并且在统计上不显著（在5%的置信水平上）。第（2）列~第（4）列是在第（1）列基础上逐渐添加了控制变量，包括受访者年龄、性别、受教育程度、上份工作合同状况、城市GDP，以及用于反映城市其他特征的虚拟变量。从添加控制变量的效果看，政策效应的回归系数依然为正，其值大致在0.02~0.05，但不具有统计上的显著性。第（5）列是在第（4）列基础上对标准误进行了校正，采用的是省级层面上的聚类标准误，这主要是考虑到尽管在模型中加入了控制各城市差异的虚拟变量，但省会城市和非省会城市来自同一省份，而各省之间在制度、政策和环境等方面存在一定差异，为此，采用了基于省的聚类标准误对回归标准误进行校正，不过结论并未因此改变，政策效应依然在统计上不显著。

表3-9 以DiD方法得到的回归结果

变量	被解释变量：受访者是否签订劳动合同				
	（1）	（2）	（3）	（4）	（5）
政策效应	0.02	0.03	0.03	0.05	0.05
	(0.72)	(0.76)	(0.83)	(1.29)	(0.71)
分组的虚拟变量	-0.12***	-0.06*	-0.06*	0.12*	0.12
	(-4.34)	(-2.22)	(-2.30)	(2.87)	(1.79)
时间虚拟变量	0.21***	0.17***	0.16***	0.05	0.05
	(8.89)	(7.11)	(4.96)	(0.78)	(0.31)
年龄		-0.00	-0.00	-0.00	-0.00
		(-0.19)	(-0.18)	(-0.89)	(-2.19)
性别		-0.01	-0.01	-0.00	-0.00
		(-0.47)	(-0.53)	(-0.19)	(-0.27)
上份工作合同状况		0.64***	0.64***	0.60***	0.60***
		35.02	(35.03)	(32.74)	(39.22)
受教育年限		0.02***	0.02***	0.02***	0.01***
		(5.03)	(5.08)	(3.77)	(3.05)
城市GDP			-0.01	-0.03	-0.03
			(-0.86)	(-1.91)	(-0.77)

续表

变量	被解释变量：受访者是否签订劳动合同				
	（1）	（2）	（3）	（4）	（5）
常数项	0.50***	0.03	0.58	3.95	3.95
	（24.82）	（0.42）	（0.90）	（1.93）	（0.77）
是否加入城市虚拟变量	No	No	No	Yes	Yes
是否对标准误进行校正	No	No	No	No	Yes
样本量	2326	1610	1610	1610	1610

注：括号内为 t 值；*、**、***分别表示在 5%、1%、0.1%的显著性水平。下同。

综合上述结果，在对样本分组后仍未能发现《劳动合同法》对劳动合同签订率的显著效应，这可能和上述回归中所使用的样本结构有关，具体而言，可能是因为样本中受访者当前工作以及上份工作的提法在时间维度上的模糊性所致。

四、敏感性分析

上文的分析虽然采用了双差分的方法，但却未能得到期望的显著性结果，这可能和样本中受访者当前工作以及上份工作的提法在时间维度并不清晰有关，如受访者的上份工作可能发生于《劳动合同法》实施前后，也可能发生于 2000 年以前，前者是要估计的情形，但后者的存在则不利于得到《劳动合同法》效应的正确估计。当上份工作出现于 2000 年前，当前工作出现于 2000 年后，很难把这两份工作中的合同变化情况和《劳动合同法》联系起来，因此，将当前的工作与多年前的工作进行比较也难以得到有关《劳动合同法》效应的无偏估计。相比较于历史劳动关系，《劳动合同法》更可能在劳动者与企业开始建立新的劳动关系时产生更大影响，而这也正是对该法寄予厚望的地方。

按照上述思路，可以将样本范围缩小为那些离开上份工作的时间发生在《劳动合同法》实施以后的受访者，这就有效避免了受访者离开上份工作和开始当前工作的时间间隔过长带来的困扰，他们的劳动合同状态的变化更能反映《劳动合同法》的效果。为此，在上述子样本中对前述模型再次进行估计，表 3-10 给出了相应的回归结果。

表 3-10　子样本中得到的回归结果（受访者离开上份工作的时间在 2008 年之后）

变量	被解释变量：受访者是否签订劳动合同					
	（1）	（2）	（3）	（4）	（5）	（6）
政策效应	0.09*	0.10*	0.08	0.08	0.08	0.10*
	（1.97）	（2.21）	（1.58）	（1.62）	（1.17）	（2.39）
分组效应	−0.09*	−0.03	−0.05	0.10	0.10	0.02
	（−2.15）	（−0.89）	（−1.29）	（1.64）	（1.36）	（0.24）
时间效应	0.04	0.04	0.03	0.02	0.02	0.06
	（1.16）	（1.26）	（0.71）	（0.21）	（0.08）	（0.38）
年龄		−0.00	0.00	−0.00	−0.00	−0.00
		（−1.04）	（0.22）	（−0.21）	（−0.33）	（−0.17）
性别		0.00	−0.01	−0.01	−0.01	−0.03
		（0.05）	（−0.35）	（−0.27）	（−0.52）	（−2.03）
上份工作情况		0.69***	0.67***	0.63***	0.63***	0.63***
		31.35	（26.22）	（24.39）	（56.48）	（33.35）
受教育程度			0.02***	0.02**	0.02***	0.02*
			（4.47）	（3.13）	（4.65）	（2.25）
城市 GDP				−0.02	−0.00	0.00
				（−0.12）	（−0.05）	（0.01）
常数项	0.48***	0.18***	−0.05	0.31	0.31	−0.00
	（18.98）	（3.44）	（−0.60）	（0.12）	（0.05）	（−0.00）
是否加入了城市虚拟变量	No	No	No	Yes	Yes	Yes
是否进行了误差纠正	No	No	No	No	Yes	Yes
样本量	1162	1150	862	862	862	568

表 3-10 中第（1）列~第（4）列给出的是在不同控制变量下模型的估计结果，第（5）列是在第（4）列基础上对回归系数的方差进行的纠正。第（1）列显示，当没有加入控制变量时，《劳动合同法》对劳动者劳动合同签订率的政策效应在统计上显著，说明它确实影响了劳动合同签订率，政策效应回归系数为正，说明对于那些处在省会城市且于《劳动合同法》实施后进行了工作转换的劳动者而言，他们的劳动合同状况的变化情况要好于非省会城市，而这种差异是《劳动合同法》或者说省会城市相比非省会城市更严格执行《劳动合同法》的结果。0.09 的回归系数值比表 3-9 的结果大，说明《劳动合同法》的政策效应非

常可观，因为它并非指《劳动合同法》将劳动合同签订状况均值提高了0.09，而是指省会城市与非省会城市由于执法严格程度的不同而在改善劳动合同签订方面呈现出来的差距，即相对于执法宽松的非省会城市，执法严格的省会城市因为严格执法而在劳动合同签订状况改善方面取得了更佳的成绩，二者相差0.09，而《劳动合同法》在省会城市的总效应则为0.09再加上它对非省会城市的效应。第（2）列在第（1）列基础上添加了个人特征如性别、年龄及上份工作的合同状况等控制变量，控制变量的加入没有改变第（1）列的结果。

第（3）列则进一步添加了个人受教育程度作为控制变量，第（4）列则在第（3）列基础上增加了反映城市特征的控制变量，包括可观测变量城市GDP和不可观测变量的城市虚拟变量，第（5）列和第（4）列的区别在于前者采用的是聚类标准误。从第（3）列开始，即加入劳动者的受教育年限后，政策效应估计值尽管没有明显变化，但已经不具有统计上的显著性，尤其是第（5）列对标准误进行校正之后。这说明即便政策效应存在（如第（1）列和第（2）列所示），它也可能对劳动者的受教育年限较为敏感，或者说在不同的受教育水平上，政策效应不稳定，从而导致在加入受教育年限作为控制变量后，政策效应在统计上不显著。

第（6）列与第（5）列的区别在于将样本限定为受教育程度在初中以上水平的劳动者，这时回归结果变化不大，为0.10，基本回到第（1）列和第（2）列给出的水平，此时，政策效应回归系数的统计显著性上升，在5%的置信水平上该系数显著异于0（p值为0.017）。因此，《劳动合同法》对于受教育程度在初中以上水平的劳动者劳动合同签订行为产生了显著影响。同时，对于受教育程度在初中或以下的劳动者，《劳动合同法》的实施并没有对其劳动合同签订行为产生显著影响①。政策效应在不同受教育程度劳动者之间的差异可能源于受教育程度高的人相对于受教育程度低的人更容易认识和利用《劳动合同法》，或者是由于受教育程度低的人由于工作岗位与性质的原因而无法充分利用这一法律武器为自己争取利益。但无论如何，上述结果都说明《劳动合同法》对劳动合同签订状况的影响依赖于劳动者的受教育程度，该结果和部分文献的观点（王美艳，2013；魏建和肖永泼，2013；Freeman和Li，2013）一致。

---

① 政策效应系数值为0.02，t统计量的值仅为0.14，出于表述简洁的需要，具体回归的结果未在这里给出。

五、稳健性分析

由于以上分析的前提是建立在省会城市与非省会城市的区分上，因此，上述结果有可能反映的是政策效应，但也有可能反映的只是省会城市效应或非省会城市效应，而与《劳动合同法》无关。如果其政策效应确实存在，那么它只能出现在《劳动合同法》实施后，不能出现在《劳动合同法》实施前。为此，接下来构建一个反事实假设对政策效应的存在性进行稳健性检验，以识别上述估计得到的结果到底是法律的政策效应，还是省会城市效应。假设"政策效应"在《劳动合同法》实施前就已经存在，那么在上述分析中将样本限定为离开上份工作的时间为《劳动合同法》实施前的受访者时，也应该能得到显著的"政策效应"。表3-11即是以离开上份工作的时间为《劳动合同法》实施前的受访者为样本得到的回归结果，它使用的方法与表3-10完全相同。

表3-11　反事实检验：子样本回归结果（受访者离开上份工作的
时间在《劳动合同法》实施前，受教育程度仍为初中以上水平）

变量	被解释变量：受访者是否签订劳动合同					
	（1）	（2）	（3）	（4）	（5）	（6）
政策效应	0.02	0.07	0.08	0.08	-0.01	-0.09
	(0.33)	(1.14)	(1.22)	(1.01)	(-0.19)	(-1.03)
分组效应	-0.05 ***	-0.02 ***	0.04 **	0.04 ***	0.09	0.08
	(-1.00)	(-0.47)	(0.48)	(0.88)	(-1.95)	(0.50)
时间效应	0.35 ***	0.29 ***	0.17 *	0.17	0.31	0.27
	(7.55)	(5.66)	(1.31)	(1.44)	(2.79)	(1.27)
年龄		-0.00 **	-0.00	-0.00	-0.00	-0.00
		(-1.39)	(-1.29)	(-1.27)	(-0.96)	(-0.50)
性别		0.02	0.02	0.02	0.02	0.07
		(0.52)	(0.47)	(0.51)	(0.57)	(1.41)
上份工作情况		0.63 ***	0.62 ***	0.62 ***	0.59 ***	0.57 ***
		(19.29)	(17.14)	(18.86)	(14.39)	(10.43)
受教育年限		0.02	0.02	0.02 *	0.02 ***	0.01
		(1.48)	(1.46)	(2.24)	(4.71)	(0.54)

续表

变量	被解释变量：受访者是否签订劳动合同					
	（1）	（2）	（3）	（4）	（5）	（6）
城市 GDP			−0.04	−0.04	−0.01	−0.05
			（−0.95）	（1.24）	（−0.38）	（−0.56）
常数项	0.44***	0.11	4.17	4.17	1.31	5.28
	（11.20）	（0.80）	（0.98）	（1.27）	（0.38）	（0.57）
是否加入了城市虚拟变量	No	No	Yes	Yes	Yes	Yes
是否进行了误差纠正	No	No	No	Yes	Yes	Yes
样本量	672	352	352	352	228	170

　　表3-11 中第（1）列~第（4）列使用的样本是离开上份工作的时间在《劳动合同法》实施前的受访者，尽管政策效应的方向仍保持为正，系数值仅略有下降，但它已经是统计上不显著，尤其是当回归标准误采用聚类标准误时（第（4）列），因此在《劳动合同法》实施前政策效应不存在的零假设不能被拒绝。第（5）列是使用离开上份工作的时间在2006年及以前的受访者为样本得到结果，此时，"政策效应"的符号为负，并且在统计上不显著，因此不能拒绝2006年及以前的政策效应不存在的零假设，第（6）列的结果使用的样本则是离开上份工作的时间在2005年或以前的受访者，结果同样表明，在2005年或以前不存在政策效应的零假设不能被拒绝。因此，结果说明，《劳动合同法》的政策效应只发生在《劳动合同法》实施后，没有出现在《劳动合同法》实施前。在《劳动合同法》实施前省会城市和非省会城市的区分并不会带来劳动合同签订状况变化的显著差异，即当没有《劳动合同法》时，省会城市和非省会城市的区分在劳动合同签订状况变化上没有意义，省会城市与非省会城市的差别只是出现在该法实施以后，同时，这也反过来说明省会城市和非省会城市在该法执法方面确实存在差异。因此，前文对样本进行分组的前提假说可以成立，双差分估计方法有效，而表3-10揭示的显著的政策效应只能是《劳动合同法》的影响，而不存在先验的省会城市效应或非省会城市效应。

六、小结

　　《劳动合同法》能否改善劳动合同签订状况是其发挥更深远影响的前提，微观数据的描述性统计结果揭示，《劳动合同法》的政策效应为正，这与部分文献的结论不同，究其原因，《劳动合同法》是全国性法律，当用微观数据进行简单的描述性统计分析或回归分析去获得它对劳动力市场上劳动合同签订状况的政策效应时，获得的是有偏估计，其具体偏向依赖于所使用的数据和方法，这也是现有文献观点迥异的原因所在。

但是，对上述结果的解释需要格外谨慎。首先，它是以间接的方式揭示《劳动合同法》的影响，直接呈现的是省会城市与非省会城市由于执行力度的差别而带来的在劳动合同改善方面的差异，但差异的统计显著性正好说明该法确实对劳动合同签订状况产生了积极影响。其次，它揭示的不是受访者在《劳动合同法》实施前后两个年度的差异，而是法律实施前后受访者当前工作相比于上份工作在劳动合同签订状况上的改善程度，根据结果，来自省会城市的受访者劳动合同签订状况改善程度高出非省会城市受访者约18%。不过，这一结果只适用于《劳动合同法》实施后转换工作的劳动者，而不适用于那些《劳动合同法》实施后并未更换工作的劳动者，他们的劳动合同状况受影响情况需要另行研究。

尽管上述结论在统计上显著，也经受了反事实检验，但有些方面仍有待进一步研究。首先，在前文的分析过程中发现，《劳动合同法》的影响对劳动者的受教育程度非常敏感。受教育水平高的劳动者的劳动合同状态受《劳动合同法》的影响显著，但未发现受教育水平低的劳动者的劳动合同签订状态受到了《劳动合同法》的影响，至少二者间存在显著差异，但并不清楚这种差异是由于二者对法律的认识水平上的差异所致，还是由于不同受教育水平的劳动者的工作性质差异或者说劳动力市场分割所致。其次，上述分析的重要前提有待进一步检验，即省会城市执法（尤其是《劳动合同法》执法）一定要比非省会城市严格吗？尽管有很多理由支持这种观点，上述反事实检验也间接证明它可能确实成立，但仍有待更直接、更有说服力的证据来支撑。再次，上述有关《劳动合同法》政策效应的结论只适用于评估通过劳动者转换工作岗位而在劳动合同签订上发生的变化，但实际上法律的影响也可以通过其他途径实现，如可能使原来未提供劳动合同的企业转而提供劳动合同，正如 Freeman 和 Li（2013）的研究。最后，上述分析没有考虑受访者转换工作的同时也变换了居住城市的情形，若受访者在转换工作的同时其居住城市在省会城市和非省会城市之间发生了变换，或者在不同省份之间发生了变动，则可能会影响上述结论的有效性，而微观数据不能提供任何与此相关的进一步信息。

第四章　就业保护的实施与影响

第一节　《劳动合同法》得到有效实施

　　由于金融危机的冲击，曾有人对关于《劳动合同法》是否真正得到了落实的问题存有疑问，不过有趣的是，他们同时将《劳动合同法》实施后经济不景气及沿海地区出现的企业倒闭潮归咎于《劳动合同法》，并要求放宽或修改《劳动合同法》，这显然是矛盾的。有关的疑问及零星的证据或许只能说明《劳动合同法》的落实可能存在地区差异，而这是所有劳动力市场法律法规都存在的情形，但和其他法律法规一样，它也不存在普遍意义上没有得到贯彻落实的可能。该法在全国范围内统一实施是法律规定，研究者对它的实施存在疑问主要是认为金融危机给我国经济带来的冲击可能会使地方政府放宽《劳动合同法》执法。

　　而实际上，地方政府对该法总体持积极态度，有些地方政府认为："《劳动合同法》已经成为就业问题的社会稳定器"（温州日报，2008），正因为如此，所以面对《劳动合同法》实施后新增劳动争议案件呈"井喷"态势（上半年增幅约达158%），广东省反而认为这是积极而非消极现象。因此，从官方态度中无法得出有任何要放缓实施《劳动合同法》的迹象。实际上，许多省份（如上海、南京、海南、湖北等）均发布了《劳动合同法》实施情况的调查报告，该事项本身以及报告的内容均表明，总体而言，《劳动合同法》至少在部分程度上得到了落实。实际上，认为《劳动合同法》被暂缓实施的几乎都是经济界人士，而几乎所有法律界人士均对此种观点嗤之以鼻。在他们看来，《劳动合同法》不可能被暂缓实施，因为法律一旦立法实施就必须被执行，法律的尊严就必须得到维护，否则后患无穷。官方数据也表明，《劳动合同法》并没有被暂缓实施。根据全国人大常委会法制工作委员会透露的信息，人大常委会执法检查发现 2008 年 1~9 月规模以上企业签订劳动合同的比率达到 93%，而之前不足 20%，一跃上升为原来的 4 倍以上。微观调查数据也有类似发现。中国人民大学 CGSS 数据提供了法律实施前后签订劳动合同情况的相关信息①，表明劳动合同签订率发生了积极的变化。CGSS 在 2006 年、2008 年和 2010 年的调查中都询问了被访者的劳动合同签订状况。表 4-1 给出了 CGSS 数据中 2006 年和 2010 年分地区的城市劳动者劳动合同签订情况，并区分了城市户口劳动者和农村户口劳动者。

表 4-1　2006 年和 2010 年分地区劳动合同签订率的基本情况

地区	农村户口在城市工作的劳动者				地区	城市户口的劳动者			
	2006 年		2010 年			2006 年		2010 年	
	均值	标准差	均值	标准差		均值	标准差	均值	标准差
北京	0.25	0.45	0.33	0.48	北京	0.51	0.50	0.89	0.32
河北	0.40	0.51	0.75	0.45	河北	0.44	0.50	0.64	0.49
黑龙江	0	0	0.43	0.53	黑龙江	0.08	0.27	0.41	0.50
浙江	0.17	0.39	0.48	0.51	浙江	0.43	0.50	0.76	0.43
安徽	0.23	0.44	0	0	安徽	0.49	0.50	0.48	0.51
湖北	0.10	0.32	0.31	0.47	湖北	0.13	0.34	0.54	0.50
广西	0.26	0.45	0.40	0.52	广西	0.52	0.50	0.58	0.50
重庆	0.30	0.48	0.75	0.50	重庆	0.64	0.50	0.57	0.71
四川	0.28	0.46	0.47	0.51	四川	0.33	0.47	0.61	0.49
云南	0.31	0.48	0.25	0.46	云南	0.44	0.50	0.63	0.49
甘肃	0	0	0.50	0.71	甘肃	0.51	0.50	0.52	0.51
天津	0.22	0.44	1.00	0	新疆	0.13	0.34	0.43	0.50
山西	1.00	0	0.23	0.44	天津	0.33	0.47	0.81	0.39
辽宁	0.14	0.38	0.35	0.49	山西	0.50	0.53	0.50	0.50
上海	0.45	0.51	0.60	0.501	辽宁	0.22	0.41	0.40	0.49
江苏	0.43	0.51	0.30	0.47	上海	0.44	0.50	0.88	0.32
福建	0.29	0.47	0.29	0.49	江苏	0.53	0.50	0.70	0.46

①　在此对 CGSS 的数据提供方——中国人民大学中国调查与数据中心的慷慨行为深表感谢，文责自负。

续表

地区	农村户口在城市工作的劳动者				地区	城市户口的劳动者			
	2006 年		2010 年			2006 年		2010 年	
	均值	标准差	均值	标准差		均值	标准差	均值	标准差
山东	0.32	0.48	0.27	0.45	福建	0.27	0.45	0.58	0.50
河南	0.27	0.47	0.19	0.40	山东	0.50	0.50	0.60	0.49
湖南	0.19	0.40	0.38	0.51	河南	0.55	0.50	0.53	0.50
广东	0.37	0.49	0.28	0.45	湖南	0.38	0.49	0.61	0.49
海南	1.00	0	0.38	0.52	广东	0.33	0.47	0.63	0.49
贵州	0	0	0.33	0.49	海南	0.06	0.25	0.39	0.50
陕西	0.25	0.46	0.36	0.50	贵州	0.33	0.47	0.66	0.48
					陕西	0.24	0.43	0.70	0.46
					江西	0.30	0.46	0.47	0.50

资料来源：根据 CGSS 2006 年和 2010 年数据整理计算得到。

表 4-1 至少反映出以下几点情况：首先，城市户口劳动者的劳动合同签订率明显大于农村户口劳动者；其次，《劳动合同法》实施后，农村户口劳动者和城市户口劳动者的劳动合同签订率在大部分区域都有所上升；最后，《劳动合同法》实施后，城市户口劳动者劳动合同签订率的上升幅度总体上大于农村户口劳动者，二者差距扩大。《劳动合同法》实施前后劳动力市场的积极变化不仅体现在劳动合同签订率上，也体现在劳动者劳动合同形式的变化上。王美艳（2013）的研究表明，《劳动合同法》在提高劳动合同签订率的同时还提高了劳动合同的质量，这主要表现为短期劳动合同减少，长期劳动合同增加，在全部签署了劳动合同的用工行为中仅有不到10%的劳动者签订短期合同，而高达65%的劳动者签订长期合同（指城市本地劳动力，作者注）。程延园和杨柳（2010）也有相似的发现，近半数企业认为《劳动合同法》会促使劳动合同期限延长，而实际中有67%的民营企业选择了延长劳动合同的期限。本书也利用 CHIP 数据中的城镇住户调查数据考察了 2007 年和 2009 年劳动者劳动合同形式的基本情况，2007 年签署了劳动合同的雇佣劳动者中长期劳动合同和固定工的比例约91.9%，短期劳动合同约占 8.1%；而 2009 年前者上升为约 95.02%，后者下降为约 4.98%。劳动合同形式的改善从相同劳动者在 2007 年和 2009 年劳动合同形式的改变中也能体现出来。表 4-2 给出了劳动者劳动合同形式在 2007~2009 年的变化情况。

表4-2 2007~2009年劳动者劳动合同形式的变化情况　　　　　　单位：份

初始身份	劳动合同形式状态	观测值
长期合同者	提升	424
	不变	1808
	下降	234
短期合同者	提升	227
	不变	51
	下降	70
无合同者	提升	224
	不变	169
	下降	31
打零工者	提升	42
	不变	22
	下降	—

注：观测值为42份中不包括由打零工转为无合同工的情形。

资料来源：根据CHIP 2007~2009年城镇住户调查数据整理计算得到。

　　从表4-2的变化情况看，尽管劳动者的劳动合同形式状态有升有降，但大体趋势是积极的，无论是长期劳动合同者、短期劳动合同者、无劳动合同者和打零工者，劳动合同形式状态提升的情形都要远大于劳动合同形式状态下降的情形，这尤其体现在初始身份为短期合同劳动者的身上。《劳动合同法》不可能被暂缓实施，但《劳动合同法》对市场主体的影响有可能被缓解。例如，为了应对金融危机的影响，各省出台了一些应对措施，如暂缓缴纳五项社会保险的政策，它们在确保《劳动合同法》的内容得到贯彻实施的前提下尽可能缓解企业压力，以帮助企业度过危机。尽管无法核实各省实施相关政策的具体情况，但从微观数据①提供的有限信息来看，除海南省外，不少地区可能都实施过类似的缓解企业困境的政策②，但这些政策的目的却都不是要降低《劳动合同法》的效力。

---

　　① 指《中国民营企业就业状况》微观调查数据，下文将对该数据作详细介绍。

　　② 各省实际享受了相关政策的企业非常少，占比很低，并且各省情况相差不大，大部分地区80%以上的企业没有享受该政策，仅4个地区享受了该政策的企业数量在20%以上。

第二节 《劳动合同法》实施与企业雇佣规模

正如前文所指出的那样，在《劳动合同法》实施以前，我国劳动力市场的总体表现较不规范，不规范的劳动力市场加上就业保护制度的缺乏，导致劳动者的正当权益被侵蚀。当就业保护制度实施后，劳动者的正当权益得到维护，企业回归正常利润，客观上也可能导致企业雇佣回落到正常水平。同时，与发达国家的情形有所不同的是，由于企业面临资金约束和劳动者面临收入约束，就业保护有利于提高劳动生产率的积极一面未必能在实践中呈现出来。在这双重因素的作用下，可以预期《劳动合同法》实施后我国企业的雇佣规模将可能会受到负面影响。

由于企业雇佣规模在不同行业、性质的部门相差甚大，因此权威统计部门并没有公开发布我国企业员工雇佣规模的宏观数据，相关信息较为缺乏。《中国城市统计年鉴》的有关数据或许可以为此提供一定信息。《中国城市统计年鉴》数据显示，2009 年我国地级或以上城市工业企业数量比 2007 年上升了约 29.29%，而同期的劳动力就业仅上升了 5.68%，虽然二者的统计口径存在差异，产业结构转型升级或许能解释这种差异，但也不能排除这种反差或许是企业规模下降所致。企业规模下降至少可以从部分类型的企业中得到证实，由于来源有限，仅获得了三种类型的企业雇佣规模信息，它们分别为乡镇企业、非上市公司和私营企业，表 4-3 给出了三种类型企业雇佣规模的有关信息。

表 4-3　三种类型企业的雇佣规模

年份	乡镇企业		非上市公司①		私营企业	
	数量（万家）	规模（人）	数量（万家）	规模（人）	数量（万家）	规模（人）
2004	2213.22	6.27	27.64	239.44	—	—
2005	2249.59	6.34	27.18	254.98	430.09	13.54

① 2009 年前的数据来自国泰安数据库，根据该数据库直接计算，没有作删除处理；2010 年后的数据来自工业企业数据库，根据该数据库直接计算，没有作删除处理。

续表

年份	乡镇企业		非上市公司		私营企业	
	数量（万家）	规模（人）	数量（万家）	规模（人）	数量（万家）	规模（人）
2006	2314.47	6.34	30.18	243.42	498.08	13.22
2007	2390.89	6.31	33.66	235.39	551.31	13.16
2008	2599.21	5.94	38.98	209.52	657.42	12.02
2009	2678.94	5.82	34.90	218.72	740.15	11.63
2010	2742.46	5.80	41.48	204.55	845.52	11.14
2011	2844.15	5.69	30.26	318.62	967.70	10.70
2012	671.78	15.11	32.46	316.85	1085.70	10.40
2013	—	—	34.49	427.84	1253.90	9.99
2014			20.93	531.89	1546.40	9.31
2015			30.55	492.75	1908.20	8.59
2016			—	—	2309.20	7.79
2017					2726.30	7.29
2018					3143.30	6.80
2019					3516.40	6.49
2020	—	—	—	—	—	—

资料来源：乡镇企业的数据为根据历年《中国劳动统计年鉴》数据计算，非上市公司的数据为根据国泰安微观数据库数据计算，私营企业的数据为根据中国国家统计局网站数据计算。

根据表4-3，大致可以认为乡镇企业、非上市公司和私营企业的企业规模在2008年前后（即《劳动合同法》实施前后）都发生了一定变化。三类企业中乡镇企业的平均规模最小，在2004~2007年，乡镇企业平均规模有升有降，总体变化幅度不大，但2008年后乡镇企业的规模有明显下降，仅2008年就下降了近6%，这一降幅非常突出，且下降趋势持续至2010年，截至2010年乡镇企业雇佣规模下降了约9%。尽管非上市公司的雇佣规模比乡镇企业大，但其变化趋势却与之相似。在2008年前非上市公司的平均规模有所波动，但总体变化不大，而2008年时非上市公司雇佣规模显著下降，降幅约11%，远高于此前历年的波动幅度。私营企业在2008年的雇佣规模也有显著下降，降幅接近9%，但与前两类企业稍有不同，私营企业的雇佣规模在2004~2007年即处于下降趋势中，尽管这种下降趋势并不明显（2006年降幅为2.35%，2007年降幅为0.5%）。

乡镇企业员工规模下降或许有乡镇企业自身瓶颈的原因，而非上市公司和私营企业员工雇佣规模的下降则有金融危机的原因。但值得注意的是，上述企业员工雇佣规模下降是和企业数量增长同时发生的，2008年乡镇企业增长速度甚至超过了2004~2007年的任一年份，非上市公司数量也在大幅增加，私营企业也处于相似情形（由于私营企业数量增长快于雇佣规模下降，导致2008年后私营企业的就业人数上升），这至少会让人怀疑金融危机对企业雇佣规模的下降是否有足够的解释力。并且，2009年金融危机影响逐渐消失时私营企业和乡镇企业员工雇佣规模仍在继续下降，而非上市公司尽管有所回升但仍与之前的水平有较大差距，2009年非上市公司员工雇佣水平相比2007年仍下降了超过7个百分点。这更加令人怀疑金融危机对企业雇佣规模下降的解释力。

　　虽然不清楚上述企业呈现的现象是否在其他企业可见，但至少对这些企业而言，员工雇佣规模下降是不争的事实，而金融危机可能未必是其原因，至少未必是全部原因。理论上，在金融危机之外可能还存在其他因素与2008年后企业员工雇佣规模的变化有关，这些可能的因素包括2008年时工资可能突然上升，或者企业可能采用了节约劳动的技术设备，又或者出现了其他外生冲击等。但是，2008年并没有出现员工工资普遍性突然上升的现象，因此，企业员工规模较大幅度下降可能是外力作用的结果（如果没有外力作用，普遍性的企业技术改造与升级也不会出现）。而当时除金融危机外对劳动力市场和企业最大的外生冲击就是《劳动合同法》及其就业保护机制，至少从理论上《劳动合同法》能解释上述现象，尤其是2009年我国经济增长已经恢复到金融危机前的水平时乡镇企业和私营企业员工雇佣规模却仍在下降，而非上市公司雇佣规模也低于金融危机前的水平。这为基于《劳动合同法》的解释提供了机会。

第三节　研究设计

　　尽管从宏观数据看，企业的雇佣规模确实发生了符合预期的变化，至少私营企业、非上市公司和乡镇企业确实如此，但是，如果要将企业雇佣规模的上述变化能否归因于以及在多大程度上归因于《劳动合同法》的影响，还需进一步识别。

一、就业保护对企业雇佣的影响的识别难题

1. 缺乏直接度量的指标

理论分析已经提出了可供考察《劳动合同法》对企业雇佣影响的思路和经验模型，即如果能设计出合适的度量指标，那么可以用式（2-10）进行估计：

$$\Delta l_d = \alpha + \beta \times \Delta w_0 + \gamma' \times \Delta a_0 + \sum \delta \times \chi + \varepsilon \tag{2-10}$$

由于 Δa_0 表示的是就业保护制度规定水平的变化，因此上式实际上更适合在宏观或中观层次上的比较，如进行跨国比较或在不同的区域进行比较，考察不同国家或区域就业保护制度变化与企业雇佣水平变化之间的关系。已有的一些反映劳动力市场规制程度的指标难以对《劳动合同法》进行很好地反映，因此无法直接将其代入上式进行考察。

如果无法设计出合适的指标，则 γ 无法被直接估计。但如果拥有足够的数据（如 2 年或以上），则或许依然能设法从上述经验方程去了解《劳动合同法》与企业雇佣变化之间的关系，如将 α_0 设为定性变量通过差分模型的方式进行估计，但前提是通过 α_0 能把不同的企业或区域区分出来，如区分为对照组和处理组。

2.《劳动合同法》统一实施导致不存在合适的对照组

《劳动合同法》的实施是对劳动力市场的外生冲击，假设 Y 表示企业雇佣规模；Y_{0it} 表示它不影响企业 i 时，企业 i 可能的雇佣规模；Y_{1it} 表示它会影响企业 i 时，企业 i 可能的雇佣规模，即

$$Y_{it} = \begin{cases} Y_{1it} & \text{如果 } D_{it} = 1 \\ Y_{0it} & \text{如果 } D_{it} = 0 \end{cases}$$

《劳动合同法》对企业 i 的雇佣规模的潜在影响可以表示为 $E(Y_{1it} - Y_{0it})$。但在《劳动合同法》的影响下，Y_{0it} 不可能被观测到，因此可能会把 Y_{0it-1} 当成 Y_{0it} 采取简单对比《劳动合同法》实施前后的企业雇佣情况来估计《劳动合同法》对企业雇佣水平的影响，即将 $E(Y_{1it} - Y_{0it})$ 替换为 $E(Y_{1it} - Y_{0it-1})$，即 $E(Y_{it} - Y_{it-1})$。其中，t 表示《劳动合同法》实施后的时期，$t-1$ 表示《劳动合同法》实施前的时期。由于 $E(Y_{it} - Y_{it-1}) = E(Y_{1it} - Y_{0it-1}) = E(Y_{1it} - Y_{0it}) + E(Y_{0it} - Y_{0it-1})$，因此它与《劳动合同法》的真实影响存在偏差，偏差幅度约为 $E(Y_{0it} - Y_{0it-1})$。如果《劳动合同法》对企业雇佣规模存在负向影响，那么，①当 $Y_{0it} > Y_{0it-1}$ 时（即企业处于生产及雇佣规模扩张的情形），基于 $E(Y_{1it} - Y_{0it-1})$ 的计算将低估《劳动合同法》的真实影响，使人们对法律的影响过于乐观；②当 $Y_{0it} < Y_{0it-1}$ 时（即企业处

于生产及雇佣规模收缩的情形），基于 $E(Y_{1it}-Y_{0it-1})$ 的计算将高估《劳动合同法》的真实影响，使人们对法律的影响过于悲观。

如果存在合适的对照组和处理组，即存在受《劳动合同法》影响的企业和不受《劳动合同法》影响的企业，则上述偏差可以避免。假设企业 i 来自处理组，在《劳动合同法》的法律效力覆盖范围之内；企业 j 来自对照组，未受到法律的冲击。《劳动合同法》对处理组企业 i 的影响为 $E(Y_{1it}-Y_{0it})$，但 Y_{0it} 无法观测，因此该效应无法直接估计或计算。但 Y_{0it-1} 可以被观测。因此，$E(Y_{1it}-Y_{0it})$ 可以改写为：

$$
\begin{aligned}
E(Y_{1it}-Y_{0it}) &= E(Y_{1it}-Y_{0it}+Y_{0it-1}-Y_{0it-1}) \\
&= E(Y_{1it}-Y_{0it-1}+Y_{0it-1}-Y_{0it}) \\
&= E(Y_{1it}-Y_{0it-1})-E(Y_{0it}-Y_{0it-1})
\end{aligned}
$$

即，《劳动合同法》的影响为企业雇佣规模的实际变化减去不实施《劳动合同法》时企业雇佣规模变化的内在趋势。假设企业 i 的雇佣规模变化的内在趋势与企业 j 的内在趋势相同，即 $E(Y_{0it}-Y_{0it-1})$ 等于 $E(Y_{0jt}-Y_{0jt-1})$，则 $E(Y_{1it}-Y_{0it})$ 可写为 $E[(Y_{1it}-Y_{0jt})-(Y_{0it-1}-Y_{0jt-1})]$。由于 Y_{1it}、Y_{0it-1}、Y_{0jt} 和 Y_{0jt-1} 均可观测，因此通过合适的模型设计（如双差分模型）即可识别它对企业雇佣规模的影响。

但是，《劳动合同法》在全国统一实施使完全意义的对照组并不存在，并且由于它涉及内容广泛，即便有些企业在《劳动合同法》实施前某些方面比其他企业表现好（如在与员工签订正规劳动合同方面），但它仍然可能在其他方面受到了《劳动合同法》的新增约束（如它可能没有为员工足额缴纳五险一金）。同时，由于中国经济制度与经济发展的独特性，在国外寻找对照组的做法也不可取。由于不存在合适对照组，因此无法按照上述模型设计（如双差分模型）来准确估计《劳动合同法》对企业雇佣规模的影响。

二、研究的思路

在上述局限性下，鉴于当前正确认识《劳动合同法》影响的重要性，为尽可能认识《劳动合同法》对企业雇佣水平的影响，选择了两种合理但可能存在一定瑕疵的方法进行尝试性的探索，以图发掘《劳动合同法》与企业雇佣水平变化之间的相关性。

1. 寻找能间接反映《劳动合同法》法律效力的指标

尽管《劳动合同法》是在全国范围内同时开始实施的，但现实中《劳动合同法》对所有企业并不是同等覆盖的，有些企业受到《劳动合同法》的更强覆盖，而有的企业则较弱。根据在理论分析中所提出的思路，如果能设计反映企业受就业保护制度覆盖程度不同的指标，如由于法律效力在不同企业存在差异，导致不同企业实际面对的就业安全规定并不相同，那么基于式（2-10）可以发现企业层面上的法律效力的不同与雇佣情况变化差异之间的关系。这种关系至少部分揭示了该法对企业雇佣水平变化的影响。这就是第五章的思路。

2. 寻找不完美的对照组

尽管不存在完美的对照组可资利用，但由于现实中《劳动合同法》在所有区域可能并非得到同等情况的执行，有些区域执行《劳动合同法》时可能部署了较多的人力和物力，而有些区域则可能部署的人力和物力较少，导致《劳动合同法》在前者落实情况较好，在后者落实情况较差，这种差异提供了一种不严格的对照组，借助于它虽然不能精确估计出《劳动合同法》的影响，但确实能为了解《劳动合同法》的影响提供有价值的线索。

假设 $E[(Y_{1it}-Y_{0jt})-(Y_{0it-1}-Y_{0jt-1})]$ 中企业 j 并非没有受到《劳动合同法》的冲击，而是受到了《劳动合同法》的较弱冲击，如由于《劳动合同法》在其所在区域的落实情况不及处理组企业 i 的所在区域。此时 $E[(Y_{1it}-Y_{0jt})-(Y_{0it-1}-Y_{0jt-1})]$ 的真实含义可以从下式看出：

$$E[(Y_{1it}-Y_{0jt})-(Y_{0it-1}-Y_{0jt-1})]$$
$$=E[(Y_{1it}-Y_{0j't})+(Y_{0j't}-Y_{0jt})-(Y_{0it-1}-Y_{0j't-1})-(Y_{0j't-1}-Y_{0jt-1})]$$
$$=E[(Y_{1it}-Y_{0j't})-(Y_{0it-1}-Y_{0j't-1})]-E[(Y_{0jt}-Y_{0j't})-(Y_{0jt-1}-Y_{0j't-1})]$$

其中，j' 为虚拟的严格不受《劳动合同法》影响的企业，且没有《劳动合同法》时内在变化趋势与企业 i 及企业 j 相似，即 j' 是严格意义上的对照组。该表达式第一项（即 $E[(Y_{1it}-Y_{0j't})-(Y_{0it-1}-Y_{0j't-1})]$）表示《劳动合同法》对处理组企业 i 的影响，该表达式第二项（即 $E[(Y_{0jt}-Y_{0j't})-(Y_{0jt-1}-Y_{0j't-1})]$）表示《劳动合同法》对不严格对照组企业 j 的影响。因此，由 $E[(Y_{1it}-Y_{0jt})-(Y_{0it-1}-Y_{0jt-1})]$ 得到的实际上是《劳动合同法》由于干预程度不同而对企业 i 和企业 j 产生的影响之差。$E[(Y_{1it}-Y_{0jt})-(Y_{0it-1}-Y_{0jt-1})]$ 虽不能完整地揭示《劳动合同法》对企业 i 的全部影响，但它揭示了《劳动合同法》干预程度的差异与它对企业雇佣的影响差异之间的关系。当企业 j 所在的区域落实情况越差时，$E[(Y_{1it}-Y_{0jt})-(Y_{0it-1}-Y_{0jt-1})]$ 越接近于反映《劳动合同法》对企业 i 的全部影响。尽管它没有直接得到《劳动合同法》对企业雇佣的影响，但仍然有价值，它提供了关

于企业 i 受到的影响的最低估计（下限）。

首先，如果《劳动合同法》的影响是匀质或是线性的，即《劳动合同法》在落实情况好的地区产生的影响大，在落实情况差的区域产生的影响小，那么它至少揭示了《劳动合同法》的影响方向。当它为负时，说明《劳动合同法》落实情况好的区域的企业雇佣相对于落实情况差的区域有所下降，在上述假设下，说明《劳动合同法》对企业雇佣产生了不利影响。类似地，它为正则说明该法对企业雇佣规模产生了积极影响；它为 0 则说明没有对企业雇佣水平产生影响。其次，它还可以揭示如果《劳动合同法》落实情况差的区域向落实情况好的区域看齐时它们的企业雇佣规模会发生怎样的变化（反之亦然），这可以为决策部门的政策制定提供支持。最后，如果《劳动合同法》的影响是匀质或线性的，当企业 j 所在区域的落实情况越差时它的结果越接近于揭示《劳动合同法》对处理组企业 i 的全部效应，这实际上也为正确评估《劳动合同法》的影响指出了一个方向。

但是，要区分《劳动合同法》的落实情况非常困难，或许可以从企业的不同所有制类型的角度加以考虑，将国有企业作为不严格的对照组，而其他所有制企业如民营企业作为处理组。但《劳动合同法》内容广泛，同一所有制类型的企业未必在《劳动合同法》的所有内容上都有相同或相似的表现，并且同一所有制企业内部用人方式也存在很大差异，如国有企业内的劳动者与企业的关系和民营企业并无二致。限于数据的关系，本书第五章将从企业差异方面进行尝试。

第五章 基于法律效力的企业差异的分析

根据第四章所述，尽管《劳动合同法》内容广泛且在全国范围内统一实施导致识别《劳动合同法》对企业雇佣水平的影响存在困难，尽管可能未必能从中得到严格的因果关系，但仍然可以从法律的特征出发去尝试考察《劳动合同法》的实施与民营企业雇佣水平变化之间的相关性。从企业角度看，《劳动合同法》虽然统一实施，但它对市场主体的约束和冲击未必相同，因为它对市场主体产生的约束和冲击要依赖于主体在《劳动合同法》实施前的自身条件和客观情况。例如，《劳动合同法》中关于企业在用工时必须和劳动者签署正规劳动合同的规定，对在《劳动合同法》实施前即已经做到了这一点的企业不会产生约束力，而对那些在《劳动合同法》实施前没有做到这一点的企业则会产生实际约束。因此，《劳动合同法》的实际约束力可能依赖于企业自身条件和客观特征，这种关系正好为考察《劳动合同法》与企业雇佣之间的关系提供了契机。但由于条件的限制，本章只是揭示了民营企业雇佣水平的变化与企业所受到的实际约束力之间的相关性，而无法直接得出严格的因果关系解释，不过，在一系列假设下，也能从中得出一些结论。

第一节　企业年限与无固定期限劳动合同
条款法律效力的关系

企业自身条件和客观特征体现在很多方面，它们都可能和企业受《劳动合同法》实际约束情况相关。例如，企业所有制性质，国有企业由于在《劳动合同法》实施前表现较好，因此劳动合同法带来的新约束较少；而民营企业由于在法律实施前存在诸多不规范情形，因此受到的新增约束较大。国外曾有文献考察过企业到执法部门的距离和受法律约束之间的关系，发现由于执法成本较高，距离远的企业被执法部门光顾的概率较低，受法律约束较小；距离近的企业则被执法部门光顾的概率较高，受法律约束较大。

尽管企业有很多方面的客观条件与特征可以供考察企业受《劳动合同法》的约束程度及其与企业雇佣水平变化之间的相关性使用，但由于数据方面的原因，能够做出的选择非常有限。而企业年限则是能做出的有限选择中的一个。企业年限指企业自成立至企业接受微观数据调查时所经历的时间。尽管国外有文献表明，就业保护法可能会导致企业通过开关的方式来规避法律约束，导致企业年限可能具有内生性，但从数据看，2009 年企业年限在 2 年或以上的企业毫无疑问并没有经历这样的开关过程，对于它们而言，企业年限无疑是客观的，是外生于《劳动合同法》实施的。

企业年限与《劳动合同法》效力之间的关系。《劳动合同法》的许多内容与企业年限之间并不存在直接的关系，除它有关无固定期限劳动合同签署条件的规定外①。从前文介绍中可以看出，无固定期限劳动合同条款对企业的实际约束力与企业年限存在直接关系，它对成立年限长的企业可能具有更强的约束力，而10 年或许是个门槛。按照规定，工作年限满 10 年（或连续 2 个合同期满）的劳动者只要愿意就可以和企业签署无固定期限劳动合同。从这个角度看，在其他情形相似的条件下，成立满 10 年的企业要比未满 10 年的企业有着更高的机会和员工签署无固定期限劳动合同，至少，成立不足 10 年的企业不可能存在劳动者在企业连续工作年限达到 10 年的情形②。并且在其他情况相似的前提下，成立满10 年的企业和劳动者签署过 2 次或以上劳动合同的概率也可能要高于未满 10 年的企业（虽然这点并不绝对）。因此，成立时间长如大于或等于 10 年的企业相比成立时间短如小于 10 年的企业，更可能受到《劳动合同法》无固定期限合同条

---

① 尽管在《劳动法》中也有关于无固定期限劳动合同的有关表述，但《劳动合同法》在无固定期限劳动合同条款上将至少在三方面表现出不同。一是《劳动法》中要求无固定期限劳动合同必须是由劳动者主动提出，而《劳动合同法》则取消了这样的表述，即将续签劳动合同时签署无固定期限劳动合同；二是《劳动合同法》中的无固定期限劳动合同条款的意义和劳动法不同，无固定期限劳动合同解除的难度加大；三是《劳动合同法》中的无固定期限劳动合同经过宣传，广为人知，这也是当初立法时该条款引起广泛争议的重要原因之一。

② 如果它们已经和劳动者签署过 2 次或以上的劳动合同，年限不满 10 年的企业也需要和劳动者签署无固定期限劳动合同。

款的约束。在法律约束下，受约束企业最终要么和劳动者签署无固定期限劳动合同，但未来可能要为之付出代价；要么提高待遇以达到续签固定期限劳动合同的目的；不过企业也可能拒绝签署无固定期限劳动合同，但要冒支付赔偿金甚至被处罚的风险。

按上述分析，如果其他条件相似，由于成立年限长的企业受无固定期限劳动合同条款约束的可能性大于成立年限短的企业，那么二者的雇佣水平在《劳动合同法》实施前后的变化所呈现的差异应该和上述特征相符。不过，尽管企业年限具有很强的外生性，但该方法也还是存在缺陷，因为企业年限和企业雇佣水平的变化可能会通过其他途径发生联系。例如，成立年限不同的企业其雇佣规模本身就存在差异、成立年限不同的企业在企业文化以及雇佣与解雇的做法方面也存在差异等，本章第四节将对此作进一步探讨。但是，和企业年限可能通过其他途径影响企业雇佣水平的变化不同，《劳动合同法》无固定期限劳动合同条款的影响在企业年限上可能存在门槛效应，即 10 年可能对于企业而言是个门槛，一般而言，成立时间在 10 年或以上的企业将比不足 10 年的企业更可能需要面对无固定期限劳动合同，这种特殊性或许正是上述基于企业年限的角度考察《劳动合同法》与企业雇佣情况的变化之间关系的方法的价值所在。

第二节　不同年限民营企业雇佣规模的变化

为考察《劳动合同法》实施前后民营企业雇佣水平的变化，此处采用了来源于中国社会科学院重大项目《2009 年全国民营企业就业状况调查》[①]（以下简称《调查》）的微观调查数据。该项调查由中国社会科学院人口与劳动经济研究所和全国工商联联合组织进行，试图考察中国民营企业在吸纳就业和享受相关优惠政策的基本状况，受访企业是来自全国各地的民营企业[②]，共采集了 1445 家

---

① 数据来自中国社会科学院重大项目《2009 年全国民营企业就业状况调查》。该调查由中国社会科学院人口与劳动经济研究所和全国工商联共同实施。感谢上述机构及中国社会科学院调查与数据信息中心提供数据协助，本书内容由作者自行负责。

② 选择民营企业除了是数据限制外，还和刘彩凤（2008）的结论有关，她发现《劳动合同法》对民营企业解雇成本的影响最大，因此在民营企业中可能最容易发现《劳动合同法》的影响。

企业的有效信息。《调查》提供了被访者在 2007~2009 年的总雇佣水平以及不同岗位人员的雇佣情况。此外，还提供了企业成立时间、固定资产规模、所属行业以及所属地区等信息。为了更好地理解企业雇佣的变化情况，接下来利用微观数据依企业年限对民营企业雇佣规模变化情况进行统计描述，描述区分了企业总雇佣水平和不同岗位人员的雇佣水平。

一、民营企业总雇佣水平变化情况

表 5-1 给出了不同年限民营企业的总雇佣水平的变化情况（2009 年和 2007 年的情况对比），由于旨在反映民营企业雇佣规模在《劳动合同法》实施前后的变化，因此只包含了成立时间在 2007 年之前的民营企业。另外需要指出的是，由于该数据的调查时间在 2009 年，那些在此前已经关闭的民营企业的情况无法在表中得到反映。表 5-1 显示，至少对于那些在 2009 年幸存的企业而言，大部分年限的企业平均雇佣规模均有明显增长，但不同年限企业表现差异甚大。其中年限为 10 的企业的表现最引人注目，与其他年限的企业员工雇佣水平平均增长量（年限为 18 时除外）均在 40 人以上不同，年限为 10 的企业员工雇佣规模平均增长量仅为 3 人，即便考虑到基数更低的情况，0.7% 的上升幅度也使它表现得与众不同。相比之下，年限小于 10 的企业（如年限为 6、7、8 和 9 的企业员工雇佣人数分别增长了 14.6%、9.8%、10% 和 8.3%）和年限大于 10 的企业（如年限为 11、12、13 和 14 的企业员工雇佣人数分别增长了 6.8%、14.1%、12.2% 和 22.3%）的员工雇佣水平增加量和增幅均要高。这一现象与前文基于企业年限与无固定期限劳动合同条款法律效力之间的关系所作的预期一致，至少并不矛盾，因为相比年限小于 10 的企业，年限等于 10 的企业雇佣水平的增加出现了明显的下降。

表 5-1　不同年限的企业的总雇佣人数、生产人员雇佣人数和
工程技术人员雇佣人数的变化

单位：人

企业年限	总雇佣人数变化			生产人员雇佣人数变化			工程技术人员雇佣人数变化		
	样本量	均值	方差	样本量	均值	方差	样本量	均值	方差
2	30	44	114	21	52	103	25	-1.24	29
3	30	69	260	17	62	248	24	8	27
4	48	69	191	37	42	134	44	8	21

续表

企业年限	总雇佣人数变化			生产人员雇佣人数变化			工程技术人员雇佣人数变化		
	样本量	均值	方差	样本量	均值	方差	样本量	均值	方差
5	72	43	96	49	19	59	57	8	21
6	102	79	273	79	49	224	95	8	34
7	101	40	191	80	37	159	90	12	35
8	111	54	325	79	19	272	96	9	48
9	95	52	413	69	12	235	86	16	54
10	86	3	252	59	−8	246	71	5	19
11	118	41	184	85	15	72	102	12	33
12	82	113	315	60	50	205	73	16	42
13	64	136	408	51	77	249	56	24	69
14	68	70	279	49	61	229	61	6	25
15	68	71	1021	51	−56	627	63	20	76
16	71	57	215	51	8	130	60	9	17
17	43	57	333	26	−11	87	37	2	23
18	20	−28	254	15	74	141	18	27	61

注：剔除了个别异常值。

资料来源：根据《2009 年全国民营企业就业状况调查》数据计算整理得到。本章下同。

　　但表中另外值得注意的现象是，尽管前文推测年限大于 10 的企业受到的冲击应当大于年限等于 10 的企业（因为在它们那里无固定期限条款的覆盖面可能大于年限等于 10 的企业），但雇佣人数的实际变化却表现为年限大于 10 的企业雇佣人数增加大于年限等于 10 的企业。可能有两方面原因导致这一结果。首先，尽管年限大于 10 的企业无固定期限条款覆盖面可能大于年限等于 10 的企业，但由于其被无固定期限劳动合同条款覆盖的员工中相当部分可能已经（在 2008 年）签署，导致它在 2009 年面对无固定期限劳动合同条款时只涉及增量部分，因此所受冲击未必大于年限为 10 的企业。其次，年限大于 10 的企业在 2008 年已经经历了该条款的冲击，可能对其影响已经较为熟悉或掌握了应对之策，不至于仓促应对，从而 2009 年雇佣水平增加量受到的影响相对较小，而年限等于 10 的企业因为首次面对冲击而无经验可以借鉴，可能高估其影响，导致其雇佣水平增加量受到的影响较大。

二、民营企业生产人员雇佣水平变化情况

与总雇佣人数的变化相似，生产人员雇佣人数的变化也呈现出和《劳动合同法》的预期影响一致的现象。表 5-1 的第二栏显示，尽管整体而言 2009 年民营企业生产人员雇佣人数相比 2007 年有所增加，但这种增加在不同年限的企业间表现出明显差异。2009 年时年限为 10 的企业生产人员雇佣水平与 2007 年相比不仅没有增加，反而有所降低（尽管降幅不大，仅为约 2.4%），但与之形成鲜明对比的是，同期邻近年限的企业生产人员雇佣水平均有所上升（年限为 6、7、8 和 9 的企业生产人员雇佣人数分别增长了 12.9%、13.4%、5.2% 和 2.9%，年限为 11、12 和 13 的企业生产人员雇佣人数分别增长了 5.9%、13% 和 13.1%）。不同年限民营企业生产人员雇佣人数变化所呈现的差异，既与企业总体雇佣人数变化上的表现相似，也与企业年限和《劳动合同法》无固定期限条款法律效力的关系以及基于这种关系对不同年限企业雇佣水平在《劳动合同法》实施前后的变化的预期相符。

为了进一步了解不同年限民营企业生产人员雇佣情况的变化与前文提出的企业年限和《劳动合同法》无固定期限劳动合同条款法律效力间的关系所存在的相关性，可以依企业年限将所有企业分成三种类型，即年限小于 10 的企业、年限等于 10 的企业和年限大于 10 的企业。表 5-2 给出了三类企业雇佣生产人员的变化情况。

表 5-2　三类企业的生产人员雇佣人数及其变化情况　　　　单位：人

企业年限	观测值	变化		水平	
		均值	标准差	均值	标准差
所有年限	1004	34	348	536	1261
小于 10	432	32	202	351	777
等于 10	59	−8	246	348	582
大于 10	508	25	365	675	1437

注：为了产生雇佣人数的变化值，限定为年限大于 2 的企业。部分企业可能只报了一次值，因此水平度量和变化度量时的观测值可能略有差异，表中的观测值指水平度量时的观测值。

表 5-2 表明，2009 年民营企业生产人员雇佣水平相比 2007 年总体有明显增

加，平均增加量为 34.14 人，平均增加幅度约为 6.5%，但三类企业表现相差甚大。年限等于 10 的企业生产人员雇佣水平不但没有上升，反而出现了轻微的下降，下降的量为-7.71（剔除了异常企业）；年限大于 10 的企业生产人员雇佣水平尽管没有下降，但增加幅度较小，仅为 3.77%，而年限小于 10 的企业生产人员雇佣水平增加趋势最为明显，雇佣人数增加了约为 9.1%。三类企业在生产人员雇佣人数变化上的表现和基于企业年限与《劳动合同法》无固定期限劳动合同条款法律效力之间的关系所作的预期一致。

因此，无论从企业具体年限还是从简单地划分为三类企业看，民营企业生产人员雇佣人数的变化都表现出某种和《劳动合同法》预期影响一致的特殊性。不过，正如前文所言，这种特殊性也可能是由于其他原因所致，如年限为 10 的企业正好集中在某些特殊的地区或特殊的行业，而这些产业或地区正好处于产业衰退期或是经济形势不如其他行业或地区。并且，由于《劳动合同法》预期影响下企业雇佣水平下降的现象在多数企业中并未出现，他们的平均雇佣水平不降反升（这可能是由于经济增长更快或产业扩张等因素），因此要将上述现象或特殊性直接归因于《劳动合同法》的影响需要谨慎对待，至少下结论之前有必要对其他因素进行控制。

三、民营企业工程技术人员雇佣水平变化情况

民营企业雇佣工程技术人员人数的变化与生产人员相似。表 5-1 第三栏给出了不同年限民营企业的工程技术人员雇佣人数变化情况。从整体上看，工程技术人员雇佣人数表现出明显的增加趋势，尽管增加量大体要比生产人员增加量小，这可能和后者基数更大有关。如果考虑到基数问题，企业雇佣工程技术人员人数的增加幅度总体比生产人员大。在总雇佣水平以及生产人员雇佣人数变化上发现的特殊现象在工程技术人员这里也存在。尽管年限为 10 的企业工程技术人员有明显增加（上升幅度为约 8.68%），但和邻近年限的企业相比仍然表现特殊，年限小于 10 的企业（如 6、7、8、9，分别增长了 17.28%、18.26%、16.34%、15.67%）和年限大于 10 的企业（如 11、12、13、14，分别增长了 3.78%、24.72%、24.84%、11.46%）雇佣工程技术人员人数的增加量均远超年限为 10 的企业（年限为 11 的企业例外）。因此，从整体上看，不同年限企业工程技术人员雇佣人数的变化情况与基于企业年限和《劳动合同法》无固定期限劳动合同条款法律效力之间关系所作的预期基本一致。

为进一步考察不同年限民营企业工程技术人员雇佣人数变化的差异和《劳动合同法》的关系，接下来也将民营企业依企业年限分为三类，表5-3给出了三类企业雇佣工程技术人员的基本情况。

表5-3　三类企业的工程技术人员雇佣人数及其变化情况　　　　单位：人

企业年限	观测值	水平		变化	
		均值	标准差	均值	标准差
所有年限	1215	85	195	14	62
小于10	510	63	157	10	39
等于10	76	66	1201	7	21
大于10	625	106	227	18	78

注：同表5-2。

从表5-3可以看出，和生产人员雇佣水平变化与《劳动合同法》预期一致略有不同，三类企业工程技术人员雇佣人数的变化大体表现为年限等于10的企业工程技术人员增加量最小，其次为年限小于10的企业，而年限大于10的企业工程技术人员增加量最大，即便考虑工程技术人员的雇佣基数也是如此（年限等于10的企业工程技术人员雇佣人数增幅为10.6%，年限小于10的企业为15.9%，年限大于10的企业增幅为17%）。尽管年限等于10的企业工程技术人员雇佣人数增加最少并符合预期，但年限小于10的企业增幅反而不及年限大于10的企业则不符合预期，理论上，年限小于10的企业受无固定期限劳动合同条款约束小，因而它们雇佣工程技术人员数量的增幅应该大于年限大于10的企业（受无固定期限劳动合同条款约束大）。不过，由于表5-3仅为简单的统计描述，最终结论还需考虑其他因素的影响。

四、民营企业服务人员雇佣水平变化情况

表5-4列出了不同年限民营企业服务人员雇佣人数的变化情况（第一栏）。尽管和2007年相比，服务人员的雇佣量总体趋于上升，但雇佣人数上升量依企业年限呈现出一定差异，大致表现为年限小的企业服务人员雇佣量增加相对较少而年限大的企业服务人员雇佣量增加相对较大，但年限为10的企业在年限为2~17的企业中增加量最小。值得注意的是，邻近年限（年限为7~9和年限为11~

13）的企业雇佣服务人员人数的增加量均依年限而呈现出递增趋势，但这种趋势在年限为10的企业那里被打断。年限为10的企业所展现出的这种特殊性与前文在其他人员上发现的结论非常相似，也与企业年限和无固定期限劳动合同条款法律效力之间的关系以及基于这种关系所作的预期基本相符。但由于在年限为14的企业和年限为18的企业处也出现了类似情况，这似乎表明要把上述特殊性归因于与企业年限可能存在关联的无固定期限劳动合同条款的法律效力差异时需要慎重。

表5-4　不同年限民营企业的服务人员、一般行政人员和管理人员雇佣人数的变化情况

单位：人

企业年限	服务人员			一般行政人员			管理人员		
	观测值	均值	标准差	观测值	均值	标准差	观测值	均值	标准差
2	17	9.47	14.04	24	7.42	12.73	28	6.75	16.26
3	24	21.88	48.10	28	5.32	13.57	29	2.72	7.00
4	42	20.31	87.23	47	9.62	30.99	48	6.60	16.94
5	49	14.57	41.91	60	3.58	9.36	61	3.97	7.27
6	78	28.13	164.65	99	1.92	32.31	102	4.10	9.06
7	81	17.48	68.34	97	1.21	17.09	98	2.93	8.85
8	79	25.25	110.62	106	4.16	23.95	106	4.41	20.15
9	72	53.56	256.51	90	13.51	75.86	89	5.81	26.98
10	58	1.66	88.06	81	8.01	39.19	83	0.76	17.34
11	96	22.38	93.79	112	8.70	19.41	116	6.62	26.02
12	59	36.20	92.50	75	8.40	30.32	75	6.97	17.76
13	60	42.63	202.37	61	8.39	29.25	62	3.52	11.98
14	56	8.25	43.52	64	6.20	41.67	63	6.30	13.42
15	57	67.96	656.50	65	14.66	82.28	66	11.39	38.59
16	59	27.39	156.38	64	7.80	24.84	64	5.14	13.09
17	28	55.68	317.61	37	16.43	71.20	40	1.18	15.77
18	18	-26.00	141.23	18	-5.11	25.38	19	21.26	42.64

注：剔除了个别异常值。

同样，鉴于服务人员雇佣量与企业年限的关系及企业年限与《劳动合同法》预期影响的关系，可以将企业分为年限小于10、年限等于10和年限大于10的三

类企业。表5-5给出了服务人员的雇佣人数在三类企业的变化情况。从数据可以看出，年限等于10的企业服务人员人数增加量最少（仅为3.17人），年限大于10的企业服务人员雇佣人数增加幅度小于年限小于10的企业，这符合基于企业年限与无固定期限合同条款法律效力之间的关系对不同年限的企业服务人员雇佣人数变化的预期（尽管年限大于10的企业服务人员雇佣人数变化量的绝对值略大于年限小于10的企业）。

表5-5 三类企业的服务人员雇佣人数及其变化情况 单位：人

企业年限	观测值	水平		变化	
		均值	标准差	均值	标准差
所有年限	1075	187	669	28	208
小于10	444	120	417	26	139
等于10	63	125	234	3	88
大于10	561	191	481	28	151

注：同表5-2。

五、民营企业一般行政人员雇佣水平变化情况

表5-4的第二栏给出了不同年限民营企业在雇佣一般行政人员方面的变化情况，从中可以看出，一般行政人员雇佣人数的变化情况和其他几类人员表现出明显不同，它在企业年限上并未有明显的规律性。总体来看，尽管年限为10的企业一般行政人员雇佣人数的增加量小于年限为9的企业，但却比年限为7或8的企业大，不过，年限为10的企业一般行政人员雇佣人数的增加确实比年限大于10的邻近年限的企业小（尽管差距并不明显），这和基于企业年限与无固定期限劳动合同条款法律效力之间的关系对不同年限的企业一般行政人员雇佣人数在《劳动合同法》实施前后的变化的预期大体相符。

表5-6给出了按照三类企业划分得到的一般行政人员雇佣人数的变化情况。三类企业一般行政人员雇佣人数的变化量均较小，且未出现类似前面几类人员的特殊性，在这里，一般行政人员雇佣人数变化量与企业年限之间似乎存在某种正向联系，增加量最小的是年限小于10的企业，其次是年限等于10的企业，而年限大于10的企业增加量最大。

表 5-6 三类企业的一般行政人员雇佣人数及其变化情况　　单位：人

企业年限	观测值	水平		变化	
		均值	标准差	均值	标准差
所有年限	1291	82	239	11	69
小于 10	545	49	127	5	38
等于 10	84	67	161	8	39
大于 10	658	112	306	16	88

注：同表 5-2。

六、民营企业管理人员雇佣水平变化情况

不同年限民营企业在雇佣管理人员方面的变化呈现出与预期一致的特殊规律，表 5-4 第三栏给出了企业管理人员雇佣人数的变化情况。从中可以看出，年限为 10 的企业表现特殊，尽管他们雇佣管理人员人数有所增加（增幅约为 1.81%），但增幅远低于邻近年限的企业（年限为 6、7、8、9 的企业管理人员雇佣人数增幅约为 17.45%、14.93%、16.31%、14.69%，年限为 11、12、13、14 的企业管理人员雇佣人数增幅约为 15.79%、13.96%、4.80%、14.04%），不同年限的企业管理人员雇佣人数在《劳动合同法》实施前后的变化大体符合基于企业年限与无固定期限劳动合同法律效力之间的关系所产生的预期。

表 5-7 给出了依年限划分得到三类企业的管理人员雇佣人数的变化情况，显然，年限为 10 的企业雇佣管理人员人数增加量最少，年限大于 10 的企业管理人员雇佣人数增加量多于年限小于 10 的企业，这主要是因为年限为 25 的企业表现异常，将其剔除后二者差距不足 1 人，如果再考虑基数的差别，则年限小于 10 的企业管理人员雇佣人数的增幅大于年限大于 10 的企业，这和《劳动合同法》无固定期限劳动合同条款的法律效力依企业年限存在差异基本观点以及由此而对不同年限企业管理人员雇佣人数的变化所作的预期一致。

表 5-7 三类企业的管理人员雇佣人数及其变化情况　　单位：人

企业年限	观测值	水平		变化	
		均值	标准差	均值	标准差
所有年限	1308	45.21	104.21	6.31	44.71

企业年限	观测值	水平		变化	
		均值	标准差	均值	标准差
小于 10	553	29.55	47.14	4.37	16.30
等于 10	85	33.91	61.15	0.76	17.34
大于 10	666	59.85	136.32	9.47	56.75

注：同表 5-2。

　　从上述分析可以看出，民营企业总雇佣水平及各类人员雇佣水平的变化依企业年限呈现出的规律和现象大体和基于企业年限与无固定期限劳动合同条款法律效力之间的关系所产生的认识一致，理论上可能受《劳动合同法》无固定期限劳动合同条款冲击最大的企业（即年限为 10 的企业）的雇佣水平变化在实际中确实展现出符合预期的特殊性。不过要从中得出有价值的结论还需要对其他因素进行控制，以避免上述现象是其他因素所致（如行业或地区等因素）。为此，下节将尝试对其他因素进行控制，以明确企业雇佣水平在不同年限的企业之间所呈现的差异与《劳动合同法》之间的相关性。

第三节　基于企业年限与无固定期限劳动合同条款法律效力之间关系的回归分析

　　第二节表明，《劳动合同法》实施前后民营企业雇佣人数增加量大体表现为年限等于 10 的企业最小，年限大于 10 的企业次之，而年限小于 10 的企业最大。这种特殊现象符合企业年限与无固定期限劳动合同条款法律效力之间的关系及基于这种关系产生的预期。但它也可能是其他特殊原因所致，如年限为 10 的企业可能正好集中于某些行业，这些行业在《劳动合同法》实施后正好处于相对更加不景气的状态。为了确认上述特殊现象与《劳动合同法》之间的相关性，接下来尝试借助回归分析对其他因素进行控制。

　　本节采用的回归分析有两类，一类是以企业年限作为解释变量。根据前文对民营企业年限与无固定期限劳动合同条款法律效力之间关系的分析，可以预期解释变量的系数为负。但该解释变量实际上只是体现了民营企业雇佣人数的变化量与企业年限之间的相关性，企业年限也可能在《劳动合同法》之外通过其他渠道影响民营企业雇佣水平变化。例如，随着企业年限的增长，民营企业的人员与资产规模在增加，企业的经营与管理理念在日趋完善与成熟，这又使企业年限回归系数的符号变得不确定。尽管如此，以此得到的结果仍然有价值，由于加入了其他控制变量，如果企业年限回归系数估计值的符号为负，这表明在控制了其他因素特征后，成立年限长的企业其雇佣规模增加量相对较小，成立年限短的企业其雇佣规模增加量大，这大体上和基于上述条款所作的预期相符。第二类回归则旨在对第一类回归得到的关系做进一步确认。它以基于企业年限而设立的定序变量作为解释变量。如果第一类回归得到了符合（至少不违背）预期的结果，那么通过设置更能体现《劳动合同法》的影响的特殊性定序变量，可以进一步强化企业雇佣水平变化与该法之间的相关性。根据前文的分析，采用式（2-11）为本节的基本回归模型。

$$\Delta l_d = \alpha + \gamma' \times \Delta a_0 + \sum \delta \times \mathcal{X} + \varepsilon \qquad (2-11)$$

其中，表示就业保护水平变化情况的 Δa_0 在这里分别以上述反映《劳动合同法》实施后企业实际感受到的法律效力的两类解释变量代替。

接下来以民营企业不同人员雇佣量的变化为解释变量分析劳动合同法的影响。

一、民营企业总雇佣水平变化量

为了明确企业雇佣水平的变化依企业年限展现出来的特殊现象和《劳动合同法》之间的关系，有必要控制那些可能影响企业雇佣水平变化的其他因素，如企业所属行业，这样做的目的是控制行业因素给企业雇佣变化带来的干扰。表5-8给出了加入控制变量后由回归分析得到的结果，其中第（1）列~第（4）列的解释变量为企业年限，第（5）列~第（8）列的解释变量为定序变量。

表5-8 以企业雇佣总水平的变化量为被解释变量得到的回归结果

变量	被解释变量：企业雇佣人数变化量							
	（1）	（2）	（3）	（4）	（5）	（6）	（7）	（8）
企业年限	-5.37** (-3.28)	-4.85** (-3.02)	-4.67** (-2.83)	-4.67** (-3.14)				

变量	被解释变量：企业雇佣人数变化量							
	（1）	（2）	（3）	（4）	（5）	（6）	（7）	（8）
定序变量					37.25	46.57	53.10*	53.10
					(1.54)	(1.87)	(2.05)	(1.91)
雇佣规模	0.14***	0.11***	0.12***	0.12***	0.14***	0.11***	0.11***	0.11***
	(17.09)	(12.34)	(12.18)	(5.15)	(16.76)	(12.11)	(12.03)	(4.96)
工资1	-12.58	-8.63	-11.31	-11.31	-10.76	-6.57	-10.34	-10.34
	(-0.53)	(-0.37)	(-0.46)	(-0.51)	(-0.45)	(-0.28)	(-0.42)	(-0.45)
工资2	11.93	30.73	34.33	34.33	10.94	30.90	35.87	35.87
	(0.55)	(1.43)	(1.56)	(1.07)	(0.5)	(1.43)	(1.62)	(1.16)
工资3	48.75	25.17	33.98	33.98	50.30	26.86	32.24	32.24
	(1.44)	(0.7)	(0.9)	(1.03)	(1.47)	(0.74)	(0.85)	(0.95)
工资4	-37.83	-20.45	-27.95	-27.95	-37.86	-21.07	-27.84	-27.84
	(-1.04)	(-0.59)	(-0.77)	(-0.36)	(-1.03)	(-0.60)	(-0.76)	(-0.36)
工资5	-45.43	-72.07*	-75.92*	-75.92	-45.47	-72.68*	-74.70*	-74.70
	(-1.27)	(-2.00)	(-2.03)	(-1.31)	(-1.27)	(-2.00)	(-1.98)	(-1.28)
固定资产	-0.00	-0.00	-0.00	-0.00	-0.00	-0.00	-0.00	-0.00
	(-0.55)	(-0.26)	(-0.21)	(-1.18)	(-0.49)	(-0.27)	(-0.25)	(-1.38)
GDP 指数		41.64	48	48		28.88	39.71	39.71
		(0.37)	(0.41)	(0.4)		(0.25)	(0.33)	(0.36)
常数项	312.50**	372.10*	374.20*	374.20*	179.50	244.20	241.30	241.30
	(3.08)	(2.15)	(2.03)	(2.37)	(1.71)	(1.38)	(1.28)	(1.49)
H1	—	—	有	有	—	—	有	有
N	591	406	405	405	592	406	405	405

注：括号内为 t 值；***、**、*分别代表在 0.1%、1%、5% 的显著性水平。第（4）列、第（8）列采用稳健标准误，并考虑了地区水平上的聚类效应，其余各列采用的是回归标准误。工资 1 表示服务人员工资，工资 2 表示生产人员工资，工资 3 表示工程技术人员工资，工资 4 表示一般行政人员工资，工资 5 表示管理人员工资。由于加入的工资变量较多，为了降低异方差性，工资采用了对数工资的形式。H1 表示行业虚拟变量。

表 5-8 中的第（1）列在所对应的回归模型中加入了部分企业特征作为控制变量，包括企业雇佣水平、各类人员的工资和固定资产的规模等。企业年限回归系数估计值为负，并在 1% 的置信水平上显著。即成立年限长的企业（它们受无

固定期限劳动合同条款的影响可能较大）的员工雇佣人数增加量要少于成立年限短的企业，高一成立年限的企业员工雇佣人数增加量比低一成立年限的企业少约5.37 名。第（2）列在第（1）列的基础上添加了既能在一定程度上体现经济增长形势又能控制地区特征差异及反映需求的 GDP 指数作为控制变量。尽管加入 GDP 指数后企业年限的估计结果有所下降，但符号和统计显著性维持不变。第（3）列则是进一步加入了用于控制行业特征的虚拟变量，此时，企业年限的回归系数估计值略有下降，但仍然维持符号不变。第（4）列则将回归标准误改为考虑了地区聚类效应的稳健标准误，这也没有改变原来的结果，企业年限回归系数估计值维持不变（统计显著性有所提高），即在控制了各类因素后，不同年限的企业员工雇佣增加量方面仍存在显著差异，高一成立年限的企业员工雇佣增加量比低一成立年限的企业少 4.67 人。企业年限和员工雇佣增加量之间的负向关系大体上和基于企业年限与《劳动合同法》无固定期限条款法律效力之间的关系所产生的预期一致，即成立年限长的（即该条款法律效力大）企业员工增加量比成立年限短的企业（即该条款法律效力小）少。不过它也可能是和企业年限相关的其他未知因素所致。但根据前文的分析，与其他未知因素相比，《劳动合同法》法律效力与企业年限之间关系的特殊性在于它可能会使年限为 10 的企业受到更大的影响，使它们的雇佣人数增加量更少，而这种特殊性尚未有其他因素的相关记载。为此，接下来重点确认这种特殊性是否存在。

确认方式是将回归模型中的解释变量由企业年限替换为依企业年限而设置的定序变量，该定序变量的具体设置是，当企业年限为 10 时，取值为 0；当企业年限大于 10 时，取值为 1；当企业年限小于 10 时，取值为 2。如果《劳动合同法》确实对年限为 10 的企业产生了最大的影响，而对年限大于 10 的企业影响次之，对年限小于 10 的企业影响最小，则可以预期该定序变量回归系数估计值将为正。表 5-8 的第（5）列~第（8）列给出了相关估计结果，模型基本设置与第（1）列~第（4）列对应。第（7）列表明，在控制了其他因素后，定序变量的回归系数获得了符合预期的结果，回归系数估计值[①]为正并在 5% 的置信水平上显著。但如果将标准误调整为考虑了聚类效应的标准误，尽管回归系数估计结果维持不变，但统计显著性有所下降，此时在 10% 的置信水平上显著（见第（8）列）。

---

① 定序变量的回归系数的估计值为 53 左右，大于企业年限为解释变量时的估计值，但二者不能直接比较。

鉴于表5-8中将各类人员的工资简单并列加入到控制变量行列中可能存在的问题，本书尝试用能综合反映企业工资成本的指标进行替换，如由人工成本除以雇佣人数得到的人均用工成本。但这种替换不会改变模型的基本结论，即在控制了上述特征后，企业雇佣水平的变化仍展现出符合《劳动合同法》预期影响的规律性，即年限小的企业雇佣水平增加量大，年限大的企业雇佣水平增加量小，而年限为10的企业雇佣水平增加量最小。企业雇佣水平变化依企业年限展现出的特殊现象与企业年限与无固定期限劳动合同条款法律效力之间的关系一致，二者共同表明企业雇佣水平的变化可能和《劳动合同法》的实施存在密切关系。尽管上述分析并不构成严格的因果解释，但如果企业年限和无固定期限劳动合同条款法律效力之间的关系确实客观存在，那么在缺乏其他证据的前提下，根据上述现象不妨谨慎地认为是《劳动合同法》导致了年限不同的企业在雇佣水平变化方面的差异，在前文的假设下，或许可以认为企业雇佣水平受到了《劳动合同法》的不利影响，且它依企业年限不同而存在差异，即成立年限长的企业受到的不利影响大，成立年限短的企业受到的不利影响小。如果上述影响确实存在，接下来考察它在不同人员中的分布情况。如果企业总雇佣水平的变化与企业年限之间展现的关系确实是《劳动合同法》的影响所致，那么接下来的分析旨在了解这种影响是由企业各类人员均匀承受，还是主要由部分人群来承担。

二、民营企业生产人员雇佣变化量

表5-9为以企业生产人员雇佣变化量为被解释变量的结果，其中，第（1）列~第（4）列解释变量为企业年限，第（5）列~第（8）列解释变量为定序变量，模型设置与表5-8相同。表5-9的第（1）列表明，当加入反映企业特征的变量如企业生产人员雇佣规模、企业生产人员工资和企业固定资产时，企业年限估计值为负。第（2）列在第（1）列的基础上加入了GDP指数作为控制变量，模型基本结论不变，企业年限回归系数估计结果有所上升。第（3）列添加了行业虚拟变量，第（4）列调整了回归标准误，估计结果表明，企业生产人员雇佣人数变化与企业年限的关系大体符合基于企业年限与《劳动合同法》无固定期限劳动合同条款法律效力之间关系所作的预期，即成立年限长的企业由于该条款法律效力大导致生产人员雇佣人数增加少，成立年限短的企业由于该条款法律效力小导致其生产人员雇佣人数增加多。平均而言，高一成立年限的企业生产人员雇佣增加量比低一成立年限的企业少3.6人左右，该结果在1%的置信水平上显

著。第（5）列表明，当以定序变量为解释变量时，在控制生产人员雇佣规模、企业生产人员工资和企业固定资产后定序变量的回归系数估计值为正，但不显著。第（6）列添加了 GDP 指数作为控制变量，第（7）列添加了企业的行业特征作为控制变量。第（8）列则对标准误考虑了地区聚类效应，此时定序变量回归系数估计值为正，且在 10% 的置信水平上显著，符合预期。因此，上节揭示的企业生产人员雇佣人数变化依企业年限而展现出的，和基于企业年限与《劳动合同法》无固定期限劳动合同条款法律效力之间的关系，所作的预期相一致的特殊现象在控制了其他因素后依然存在。

表 5-9 以企业生产人员雇佣人数变化量为被解释变量的回归结果

变量	被解释变量：企业生产人员雇佣人数变化量							
	（1）	（2）	（3）	（4）	（5）	（6）	（7）	（8）
企业年限	−2.38*	−3.55*	−3.60*	−3.60**				
	（−2.09）	（−2.36）	（−2.33）	（−3.89）				
定序变量					15.58	20.76	25.22	25.22
					（0.92）	（0.92）	（1.07）	（1.84）
雇佣规模	0.07***	0.03*	0.03*	0.03	0.07**	0.03*	0.03*	0.03
	（7.79）	（2.39）	（2.37）	（1.56）	（7.6）	（2.17）	（2.21）	（1.42）
生产人员工资	0.00***	0.00*	0.00*	0.00	0.00***	0.00**	0.00**	0.00
	（6.12）	（2.57）	（2.52）	（1.27）	（6.18）	（2.69）	（2.63）	（1.36）
固定资产净值	−0.00	−0.00	−0.00	−0.00	−0.00	−0.00	0.00	0.00
	（−0.18）	（−0.17）	（−0.08）	（−0.43）	（−0.07）	（−0.08）	（0.04）	（0.23）
GDP 指数		160.10	167.90	167.90		147.40	157.60	157.60
		（1.46）	（1.49）	（1.7）		（1.34）	（1.39）	（1.75）
常数项	22.36	−150.09	−196.60	−196.60	−27.59	−206.10	−260.00	−260.20*
	（1.27）	（−1.12）	（−1.34）	（−1.70）	（−1.06）	（−1.49）	（−1.71）	（−2.44）
行业虚拟变量	—	—	有	有	—	—	有	有
N	742	514	513	513	743	514	513	513

注：括号内为 t 值；***、**、* 分别代表在 0.1%、1%、5% 的显著性水平；第（4）列、第（8）列采用稳健标准误，并考虑了地区水平上的聚类效应，其余各列采用的是回归标准误。

另外，企业生产人员雇佣人数增加量作为被解释变量时，以企业年限和定序变量为解释变量所得到的回归系数估计值，都比用企业总雇佣水平增加量为被解释变量时的估计值小，如果上述雇佣人数增加量和企业年限之间的特殊关系确实来源于《劳动合同法》，那么，说明《劳动合同法》对生产人员雇佣水平的影响只是它对企业雇佣总水平影响的一部分，但也可能是最主要的部分，因为它贡献了总影响的约47%（依企业年限为解释变量的结果则为77%），但它也说明《劳动合同法》可能还对其他人员的雇佣产生了类似的负面影响。

三、民营企业工程技术人员雇佣变化量

表5-10给出了以企业工程技术人员雇佣人数变化量为被解释变量得到的结果，其中第（1）列~第（4）列以企业年限为解释变量，第（5）列~第（8）列以定序变量为解释变量，模型设置与表5-9基本相同，但定序变量的设置进行了调整。根据上节内容，定序变量设置调整为：当企业年限为10时，取值为0；当企业年限小于10时，取值为1；当企业年限大于10时，取值为2。从回归结果看，以企业年限或定序变量作为解释变量时，模型均得到了符合预期的结果。首先，当采用企业年限为解释变量时，第（1）列~第（4）列表明，在控制了各种因素后，企业年限和企业工程技术人员雇佣人数增加量之间存在负向关系，即总体来看，成立年限长的企业比成立年限短的企业工程技术人员雇佣人数增加少，这符合基于企业年限与无固定期限劳动合同条款法律效力之间关系对企业雇佣人数变化差异所作的预期，该结果在1%的置信水平上显著。其次，当采用定序变量为解释变量时，第（5）列~第（8）列表明，在控制了其他因素后，上节所得到的工程技术人员雇佣变化在三类企业间呈现的关系依然存在，即年限为10的企业工程技术人员雇佣增加量最小，而年限小于10的企业次之，年限大于10的企业增加量最大。虽然不清楚年限大于10的企业其增加量为何大于年限小于10的企业，但年限等于10的企业工程技术人员增加量最小却符合预期。

表5-10 以工程技术人员雇佣人数变化为被解释变量的回归结果

变量	被解释变量：工程技术人员雇佣人数的变化量							
	（1）	（2）	（3）	（4）	（5）	（6）	（7）	（8）
企业年限	-0.39**	-0.45**	-0.42**	-0.42**				
	(-3.09)	(-3.04)	(-2.79)	(-2.83)				

续表

变量	被解释变量：工程技术人员雇佣人数的变化量							
	（1）	（2）	（3）	（4）	（5）	（6）	（7）	（8）
定序变量					3.15 （1.85）	3.90 （1.9）	4.10* （1.97）	4.10 （1.88）
雇佣规模	0.21*** （34.37）	0.20*** （27.02）	0.21*** （26.98）	0.21*** （7.12）	0.21*** （30.21）	0.22*** （27.3）	0.22*** （26.9）	0.22*** （6.9）
工程技术 人员工资	0.00*** （5.33）	0.00 （1.39）	0.00 （1.3）	0.00 （0.78）	0.00*** （6.11）	−0.00 （−1.17）	−0.00 （−1.35）	−0.00 （−1.98）
固定资产 净值	−0.00 （−0.16）	−0.00 （−0.07）	0.00 （0.04）	0.00 （0.15）	−0.00 （−0.13）	−0.00 （−0.19）	−0.00 （−0.31）	−0.00 （−1.24）
GDP 指数		−8.67 （−0.88）	−8.25 （−0.83）	−8.25 （−1.00）		−3.90 （−0.38）	−3.80 （−0.37）	−3.80 （−0.52）
常数项	0.88 （0.48）	12.10 （1.01）	13.50 （1.02）	13.50 （1.33）	−7.17** （−2.89）	−3.33 （−0.26）	−2.21 （−0.16）	−2.21 （−0.26）
H1	—	—	有	有	—	—	有	有
N	874	595	594	594	572	386	385	385

注：括号内为 t 值；***、**、* 分别代表在 0.1%、1%、5% 的显著性水平；第（4）列、第（8）列采用稳健标准误，并考虑了地区水平上的聚类效应，其余各列采用的是回归标准误。H1 表示行业虚拟变量。第（5）列~第（8）列限定了年限介于 4~15。

　　不同年限的企业在工程技术人员雇佣人数变化上的差异不及总雇佣水平差异的 8%（以定序变量为解释变量的情形），远不及生产人员的情形。如果企业年限或依企业年限设置的定序变量回归系数估计值确实反映了与企业年限相关的无固定期限劳动合同条款法律效力差异所产生的影响，则该结果可能说明《劳动合同法》对生产人员雇佣人数变化量和工程技术人员雇佣人数变化量影响的关系大致是 8.6∶1（以企业具体年限为解释变量），即生产人员受到的影响远大于工程技术人员，即便考虑到两类人员雇佣水平基数的差异，也是如此。不过，生产人员及工程技术人员雇佣人数变化的差异之和也仅约占总雇佣水平变化差异的 55%（按定序变量为解释变量时的结果），如果上述差异的确属于《劳动合同法》的影响所致，那这说明《劳动合同法》还对企业内部其他类人员的雇佣情况产生了影响。

四、民营企业服务人员雇佣变化量

表5-11给出以服务人员雇佣人数变化量为被解释变量的回归结果，其中第（1）列~第（4）列解释变量为企业年限，第（5）列~第（8）列解释变量为定序变量，模型设置与表5-9相同。第（1）在回归模型中加入了部分企业特征为控制变量，此时企业年限的回归系数估计值为负，第（2）列和第（3）列依次加入了GDP指数和行业虚拟变量作为控制变量，第（4）列则将标准误调整为考虑了地区聚类效应的标准误，此时企业年限的估计仍然为负，但在10%的置信水平上显著。因此，仍可认为不同年限企业服务人员雇佣人数变化量存在显著差异，成立年限长的企业其服务人员雇佣人数增加量低于成立年限短的企业，符合预期。第（5）列~第（8）列的解释变量为定序变量，该定序变量的设置与表5-9相同。在加入一系列控制变量并对标准误考虑了地区聚类效应后，第（8）列的结果显示，定序变量的回归系数估计值为正，说明上节揭示的服务人员雇佣人数变化量依企业年限呈现的特殊现象在控制了其他因素后依然存在，即成立年限小于10的企业增加量最多，成立年限大于10的企业次之，成立年限为10的企业服务人员雇佣人数增加量最少，该结果在5%的置信水平上显著。

表5-11 以服务人员雇佣人数变化为被解释变量的回归结果

变量	被解释变量：服务人员的雇佣人数的变化量							
	（1）	（2）	（3）	（4）	（5）	（6）	（7）	（8）
企业年限	-0.71	-0.87	-0.80	-0.80				
	（-1.15）	（-1.76）	（-1.57）	（-1.98）				
定序变量					12.10	19.37**	18.54*	18.54*
					（1.42）	（2.71）	（2.53）	（2.22）
雇佣规模	0.22***	0.21***	0.21***	0.21***	0.22***	0.21***	0.21***	0.21***
	（31.75）	（20.3）	（19.57）	（5.89）	（31.79）	（20.41）	（19.66）	（5.96）
服务人员工资	0.00**	-0.00***	-0.00***	-0.00	0.00**	-0.00***	-0.00***	-0.00
	（2.99）	（-4.84）	（-4.87）	（-1.80）	（2.98）	（-4.75）	（-4.79）	（-1.80）
固定资产	-0.00	-0.00	-0.00	-0.00**	-0.00	-0.00	-0.00	-0.00*
	（-0.65）	（-0.84）	（-0.85）	（-2.82）	（-0.64）	（-0.82）	（-0.82）	（-2.74）
GDP指数		9.92	10.03	10.03		8.48	9.48	9.48
		（0.3）	（0.3）	（0.32）		（0.26）	（0.28）	（0.3）

变量	被解释变量：服务人员的雇佣人数的变化量							
	（1）	（2）	（3）	（4）	（5）	（6）	（7）	（8）
常数项	−3.74 （−0.41）	−10.71 （−0.27）	1.77 （0.04）	1.77 （0.05）	−28.83* （−2.27）	−46.13 （−1.12）	−32.07 （−0.71）	−32.07 （−0.71）
H1	—	—	有	有	—	—	有	有
N	757	516	515	515	758	516	515	515

注：括号内为 t 值；＊＊＊、＊＊、＊分别代表在 0.1%、1%、5% 的显著性水平；第（4）列、第（8）列采用稳健标准误，并考虑了地区水平上的聚类效应，其余各列采用的是回归标准误。H1 表示行业虚拟变量。

如果企业年限或依企业年限设置的定序变量的估计结果切实反映了与企业年限密切相关的无固定期限合同条款法律效力差异带来的影响差异，那么，该估计值的大小似乎表明企业服务人员雇佣人数受到的影响介于生产人员和工程技术人员之间。当把生产人员、工程技术人员和服务人员汇总在一起时，它们能够解释不同年限的企业总雇佣水平变化差异的约 90%（以定序变量为解释变量时的情形）。因此，如果上述差异确实是劳动合同法的影响所致，那么，这似乎表明企业内部仍有其他人员受到了《劳动合同法》的影响。

五、民营企业一般行政人员雇佣变化量

表 5-12 是以一般行政人员雇佣变化量为被解释变量的回归结果，其中第（1）列~第（4）列的解释变量为企业年限，第（5）列~第（8）列的解释变量为定序变量，模型设置与表 5-9 相同。第（1）列对应的回归模型中仅加入了企业特征作为控制变量，此时解释变量的回归系数估计值为负，并且该估计值在 5% 的置信水平上显著。第（2）列加入了 GDP 指数作为控制变量，此时尽管企业年限回归系数估计值仍然为负，但估计值明显下降，第（3）列加入了行业特征作为控制变量，第（4）列则对标准误考虑了地区聚类效应，企业年限回归系数估计值进一步下降。第（5）列的解释变量为定序变量，模型中加入了企业特征为控制变量，此时定序变量的回归系数估计值为正，但不显著。第（6）列~第（8）依次加入了 GDP 指数和行业特征及对标准误考虑地区聚类，尽管定序变量回归系数估计结果依然为正，但统计显著性维持不变。因此，以定序变量为解释变量得到的回归结果并没有改变以企业年限为解释变量的结果，二者在结论上

保持了一致，即未发现不同年限的企业在一般行政人员雇佣人数变化上的明显差异。

表 5-12　以一般行政人员雇佣人数变化量为被解释变量得到的回归结果

变量	解释变量：一般行政人员雇佣人数变化量							
	（1）	（2）	（3）	（4）	（5）	（6）	（7）	（8）
企业年限	−0.36*	−0.12	−0.10	−0.10				
	（−1.98）	（−0.59）	（−0.47）	（−0.74）				
定序变量					2.43	1.50	1.46	1.46
					（0.96）	（0.52）	（0.5）	（0.57）
雇佣规模	0.23***	0.20***	0.20***	0.20**	0.23***	0.20***	0.20***	0.20***
	（39.83）	（21.85）	（21.83）	（3.64）	（39.78）	（22）	（21.97）	（3.66）
一般行政人员工资	−0.00***	−0.00***	−0.00***	−0.00*	−0.00***	−0.00***	−0.00***	−0.00*
	（−3.66）	（−4.53）	（−4.49）	（−2.43）	（−3.65）	（−4.49）	（−4.45）	（−2.42）
固定资产	0.00	0.00	0.00	0.00	0.00	0.00	0.00	0.00
	（0.17）	（0.11）	（0）	（0.01）	（0.15）	（0.11）	（0）	（0.04）
GDP 指数		−14	−13.25	−13.25		−14.33	−13.51	−13.51
		（−1.04）	（−0.97）	（−0.99）		（−1.06）	（−0.99）	（−1.03）
常数项	−3.42	13.19	13.32	13.32	−10.95**	10.11	10.47	10.47
	（−1.30）	（0.8）	（0.74）	（0.94）	（−2.84）	（0.6）	（0.56）	（0.62）
H1	—	—	有	有	—	—	有	有
N	970	653	652	652	971	653	652	652

注：同表 5-11。

　　如果企业年限与无固定期限条款法律效力之间的关系确实存在，上述结果有可能意味着《劳动合同法》无固定期限劳动合同条款依企业年限而展现的法律效力差异，没有对不同年限企业一般行政人员雇佣人数产生有差异的影响，这或许是因为《劳动合同法》没有对一般行政人员雇佣人数产生显著影响，又或许是因为《劳动合同法》法律效力的差异不会带来其影响上的差异，而在法律效力与影响程度正相关的假设下，前者更可能是原因所在，总之，上节所描述的一般行政人员雇佣人数变化量依企业年限而展现出的特殊现象可能和《劳动合同法》无关。

六、民营企业管理人员雇佣变化量

表 5-13 是以管理人员雇佣变化量为被解释变量的回归结果。其中第（1）列~第（4）列解释变量为企业年限，第（5）列~第（8）列解释变量为定序变量，模型设置与表 5-9 相同。第（1）列对应的回归模型以企业年限为解释变量，加入了企业特征作为控制变量，企业年限的回归系数估计值为负，第（2）列~第（4）列依次加入了 GDP 指数和行业特征作为控制变量及对标准误考虑了地区聚类效应，尽管此时估计结果略有上升，但在 10% 的置信水平上不显著。第（5）列~第（8）列的解释变量则为定序变量，该定序变量的设置与表 5-9 相同，因为尽管成立年限大于 10 的企业行政人员增加量比成立年限小于 10 的企业略多，但若考虑到基数差异，则三类企业的表现仍可描述为成立年限等于 10 的企业管理人员雇佣增加最少，成立年限大于 10 的企业次之，成立年限小于 10 的企业最多。第（5）列表明，当仅控制了企业特征，定序变量的估计结果符号为正时，该结果在统计上不显著。不过添加更多控制变量后情况似乎发生了变化，第（6）列~第（8）列依次在模型中加入了 GDP 指数和行业特征作为控制变量及对标准误进行了调整，此时定序变量回归系数估计值不仅有符合预期的符号，而且在 5% 的置信水平上显著。这似乎说明在控制了其他因素后，三类企业管理人员雇佣人数的变化大体上符合基于企业年限与《劳动合同法》无固定期限劳动合同条款法律效力之间的关系所作的预期，即成立年限小于 10 的企业管理人员增加量最多，成立年限大于 10 的企业次之，而成立年限等于 10 的企业最少。

表 5-13　以管理人员雇佣人数变化量为被解释变量得到的回归结果

变量	被解释变量：管理人员雇佣人数变化量							
	（1）	（2）	（3）	（4）	（5）	（6）	（7）	（8）
企业年限	-0.15	-0.28	-0.25	-0.25				
	(-1.01)	(-1.67)	(-1.43)	(-1.60)				
定序变量					1.89	5.46*	5.30*	5.30*
					(0.91)	(2.23)	(2.11)	(2.14)
雇佣规模	0.28***	0.37***	0.37***	0.37*	0.28***	0.37***	0.37***	0.37*
	(25.89)	(27.95)	(27.59)	(2.64)	(25.96)	(28.11)	(27.76)	(2.65)

续表

变量	被解释变量：管理人员雇佣人数变化量							
	（1）	（2）	（3）	（4）	（5）	（6）	（7）	（8）
管理人员工资	-0.00	-0.00*	-0.00*	-0.00	-0.00	-0.00*	-0.00*	-0.00
	（-1.28）	（-2.26）	（-2.32）	（-1.44）	（-1.26）	（-2.19）	（-2.27）	（-1.44）
固定资产	-0.00	-0.00	-0.00	-0.00	-0.00	-0.00	-0.00	-0.00
	（-0.17）	（-0.21）	（-0.23）	（-1.76）	（-0.17）	（-0.19）	（-0.20）	（-1.74）
GDP 指数		3.74	5.82	5.82		3.03	5.17	5.17
		（0.32）	（0.49）	（1.13）		（0.26）	（0.43）	（1.08）
常数项	-4.25	-10.19	-11.08	-11.08	-8.62**	-20.31	-20.53	-20.53*
	（-1.94）	（-0.72）	（-0.71）	（-1.59）	（-2.70）	（-1.38）	（-1.28）	（-2.22）
H1	—	—	有	有	—	—	有	有
N	975	663	662	662	976	663	662	662

注：同表 5-11。

　　不同年限的企业在生产人员、工程技术人员、服务人员和管理人员雇佣人数增加量上呈现的差异之和约占其总雇佣人数增加量差异的 100%。如果上述差异确实来自因企业年限不同导致的无固定期限劳动合同条款法律效力的差异，那么这似乎说明无固定期限劳动合同条款的影响主要涉及生产人员、工程技术人员、服务人员和管理人员，而不涉及一般行政人员。

第四节　本章小结

　　总体来看，《劳动合同法》实施前后企业雇佣水平发生了明显变化（除一般行政人员外），且这种变化在不同年限的企业间存在显著差异，该差异和基于企业年限与无固定期限劳动合同条款法律效力之间的关系所作的预期一致。尽管由于模型设置等方面的原因，不能从中直接得出有关因果关系的结论。不过，上述结果至少说明《劳动合同法》实施前后不同年限的企业其雇佣水平所发生的变化似乎包含着与《劳动合同法》预期影响相符的成分，如果企业年限与无固定期限劳动合同条款法律效力之间的关系确实存在，鉴于企业雇佣人数的变化在企业年限上呈现的特殊现象，在缺乏其他证据的前提下，或许不妨谨慎地认为正是该条款法律效力的差异导致了上述结果，它使成立年限长的企业雇佣人数增加量少，成立年限短的企业雇佣人数增加量多，而成立年限为 10 的企业雇佣人数增加最少，即它对企业雇佣水平产生了负面影响。

如果企业雇佣人数变化的差异确实是《劳动合同法》的影响所致，那么针对不同岗位人员的分析表明，这种影响并非均匀分配，不同人群受到的影响存在差异。总体而言，生产人员受到的影响最大，其次是服务人员，再次是工程技术人员，最后是管理人员，而一般行政人员则并未发现受到了显著的影响。但是，《劳动合同法》的上述影响似乎存在时效性，因为基于总雇佣水平的分析和基于不同岗位人员的分析都表明初次面临（无固定期限劳动合同条款）冲击的企业（成立年限为 10）受到了最大影响或做出了最强反应，成立年限大于 10 的企业所做的反应明显减弱，而成立年限大于 18 的企业雇佣人数增加量并不比成立年限小于 10 的企业少。或许这正如许多文献指出的那样，经历过这种冲击的企业对《劳动合同法》的认识会更加清晰和理性，又或者是它们懂得了如何去采取合适的措施。但无论如何，它似乎说明《劳动合同法》对企业雇佣水平的影响可能仅在短期存在，而在长期中将趋于消失。

不过需要指出的是，由于本章的分析是基于企业年限以及企业年限与无固定期限劳动合同条款法律效力之间的关系，因此，上述结果即便成立也仅限于《劳动合同法》通过该条款产生的影响。《劳动合同法》内容广泛，其他很多就业保护的相关条款都和企业年限没有直接关联，而它们可能也对企业雇佣水平产生了影响，要更全面衡量它的影响还需要另择他途。

第六章 基于法律落实的地区差异的分析

第五章基于民营企业年限与《劳动合同法》无固定期限劳动合同条款法律效力之间的关系探讨了不同成立年限民营企业雇佣水平的变化与《劳动合同法》之间可能存在的关联,但正如前文所指出的,由于模型设置等方面的原因,上述结果难以直接提供《劳动合同法》与民营企业雇佣水平之间的因果关系解释。并且正如前文所言,《劳动合同法》许多条款均涉及就业保护,无固定期限劳动合同条款只是其中之一。为此,本章立足于从更加全面的角度直接探索《劳动合同法》与民营企业雇佣水平变化之间的关系,并且试图在因果关系解释上能向前迈进一步。

正如第三章所述,《劳动合同法》在全国同时实施的局面导致不存在完全意义上的对照组和处理组,从而使识别《劳动合同法》对企业雇佣水平的因果关系非常困难。与此对应的是,我国地域辽阔,各地区经济发展水平和劳动力市场状况千差万别,这种差别也可能在《劳动合同法》的落实方面有所体现,问题在于如何识别出《劳动合同法》在各地区的落实情况。如果能识别出各地区在法律落实中的差异,正如第三章所指出的,可以通过设计出非严格的对照组和处理组来探索《劳动合同法》与各地区企业雇佣水平的变化之间的关系。

第一节 就业保护的地区落实环境

由于《劳动合同法》实行后需要人来落实(实际上,法律的落实通常是一项劳动密集型的工作),因此识别《劳动合同法》落实过程中的地区差异较直接的方法是考察各地区为落实《劳动合同法》而专门配备的人员、资金和设施情况。一般而言，更多的人力和物力有助于法律得到良好的贯彻实施。但尚没有地区公布了专门为《劳动合同法》而配备的人力和物力情况，实际上也不可能有这样的数据，因为不存在专门的《劳动合同法》执法部门，《劳动合同法》仍由原劳动法律法规执行部门落实，因此难以知晓各地区专门为它所配置资源的有关情况。《劳动合同法》的落实情况或许也可以从各地区在法律正式实施之前的官方公开表态或召开相关会议进行部署的情况进行考察，但是，在这些方面各地区并不存在明显区别，或者说至少这种区别无法在微观数据中识别出来，因为大部分地区都在 2007 年 12 月之前召开了相关会议并完成了相应部署。尽管难以通过上述较直接的方法来识别《劳动合同法》在各地区的落实差异，但或许存在一些能从侧面反映《劳动合同法》落实情况的指标可供使用。相比于直接的方式，这些指标在体现《劳动合同法》落实中的地区差异时或许更为间接，这也是退而求其次的无奈之举，但仍然希望这样的指标既和《劳动合同法》的落实情况存在密切联系，又具有较强的外生性，至少相对于《劳动合同法》的影响具有较强的外生性。

为此，首先，《劳动合同法》的主要执法部门和其他劳动法律法规的主要执法部门相同；其次，各地区的执法环境具有历史性，一以贯之，一般情况下短期内不会有明显改变。因此，各地区劳动法律法规的历史环境或许可以成为识别《劳动合同法》落实情况差异的因素或指标，因为：一是执法部门相同导致它们在执行《劳动合同法》与执行其他法律法规时可能存在相似性，它们执行其他法律法规的方式和态度影响着它们执行《劳动合同法》的方式和态度；二是由于其他劳动法律法规的出现早于《劳动合同法》，因此各地区执行其他劳动法律法规的历史环境相对于《劳动合同法》具有一定的客观性和外生性，尤其是当这种历史环境呈现出较好的稳定性时。因此，各地区落实其他劳动法律法规的历史数据或许可以作为判断它们落实《劳动合同法》的情况的现实参考。而实际上，企业和劳动者也会根据其他劳动法律法规的历史执行情况来判断《劳动合同法》的可能落实情况，历史环境好的地区的企业和劳动者有理由相信《劳动合同法》的落实情况也会较好，而历史环境差的地区的企业和劳动者也有理由相信《劳动合同法》会获得和其他法律一样的待遇而对其不抱希望，这就会导致不同地区的企业和劳动者对《劳动合同法》实施后的企业违法成本和劳动者维权成本形成新的合理预期，从而进一步影响企业和劳动者的决策。正是借助于这种预期，《劳动合同法》在地区落实上的差异才可能由理论可能性转变为实践现实性。真正的问题在于如何体现各地区执行劳动法律法规历史环境的差异，要找到精确的指标同样非常困难。各地区执法部门的配置情况或许能体现各地区在执行劳动法律法规时的历史环境，但可惜目前没有全国性的公开数据。由于无法从执法主体和执法过程的角度去了解各地区执行劳动法律法规的历史环境，那么对历史环境的认识就只能通过对执法结果的了解来进行，但必须认识到从结果而不是执法主体和执法过程的角度去了解历史环境具有较大的局限性，因为很多因素可能会对执法结果造成干扰（如选择性执法），关于这一点，下文将在介绍了用于判断历史环境的执法结果后进行详细阐述。

什么是体现劳动法律法规的执法结果的合适指标呢？在劳动力市场上，执法部门执法的常态并不是主动积极执法，而是在有主体主张自身权益的前提下进行执法，无论是调解还是裁决。除少数极端情形外，主体主张权益的行为通常是以劳动争议的形式展开，所以劳动法律法规的执法也常常是围绕劳动人事争议展开，案件的受理与解决机构包括劳动仲裁机构和人民法院。从这个角度看，用于判断劳动法律法规历史执法环境的执法结果或许可以用劳动人事争议或者劳动人事争议的解决情况来体现。因此，劳动法律法规执法部门的组织机构保障和人力资源与财政保证决定了案件的解决状况，案件解决情况好、案件结案率高的地区可能在执行劳动法律法规的组织机构保障充足，在人力物力上也投入了较多资源，或者它们具有良好的执法意愿来解决所发生的问题，可以被认为劳动法律法规落实的历史环境较好；同时，由于劳动者权益被侵犯时能较快地得到解决，导致劳动者权益不易被侵犯，许多潜在的问题往往消弭于萌芽之中，这将进一步提高结案率。相反，解决情况差、结案率低的地区可能在执行劳动法律法规的组织机构保障不充足，在人力物力上投入的资源较少，劳动法律法规落实历史环境差的地区案件解决情况也差、结案率低，或者它们根本就没有良好的意愿去解决出现的问题，可以被认为劳动法律法规落实的历史环境较差。

如果劳动法律法规落实的历史环境和劳动人事争议案件解决情况（结案率）之间的关系确实如上所述，那么由各地区的案件结案率很容易推知劳动法律法规落实的历史环境及《劳动合同法》可能的落实情况。如果甲地区的案件结案率持续比乙地区高，则甲地区的法律落实环境可能比乙地区好，可以预期甲地区在"未来"落实《劳动合同法》时的情况也会比乙地区好；反之亦然。从这个角度看，各地区历史上的劳动人事争议案件结案率的情况似乎可以作为预期《劳动合同法》落实情况好坏的外生指标，借助于它可以进一步考察该法在各地区落实情况的差异与企业雇佣水平变化差异之间的相关性。不过，正如前文所言，作为执法结果的案件结案率实际上受到很多复杂因素的影响，导致它与劳动法律法规历史环境之间的关系可能并不明朗。首先，劳动法律法规历史环境好的地区结案率会不会较低？执法环境好会给劳动者提供保护自身权益的更多机会，或许会使劳动者更轻易提起申诉或诉讼，从而降低劳动争议案件结案率。由此看来，导致各地区劳动人事争议案件结案率高低和劳动法律法规落实情况之间似乎并不存在先验的关系。但是，结案率的高低是攸关劳动者权益能否真正得到保护的重要事项，低案件结案率说明劳动者发起申诉或诉讼以维护自身利益需要等待很长时间甚至最终无法得到解决，此时，除了那些涉及重大利益的劳动争议或不计成本的劳动者，普通劳动者往往不愿意花费漫长时间和高昂代价（包括撰写文案、搜集证据、寻找同伴、了解法律甚至聘请律师，参与案件协调甚至案件的庭审）去发起一项申诉或诉讼[①]，从这个角度看，结案率低的地区难言劳动法律法规历史环境良好。落实情况良好的地区应该使劳动者的正当权益得到有效保障，而这显然只有在结案率高、劳动者维权成本低的前提下才能实现。Ahsan 和 Pages（2009）对印度的研究认为，争议解决情况的区别对保护机制在各地区所形成的实际冲击具备一定的解释力。作为中国的就业保护法，《劳动合同法》的宗旨能否在实践中得到贯彻与落实至关重要，虽然结案率高低和《劳动合同法》落实情况好坏并无先验的联系，但不可否认，只有案件结案率高的地区劳动者依据《劳动合同法》维护自身权益的目的才能实现，法律的意图也才能达成，低案件结案率不利于劳动者维护自身的利益。

其次，选择性执法的存在可能破坏结案率高低与劳动法律法规历史环境之间的对应关系。从体制上看，劳动争议仲裁委员会是隶属于劳动保障行政部门的机构，两者往往可能还是一套班子，不配备专门的人员编制和经费来源，同时也缺乏独立处理案件的能力和决心，这可能导致在实际执法中存在选择性执法行为，或许这也是劳动争议仲裁案件调撤率低上诉率高（河北省高级人民法院课题组，2009）的部分原因。选择性执法可能导致案件结案率高的地区劳动法律法规历史环境不一定好。可以设想这样的情形，如出于地区经济发展的考虑，劳动执法部门不愿意切实贯彻落实法律，导致许多本该立案的没有立案，仅有少数的典型案

---

① 此时可能正如 Autor 等（2006）所指出的那样，只有工作年限长和收入较高的劳动者的权益才可能得到保护，因为只有他们才愿意把时间和精力花在这上面。

件被立案，同时为了树立形象，执法部门将这部分案件在较短时间内结案，结果导致该地区的案件结案率较高[1]。更为甚者，长此以往，由于劳动者权益得不到执法部门的维护，劳动者将放弃发起维权的行为，这可能进一步导致该地区案件结案率高。显然，是选择性执法使这些实际上劳动法律法规历史环境差的地区获得了高案件结案率的声誉。因此，选择性执法的存在可能会模糊案件结案率高低与劳动法律法规历史环境之间的关系。此时面临两个选择，一是通过其他方式把这样的地区找出来并将其从案件结案率高（劳动法律法规历史环境好）的地区剔除，从而使案件结案率和劳动法律法规历史环境之间的关系依然能够维持，尽管这非常困难[2]，但本书在这方面还是进行了尝试。二是弄清楚这种干扰的最终影响，这是退而求其次的做法。如果无法将因选择性执法而导致案件结案率高的地区排除，致使它被当成劳动法律法规历史环境好因此《劳动合同法》落实情况也可能好的地区，那么基于案件结案率高低而对《劳动合同法》可能落实情况与企业雇佣水平变化的地区差异之间的关系展开的分析，将低估《劳动合同法》落实情况差异与企业雇佣水平变化差异之间的相关性，因为这相当于在基于自然实验的因果分析中将对照组个体错误当成了处理组个体。如果该相关性确实是由（案件结案率所体现的）劳动法律法规历史环境不同所带来的《劳动合同法》落实情况差异所致，那么上述选择性执法行为将导致《劳动合同法》的真实影响被低估。

本章接下来的结构安排如下：首先，计算各地区在《劳动合同法》实施前的劳动人事争议案件结案率情况，并考察由它体现劳动法律法规的历史环境的可能性。其次，在满足相关条件的前提下依据案件结案率进行地区分组，分成结案率高的组和结案率低的组，前者为《劳动合同法》落实情况可能较好的组即潜在受干预强的组和落实情况可能较差的组即潜在受干预弱的组。再次，对分组后各组企业的基本情况进行描述性统计分析，在此基础上采用双差分模型考察两组企业在《劳动合同法》实施前后企业雇佣水平的变化情况，探索企业雇佣水平变化的差异与（基于结案率预期的）《劳动合同法》落实情况可能存在差异之间的相关性。复次，针对上述方法可能存在的问题进行稳健性分析；为了进一步确认所得到的结果是《劳动合同法》的影响所致，而非案件结案率本身或导致劳

---

① 第二节将接着讨论这一点，并在后文的稳健性分析中继续对此加以讨论。

② 本章的稳健性分析将在这方面做出努力，但这种努力并不完美。

动争议案件结案率差异的内在因素所致，还安排了一个反事实检验。最后，讨论
了最低工资调整对本章结论可能产生的影响。

第二节　地区分组及描述性统计分析

根据《中国劳动统计年鉴》提供的有关数据，可以计算出各地区劳动人事
争议案件结案率，它的计算公式为当期结案数除以上期未结案件数与当期受理案
件数之和。表6-1给出了2001~2020年部分地区案件结案率的排名情况。从中
可以看出，2001~2007年，即在《劳动合同法》实施之前，各地区历年的案件结
案率的排名大体较为稳定。例如，北京市在所有年份均排名靠前；又如海南省的
案件结案率除2002年和2005年外其他年份排名均非常靠后，仅在2002年和
2005年排名突然出现较大跳跃，它们可以被视为海南省的异常值，而其余各年
的情况则被视为海南省的常态。如果允许将每一地区剔除1~2个异常值，则各
地区案件结案率的排名情况较为明确，有些地区排名始终相对靠前，有些地区排
名始终相对靠后。这种大体上较为稳定的状况符合前文关于劳动法律法规历史环
境及其体现指标应当具有稳定性的说法。至少从这个角度看，案件结案率可以作
为体现劳动法律法规历史环境的合适指标。

表6-1　部分地区劳动人事争议案件结案率排序

地区	2001年	2002年	2003年	2004年	2005年	2006年	2007年	2008年	2009年	2010年
北京	5	2	1	1	1	1	1	16	30	15
河北	2	5	6	6	8	4	3	23	19	7
黑龙江	28	11	5	18	32	5	10	7	22	9
浙江	14	13	13	11	15	12	14	18	12	10
安徽	16	18	20	15	9	8	9	4	5	14
湖北	29	15	7	12	23	6	12	10	16	11
广西	4	9	15	4	10	10	13	12	11	4
重庆	8	1	4	10	5	11	19	31	4	2
四川	6	28	2	8	3	3	2	6	3	8

续表

地区	2001 年	2002 年	2003 年	2004 年	2005 年	2006 年	2007 年	2008 年	2009 年	2010 年
云南	7	8	3	16	17	7	16	1	8	13
甘肃	17	12	10	5	16	16	26	30	32	29
宁夏	12	17	11	22	13	28	5	8	25	18
新疆	9	3	19	7	7	15	8	27	26	27
天津	32	32	32	2	22	13	23	29	28	31
辽宁	19	27	21	20	27	30	32	24	24	24
上海	27	22	23	26	25	26	28	32	17	20
江苏	22	21	8	14	11	20	18	22	10	6
福建	15	7	18	23	31	22	31	20	7	19
江西	25	25	17	24	19	31	30	19	21	30
山东	23	31	28	17	18	23	17	17	20	25
河南	24	19	31	28	20	19	15	13	13	22
广东	18	26	25	27	24	25	24	25	29	23
贵州	1	20	26	19	26	17	22	15	14	26
陕西	20	24	24	29	30	32	25	14	23	12
湖南	11	16	30	30	21	9	11	11	6	16
海南	30	4	27	13	4	24	27	28	31	32
山西	21	14	14	31	12	14	21	21	18	21
地区	2011 年	2012 年	2013 年	2014 年	2015 年	2016 年	2017 年	2018 年	2019 年	2020 年
北京	20	16	12	12	22	26	26	31	18	18
河北	3	21	27	27	28	8	7	5	10	32
黑龙江	12	23	21	21	16	20	1	3	16	14
浙江	11	24	24	24	23	29	25	27	25	22
安徽	16	8	19	19	8	10	8	17	9	5
湖北	18	26	18	18	27	27	29	21	22	29
广西	9	20	17	17	15	19	17	22	21	13
重庆	1	3	5	5	13	21	21	30	26	26
四川	6	6	6	6	7	14	16	16	19	24
云南	13	19	4	4	1	1	2	1	2	2
甘肃	29	2	11	11	3	13	24	9	15	9
宁夏	19	30	28	28	32	24	28	26	30	30
新疆	14	7	10	10	19	7	20	19	23	17

地区	2011 年	2012 年	2013 年	2014 年	2015 年	2016 年	2017 年	2018 年	2019 年	2020 年
天津	31	32	30	30	26	31	27	25	31	31
辽宁	23	5	2	2	31	2	9	7	12	21
上海	24	22	22	22	29	32	32	24	24	25
江苏	8	11	8	8	4	6	3	2	6	10
福建	21	13	23	23	24	25	23	23	27	27
江西	30	12	14	14	20	12	18	20	17	23
山东	26	25	15	15	18	17	10	15	13	7
河南	22	17	26	26	12	11	11	14	7	15
广东	27	29	25	25	25	30	30	29	28	20
贵州	25	10	7	7	6	15	12	25	10	7
陕西	17	4	1	1	2	3	4	13	20	8
湖南	10	18	16	16	21	16	5	10	8	12
海南	32	31	29	29	5	4	22	32	32	28
山西	28	27	31	31	9	5	6	4	4	4

资料来源：刘庆玉（2015）。

　　为此，可以将全国部分地区分为 2 组，组 1 包含《劳动合同法》实施前劳动人事争议案件结案率排名始终相对靠前的地区，即潜在受干预强的地区，其中既有经济发达地区，如北京和浙江，也有经济较落后的地区，如广西、甘肃、新疆和宁夏等地，还有经济发展水平一般的地区，如河北、黑龙江、安徽、湖北、重庆、四川和云南等地区。这些地区案件结案率相对较高，根据前文分析，可能意味着它们执行劳动法律法规的历史环境较好，因此可以预期《劳动合同法》在这些地区的落实环境也较好。组 2 包含《劳动合同法》实施前劳动人事争议案件结案率排名始终相对靠后的地区，即潜在受干预弱的地区，包括天津、辽宁、上海、江苏、福建、江西、山东、河南、广东、贵州、陕西、湖南、海南和山西等，它们的经济发展水平也参差不齐。由于它们的案件结案率低，意味着它们执行劳动法律法规的历史环境可能较差，因此可以预期它们落实《劳动合同法》的环境也较差。有趣的是，从表 6-1 反映的情况来看，案件结案率的高低和该地区经济发展水平并没有必然的联系，经济发展水平高的地区如北京和浙江，案件结案率较高；但经济发展水平同样不低的地区，如上海和江苏，案件结案率却较低。不过，根据前文的分析，为了避免选择性执法对案件结案率高低排名的干扰，可以进一步考察排名的高低与案件数之间的关系，数据显示的情况表明，大体上可以初步排除存在严重的选择性执法（即故意降低立案数并同时提高结案率）的可能①。

表6-1中2008~2020年的数据表明，案件结案率高低的基本情况大体上延续到了《劳动合同法》实施以后，不过，《劳动合同法》实施后也确实有少部分地区的案件结案率出现了异常的变化，使案件结案率在2008年前后的表现呈现出一定的差异，这主要是在北京、江苏和新疆等地区，但从这些地区表现异常的可能原因来看，大体上可能不会影响前文对案件结案率高低与劳动法律法规历史环境以及《劳动合同法》可能落实情况之间关系的判断。其中北京最为典型，如它的排名由2007年的第1名降为2009年的第30名，如此大的变化可能和同期北京立案数猛增有关，数据显示，北京地区的立案数由2008年的49784件猛增到2009年的73463件，增幅高达47.56%，相比之下，同期结案率低的周边地区如天津的立案数的增幅仅为13.13%，但全国案件立案数同比甚至下降了约1.31%。江苏省的异常表现也可能和其在2008年后的案件立案数的变化有关。与北京及其他大部分地区立案数上升不同，同期江苏省案件立案数出现大幅度下降，由2008年的94397件下降为2009年的74637件（2010年更进一步下降为56677件），降幅高达20.93%。不过，同样值得注意的是，辽宁、贵州、陕西等少数地区的结案率排名在2012年后发生了根本性变化，该年正好是《劳动合同法》的修订之年。

需要特别指出的是，为分析《劳动合同法》的影响而对各地区进行分组的依据是各地区在《劳动合同法》实施之前的案件结案率（体现历史环境），而不是同期的结案率。如果《劳动合同法》实施之前的案件结案率高低确实能反映各地区劳动法律法规的历史环境以及《劳动合同法》的可能落实情况，那么通过对比结案率高低不同地区的企业雇佣水平在法律实施前后的变化，可以为了解它与该法实施之间的关系提供参考。在此之前，可以先来看看由上述分组所得到的两组地区民营企业的基本情况，表6-2给出了两组企业部分特征的描述性统计。

---

① 如果按立案数从少到多排列，位列前50%的地区中组1和组2可以认为各占50%，因此，从总体上看，并不存在组1的地区倾向于立案数少从而导致存在严重的选择性执法嫌疑的担忧。

表6-2　依劳动人事争议案件结案率分组后两组民营企业的描述性统计（2007年）

变量	组1：历史劳动争议案件结案率高的地区					组2：历史劳动争议案件结案率低的地区				
	N	均值	标准差	最小值	最大值	N	均值	标准差	最小值	最大值
企业										
年限	697	11.27	8.35	0	59	581	12.22	7.37	1	80
雇佣人数	665	546.80	1236.70	3	16664	553	917.70	1940	4	23424
固定资产净值①	576	2.29E+05	4.00E+06	3	9.44E+07	500	2.49E+05	3.26E+06	0.09	6.70E+07
管理人员										
人数	630	35.17	92.60	1	1278	533	48.60	86.70	0	855
对数工资	563	8.06	1.35	3.76	15.68	486	8.56	1.63	1.79	17.66
一般行政人员										
人数	619	61.29	206.10	0	3617	530	90.98	190.10	2	1556
对数工资	563	7.54	1.31	3.53	14.14	492	8.00	1.81	0	18.01
工程技术人员										
人数	577	60.78	123.00	0	1230	502	92.55	201.90	0	2000
对数工资	502	7.80	1.39	2.83	15.10	442	8.27	1.76	1.39	17.42
生产人员										
人数	495	399	891	0	7872	418	682	1531	0	14307
对数工资	418	7.46	1.57	4.61	16.32	378	8.10	2.26	2.71	19.48
服务人员										
人数	501	120.20	335.90	0	4252	447	220.20	772.30	0	7746
对数工资	430	7.27	1.51	3.18	14.91	400	7.70	1.88	1.10	17.06

资料来源：根据《2009年全国民营企业就业状况调查》数据计算整理得到。

　　首先，两组企业整体特征较为平衡。从企业年限看，尽管表中数据显示两组企业的平均企业年限约有1年的差距，但这主要来自潜在受干预弱的地区中存在一家异常企业（年限远超其他企业），将其剔除后两组企业的年限更加接近。从企业年末固定资产净值看，潜在受干预强的地区的企业平均固定资产净值规模仅略小于潜在受干预弱的地区的企业，但差距仅相当于0.005个标准差。其次，两组企业在各类人员雇佣人数上似乎存在一定的差异。潜在受干预弱的地区的企业

---

① 剔除了一家远超其他企业的异常值。

各类人员的雇佣规模普遍大于潜在受干预强的地区的企业。原因之一是前者存在个别超大规模企业，但更主要的是后者中小规模企业相对较多。只要对企业的人员规模稍加限制，则二者差距将大幅缩小。以生产人员为例，如果将生产人员规模限定在 100~5000 人，两组企业人员规模将非常接近，分别约为 647 人和 661 人，且所包含的样本涵盖了约 50% 的企业；如果将生产人员人数下限放宽至 80 人，则两组企业人员的规模分别为 596 人和 600 人，所包含的样本涵盖了约 70% 的企业。最后，潜在受干预弱的地区的企业对数工资略高于潜在受干预强的地区的企业。由于采用了对数工资形式，尽管两组企业各类人员对数工资的差距不大，但如果折算为工资绝对数则可能差距较大，这点值得注意。对比 2007 年和 2009 年的数据，可以发现企业雇佣水平发生了明显变化。以企业中生产人员雇佣人数为例，无论是潜在受干预强的组还是潜在受干预弱的组，2009 年时企业雇佣人数均比 2007 年有明显上升，但两组企业雇佣人数上升趋势并不相同，前者上升幅度明显小于后者，这种变化与基于案件结案率与劳动法律法规历史环境及《劳动合同法》落实情况之间关系对企业雇佣水平变化所作的预期保持一致，也与第五章结论相符。因为根据前文的分析，潜在受干预强的地区的劳动法律法规历史环境及《劳动合同法》落实情况较好，因此在《劳动合同法》的冲击下企业雇佣人数会下降更多（或增加更低）；潜在受干预弱的地区的劳动法律法规历史环境及《劳动合同法》落实情况较好，因此在《劳动合同法》的冲击下企业雇佣人数会下降更少（或增加更高）。尽管如此，但也不能排除两组企业在雇佣水平变化上的差异可能是与案件结案率相关的其他因素的变化所致。

第三节　基于就业保护落实环境的分析

在现有微观数据结构下，为确认两组民营企业在雇佣水平变化上的差异与由结案率体现的劳动法律法规历史环境，及由此预期的《劳动合同法》可能落实情况差异之间的相关性，根据前文的分析，接下来通过设计合适的双差分回归模型来进一步考察。该模型的基本形式可以设置如下：

$$y_{it} = \alpha + \beta ds_i + cdh_t + \gamma ds_i \times dh_t + \sum \delta X + \varepsilon_{it} \quad i = 1, \cdots, n \qquad (6\text{-}1)$$

其中，y 为企业雇佣水平；ds 为分组的虚拟变量，当企业 i 来自潜在受干预强的地区时，取值为 1，当企业 i 来自潜在受干预弱的地区时，取值为 0；dh 为时间的虚拟变量，当 t 为《劳动合同法》实施后的年份时，取值为 1，当 t 为《劳动合同法》实施前的年份时，取值为 0。交互项 $ds \times dh$ 的系数 γ 即为要估计的两组企业雇佣水平变化差异与劳动人事争议案件结案率差异之间的相关性，如果案件结案率确实能体现劳动法律法规的历史环境并能由此预期《劳动合同法》的可能落实情况，那么该交互项回归系数体现了两组企业雇佣水平变化差异与《劳动合同法》预期落实情况差异之间的相关性，或者进一步说，在合适假设下，它体现了《劳动合同法》对企业雇佣水平的影响。X 为其他控制变量。《中国民营企业竞争力》数据提供了受调查的企业在 2007~2009 年的有关信息。考虑到金融危机的冲击以及法律实施需要时间落实的特点，接下来的分析选择 2007 年（金融危机爆发之前，法律尚未开始实施）和 2009 年（后金融危机时期，经济正面临复苏，法律实施的第 2 年）为分析的时间点。

一、民营企业雇佣水平

表 6-3 是以企业员工总雇佣水平为被解释变量得到的回归结果，其中第（1）列~第（3）列和第（4）列~第（6）列的区别在于后者将前者作为控制变量加入各类人员工资（对数工资形式）替换为一个综合反映企业用工成本的指标（即人均人工成本，与第五章相同）。第（1）列为加入了包括反映企业用工成本的各类人员工资和能在一定程度上体现经济增长形势及控制地区特征差异与需求的 GDP 指数作为控制变量，此时，交互项 $ds \times dh$ 回归系数估计值为负，表明在控制了企业员工工资及 GDP 指数的情况下，法律实施后，潜在受干预强的地区的企业总雇佣水平相对于潜在受干预弱的地区有所下降（尽管雇佣水平绝对值有所上升）。平均而言，潜在受干预强的地区的企业总雇佣水平相对于潜在受干预弱的地区下降了约 124 人，该结果在 5% 的置信水平上显著。第（2）列则进一步引入了企业固定资产和企业年限作为控制变量，第（3）列则在第（2）列的基础上增加了用于控制行业特征的虚拟变量，这并没有改变原来的结论，交互项 $ds \times dh$ 回归系数估计值略有上升。第（4）列~第（6）列的分析表明，以人均人工成本代替对数工资的做法同样没有改变上述结论，交互项 $ds \times dh$ 回归系数估计值符号依然为负，但回归系数估计值的大小有所下降。

表 6-3　双差分回归分析结果 I

变量	被解释变量：企业雇佣水平					
	（1）	（2）	（3）	（4）	（5）	（6）
$ds \times dh$	-124.30*	-141.30*	-138.40*	-96.06*	-107.60*	-106.10*
	(-2.23)	(-2.25)	(-2.55)	(-2.21)	(-2.32)	(-2.14)
dh	137.50	33.69	52.81	83.10	62.88	82.25
	(1.06)	(0.22)	(0.32)	(0.97)	(0.7)	(0.68)
ds	-108.10	-35.27	2.618	-320.80**	-248.70**	-207
	(-0.78)	(-0.24)	-0.01	(-3.13)	(-2.83)	(-1.44)
管理人员工资	512.20***	521.00***	467.00***			
	(4.01)	(3.8)	(4.19)			
行政人员工资	159.90	161.70	204.30			
	(1.06)	(0.97)	(1.35)			
工程技术人员工资	-240.40	-221	-228.90			
	(-1.34)	(-1.20)	(-1.56)			
生产人员工资	-201.10	-225.80*	-231.10**			
	(-1.93)	(-2.02)	(-3.05)			
服务人员工资	-12.53	-4.379	18.96			
	(-0.19)	(-0.06)	-0.21			
人均人工成本				0.00**	-0.00***	-0.00**
				(2.79)	(-8.17)	(-2.70)
GDP 指数	-40.25	47.22	20.99	103	72.07	43.14
	(-0.12)	(0.12)	(0.06)	(0.5)	(0.33)	(0.18)
固定资产净值		0.00*	0.00*		0.00	0.00
		(2.03)	(2.53)		(0.3)	(1.2)
企业年限		37.09***	34.14**		21.92***	18.10**
		(3.34)	(2.81)		(3.51)	(3.13)
常数项	-886.60	-1493**	-1868.50**	763.30***	517.70**	351.20
	(-1.92)	(-2.96)	(-3.26)	(4.24)	(2.74)	(1.44)
行业虚拟变量	—	—	有	—	—	有
N	845	757	756	1210	1158	1155

注：括号内为 t 值；***、**、*分别代表在 0.1%、1%、5%的显著性水平；第（1）列、第（2）列、第（4）列、第（5）列的标准误采用的是稳健标准误，第（3）列、第（6）列则采用的是考虑了地区聚类效应的聚类标准误。

尽管得到了符合预期的结果，但在对交互项回归系数估计值进行解释时需要慎重。首先，它反映的潜在受干预强的地区的企业和潜在受干预弱的地区的企业雇佣水平在《劳动合同法》实施前后的变化差异。如果案件结案率确实能反映各地区劳动法律法规的历史环境及《劳动合同法》的可能落实情况，那么上述结果也反映了《劳动合同法》在两组地区的影响存在差异。根据前文的分析，在一定的假设条件下，上述结果也表明《劳动合同法》确实影响了企业雇佣水平。其次，由于潜在受干预强的地区的企业和潜在受干预弱的地区的企业并不是随机抽样产生的，如何看待交互项的系数估计值也是一个重要问题。如果在不实施《劳动合同法》时，潜在受干预强的地区的企业和潜在受干预弱的地区的企业在雇佣规模上的差距保持不变，则在上述假设条件下，交互项的回归系数或许可以被解释为《劳动合同法》对两组企业的影响之差。但是，如果两组企业雇佣规模的差距本身存在缩小或扩大的趋势，则回归系数大小的解释变得更为复杂；如果原有差距自身存在缩小趋势（即两组企业的雇佣规模趋同），则交互项的回归系数估计值为《劳动合同法》的影响差异在抵消了原有差距缩小趋势后的结果；如果原有差距自身存在扩大趋势，则上述估计为《劳动合同法》的影响差异加上原有差距扩大趋势后的结果。从估计值的大小看，除非内在趋势能使两组企业雇佣规模差距在 2 年时间内扩大 1/3，否则两组企业雇佣水平变化所存在差异不能完全由企业自身趋势来解释[①]，即不能拒绝劳动争议案件结案率以及劳动法律法规历史执法环境乃至《劳动合同法》可能落实情况差异与企业雇佣水平变化差异之间存在密切的且符合理论预期的相关性。实际上，在没有外力（且这种外力对两组地区必须有差异）的作用下，难以想象两组企业雇佣水平差距能以如此大的幅度扩大，而当时最大的且和这种差异有直接关系的外力当数《劳动合同法》。而后文使用的其他微观数据也表明实际上至少在 2007 年之前二者的差距并没有明显扩大的趋势。

二、民营企业生产人员与工程技术人员的雇佣水平

表 6-4 为以民营企业生产人员和工程技术人员为分析对象得到的回归结果。

---

① 第二节的描述性统计表明，两组企业在初始雇佣水平上表现出明显差距，为了增加可比性，同时也使结果尽量摆脱可能源自企业自身趋势差异的影响，可以考虑对企业规模进行限制。如果将样本限定在雇佣规模为 160～9000 人的企业，则两组企业的总雇佣水平的差距大大缩小，但交互项回归系数估计值略有缩小，为 115～119，回归结果在 10% 的置信水平上显著。

其中，第（1）列~第（3）列对应的被解释变量是企业生产人员雇佣人数，第（4）列~第（6）列对应的被解释变量是企业工程技术人员雇佣人数。第（1）列对应的回归模型包含了生产人员工资和 GDP 指数作为控制变量，从回归结果看，交互项 $ds{\times}dh$ 回归系数估计值符号为负。该结果符合预期，表明潜在受干预强的地区的企业可能因为面对更强执法导致其生产人员雇佣量相对于潜在受干预弱的地区的企业有所下降。第（2）列则在第（1）列的模型基础上加入了企业规模（年末固定资产净值）和企业年限变量；第（3）列则进一步加入行业虚拟变量，同时调整了标准误。这些调整并没有带来实质影响，交互项 $ds{\times}dh$ 回归系数估计值符号依然为负，交互项回归系数估计值约106，它相当于 2007 年时两组企业生产人员雇佣水平差距的51%，该结果在 1% 的置信水平上显著。与前文类似，在没有外力（且这种外力对两组地区必须有差异）作用下两组企业雇佣水平的差距不太可能以如此快的速度扩大，相反，《劳动合同法》则正好提供了解释这种差异的外力[1]。

表6-4　双差分回归分析结果 Ⅱ

变量	被解释变量：生产人员人数			被解释变量：工程技术人员人数		
	（1）	（2）	（3）	（4）	（5）	（6）
$ds{\times}dh$	-107.80**	-106.80*	-106.30**	-12.81*	-15.26*	-14.63*
	（-2.83）	（-2.48）	（-3.06）	（-2.17）	（-2.25）	（-2.39）
dh	104.20	105	114.60	5.84	6.20	6.28
	（1.27）	（1.1）	（1.02）	（0.56）	（0.5）	（0.5）
ds	-159.70	-131.40	-89.88	-16.39	-12.23	-7.03
	（-1.92）	（-1.51）	（-0.65）	（-1.69）	（-1.17）	（-0.53）
对数工资	67.03**	71.62***	71.18***	10.96**	10.75*	10.22*
	（3.34）	（3.45）	（3.97）	（2.66）	（2.48）	（2.47）
固定资产		0.00*	0.00*		-0.00	-0.00
		（2.29）	（2.26）		（-0.45）	（-0.15）

---

[1]　为了增加可比性，也可以考虑对企业规模进行限制，如将样本限制在生产人员规模为 80~5000 人的企业（正如前文所述，此时两组企业生产人员规模非常接近，并且双方样本量也相似），此时，交互项回归系数估计值约为 60，且在 5% 的置信水平上显著。

续表

变量	被解释变量：生产人员人数			被解释变量：工程技术人员人数		
	（1）	（2）	（3）	（4）	（5）	（6）
企业年限		20.28**	17.73**		2.45***	2.12**
		(3.14)	(2.89)		(4.11)	(2.94)
GDP 指数	−34.47	−33.88	−53.99	29.40	32.95	31.78
	(−0.20)	(−0.17)	(−0.24)	(1.06)	(1.01)	(1.05)
常数项	119.20	−172.30	−379.00	−30.51	−62.37	−87.60*
	(0.54)	(−0.74)	(−1.20)	(−0.81)	(−1.52)	(−2.05)
行业虚拟变量	—	—	有	—	—	有
N	1044	924	923	1246	1087	1085

注：同表6-3。

对比表6-3和表6-4第（1）列~第（3）列交互项 $ds \times dh$ 回归系数可以发现，劳动人事争议案件结案率高低差异与两组企业生产人员雇佣水平变化差异之间的相关性能解释两组企业总雇佣水平变化差异的77%左右，由此来看，生产人员应该是对《劳动合同法》的影响最为敏感的群体。表6-4的第（4）列~第（6）列给出了以工程技术人员为分析对象得到的结果。第（4）列对应的回归模型中包含了工程技术人员工资和GDP指数作为控制变量，此时，交互项估计结果为负，说明在《劳动合同法》实施后，相对于潜在受法律干预弱的地区的企业，因潜在受法律干预强的地区的企业工程技术人员雇佣人数有所下降，这在方向上也符合有关劳动人事争议案件结案率高低与劳动法律法规历史环境以及预期的《劳动合同法》可能落实情况之间关系以及基于这种关系对企业雇佣水平变化的地区差异的预期。第（5）列加入了企业年限与企业固定资产净值作为控制变量，交互项 $ds \times dh$ 回归系数符号维持负号不变，但大小略有上升。第（6）列进一步加入了控制行业特征的虚拟变量，并对标准误调整为考虑了地区聚类效应的稳健标准误，交互项 $ds \times dh$ 回归系数估计值符号保持为负，估计值略有下降。因此，在控制了其他因素后，《劳动合同法》落实情况可能存在差异的两组地区的企业工程技术人员雇佣人数的变化存在与《劳动合同法》的预期影响相符的显著差异，它使前者相对于后者少雇佣了14~15名工程技术人员，该结果在5%的置信水平上显著。

案件结案率的差异使两组企业工程技术人员雇佣人数的原有差距扩大了50%，如此大的效应难以想象能在没有外力的作用下发生[1]，正如前文所言，《劳动合同法》就是同期最大且可能在案件结案率高低不同的地区产生差异影响的外力。如果上述影响确实属于《劳动合同法》，那么，至少从企业工程技术人员的雇佣人数看，《劳动合同法》的影响产生了预期的结果，尽管从数值上看它比生产人员受影响的程度小。

三、民营企业服务人员、一般行政人员和管理人员的雇佣水平

表6-5给出了以企业服务人员、一般行政人员和管理人员为分析对象的回归结果，其中第（1）列~第（2）列以企业服务人员雇佣人数为被解释变量，第（3）列~第（4）列以企业一般行政人员雇佣人数为被解释变量，第（5）列~第（6）列以企业管理人员雇佣人数为被解释变量。第（1）列对应的模型包含了企业服务人员的工资与GDP指数、企业固定资产净值和企业年限作为控制变量，此时交互项 $ds \times dh$ 回归系数估计值为负，与因劳动人事争议案件结案率差异带来的《劳动合同法》落实情况差异可能在两组企业的服务人员雇佣人数变化上产生的差异在方向上相符。第（2）列进一步添加了行业虚拟变量作为控制变量，并将标准误调整为考虑了地区聚类效应的稳健标准误，尽管交互项 $ds \times dh$ 回归系数估计值取得了符合预期的负号，但该结果在统计上仍然不显著，且相应的 p 值较大。这似乎表明案件结案率的差异并没有导致两组企业服务人员雇佣人数在《劳动合同法》实施前后的变化上出现显著差异，如果案件结案率差异确实能体现劳动法律法规的历史环境以及《劳动合同法》的落实情况，这可能意味着尽管《劳动合同法》在各地区的落实情况不同，但这种落实情况差异却没有对服务人员雇佣人数产生有差异的影响，如果《劳动合同法》的落实情况和影响大小之间存在正向关系，这还进一步意味着《劳动合同法》可能并没有对企业服务人员雇佣人数产生显著影响。

---

① 如果将样本限制在工程技术人员规模为20~500人的企业，则两组企业工程技术人员的平均规模非常接近，样本量约为原来的60%。此时交互项回归系数值约为20，且在5%的置信水平上显著；而如果将样本限制在工程技术人员规模为20~500人的企业，此时两组企业工程技术人员的平均规模依然非常接近，而样本代表性则上升至95%以上，此时回归系数估计值降为12左右，且在10%的置信水平上显著。

表6-5 双差分回归分析的结果Ⅲ

变量	被解释变量：服务人员人数		被解释变量：一般行政人员人数		被解释变量：管理人员人数	
	(1)	(2)	(3)	(4)	(5)	(6)
$ds \times dh$	−4.01	−4.11	−21.56**	−21.40**	−6.10	−6.10
	(−0.31)	(−0.30)	(−3.04)	(−2.78)	(−1.83)	(−1.59)
dh	9.39	9.85	17.21	17.28	9.25	9.84
	(0.45)	(0.42)	(1.32)	(1.06)	(1.76)	(1.52)
ds	4.331	2.65	−26.15*	−18.59	−6.38	−3.24
	(0.16)	(0.11)	(−2.17)	(−1.25)	(−0.93)	(−0.33)
对数工资	23.57*	23.30*	10.85**	12.19***	6.60**	6.89***
	(2.52)	(2.39)	(2.9)	(3.64)	(3.2)	(3.95)
GDP 指数	17.13	17.41	5.70	5.18	1.78	0.48
	(0.35)	(0.33)	(0.16)	(0.14)	(0.12)	(0.03)
固定资产净值	0.00***	0.00***	−0.00*	−0.00*	−0.00	0.00
	(4.56)	(4.71)	(−2.44)	(−2.03)	(−0.20)	(1.17)
年限	3.97**	3.82**	3.75***	3.33**	1.84***	1.63*
	(2.8)	(2.78)	(4.5)	(3.24)	(3.54)	(2.5)
常数项	−94.83	−168	−43.01	−87.20*	−31.86	−52.29**
	(−1.07)	(−1.81)	(−1.09)	(−2.35)	(−1.48)	(−2.62)
行业虚拟变量	—	有	—	有	—	有
N	952	950	1211	1209	1213	1211

注：同表6-3。

如果案件结案率的高低确实与《劳动合同法》的落实情况存在密切关系，那么上述交互项回归系数不显著异于 0 的原因可能有两个。一是《劳动合同法》落实情况的差别没有带来影响上的差异，即《劳动合同法》的影响与落实情况无关或《劳动合同法》根本没有产生影响，前者从直观上难以理解（或者说不符合前文的假设），因此，从这个角度看，这似乎更可能是因为《劳动合同法》没有对服务人员雇佣情况产生影响。二是法律干预强度的不同带来了处理效应的差异，但差异大小较弱，且正好被非随机抽样下两组企业服务人员雇佣人数潜在发展趋势的差异抵消，导致这种差异在统计上不显著。为了进一步识别到底是何种原因导致了上述结果，可对企业依据服务人员的规模施加一定的限制，以增强两组企业的样本相似性和可比性。例如，将样本限制为服务人员雇佣人数超过20 人但不及 500 人的企业，此时，两组企业服务人员平均雇佣规模非常接近，分别为 113.64（潜在受干预强的地区）和 113.96（潜在受干预弱的地区），所涉及企业涵盖了原样本的约 58%，不过此时交互项回归系数仍在统计上不显著（10% 的置信水平），p 值高达 0.8；即便将样本限制放宽为服务人员数量介于 15 ～ 500 人的企业，此时样本覆盖率为 65% 左右，两组企业服务人员平均雇佣规模分别为 88.55 和 95.33，但交互项回归系数估计值依然在统计上不显著（10% 的置信水平）。因此，可以谨慎地认为交互项回归系数在统计上不显著异于 0 的原因，更可能是《劳动合同法》在两组企业服务人员雇佣人数调整方面没有产生有差异的影响。这或许是因为它们做出了相同反应（如可能是由于服务人员的特殊属性），又或许是因为它们根本就没有做出反应，在法律的处理效应与落实程度正相关的假设下，原因更可能是后者，但第五章得到的结论则似乎表明前者更可能是原因。不过，如果考虑到服务人员的复杂组成，上述两种说法或许并不矛盾①。

表 6-5 的第（3）列~第（4）列是以企业一般行政人员为分析对象的回归结果。第（3）列在双差分模型中添加了企业一般行政人员的工资和 GDP 指数、企业年限和企业固定资产净值作为控制变量，负的交互项回归系数估计值表明，潜在受干预强的地区的企业一般行政人员雇佣人数在《劳动合同法》实施前后的变化总体上相对于潜在受干预弱的地区的企业呈雇佣下降趋势，这一结果符合基于劳动人事争议案件结案率与劳动法律法规历史环境及《劳动合同法》落实情况之间关系所作的预期。如果这种差异确实归属于由于《劳动合同法》落实情况的地区差异，考虑到二者在一般行政人员雇佣人数上的原有差距，这意味着《劳动合同法》可能加剧了劳动人事争议案件结案率高（劳动法律法规历史环境好因而《劳动合同法》落实情况好）的地区的企业原本所处的不利地位。该结果在 1% 的置信水平上显著。第（4）列则继续添加了行业虚拟变量为控制变量并将标准误调整为考虑了地区聚类效应的稳健标准误，交互项估计结果约为 21.4，并在 1% 的置信水平上显著。两组企业在一般行政人员雇佣人数上的差距

---

① 在中国民营企业竞争力调查的数据库中，服务人员的成分最为复杂，包含的人员类别最多，且在不同行业涵盖的对象也不同。因此，即便《劳动合同法》影响了服务人员，但如果它对不同类别的服务人员的影响存在差异，这种差异就极有可能解释了正文中服务人员所呈现的无差异。

扩大了 70% 以上，它似乎不太可能在没有外力（如劳动合同法）的情况下实现①，差距显著扩大本身似乎就暗示了外力作用的存在，而《劳动合同法》借由案件结案率的差异则是最有可能导致上述现象的外力。

第五章基于企业年限与无固定期限合同条款的效力之间的关系而展开的分析发现，一般行政人员雇佣人数的变化在潜在可能受该条款影响不同的企业之间并不存在显著差异，但本章却发现企业一般行政人员雇佣人数的变化与其潜在的受《劳动合同法》影响的可能情况（依案件结案率所预期的）存在密切关系，这种不一致的原因何在？理论上讲，二者并不矛盾，结论差异的原因或许在于一般行政人员身份、人群和岗位的特殊性。一般行政人员通常会有较多的提升机会（尤其是那些具有一定学历的人员），经过一定时间他们就可能成为公司的管理人员，否则他们可能会选择离开而寻找新的机会，这种非升即走的情况导致员工以一般行政人员身份在一个民营企业中待满 10 年的情形相对较少。上述情形使基于上述条款对其展开的分析不太适用。

表 6-5 的第（5）列~第（6）列给出了以企业管理人员为被解释变量的回归结果。第（5）列加入了企业管理人员的工资和 GDP 指数、企业年限和企业固定资产作为控制变量，交互项回归系数估计值为负，符合有关《劳动合同法》对企业雇佣人数影响的预期。第（6）列则进一步添加了行业虚拟变量为控制变量，并将标准误作了调整。此时，交互项回归系数估计值的符号符合预期，但在统计上不显著（10% 的置信水平）。为了进一步确认交互项回归系数在统计上不异于 0 的原因，可以将样本限定为管理人员雇佣规模介于 10~400 人的企业以增加两组企业的相似性，在新的样本下进行重新计算可以发现，此时交互项回归系数估计结果为负，符合预期，值约为 9.5，即潜在受干预强的地区的企业雇佣的管理人员人数与潜在受干预弱的地区的企业相比下降了 9.5 人，二者的差距相当于扩大了将近 1 倍，该结果在 5% 的置信水平上显著。但与前面几类人员不同的是，此时管理人员的数量在两组企业之间的分布仍存在明显差异。

由于对一般行政人员和管理人员的界定可能在企业间存在差异，这种差异或

---

① 这里仍然可以采取缩小样本、增加两组企业相似性和可比性的方法来进行检验。例如，将企业一般行政人员规模控制在 20~800 人，此时两组企业一般行政人员雇佣规模的差异大大缩小，劳动争议案件结案率高的地区的企业平均雇佣规模约为 100.1，而劳动争议案件结案率低的地区的企业平均雇佣规模约为 104.8，相似性和可比性性增强。样本量接近原样本量的 60%（如果最低企业规模降低至 15 人，该比例上升为 66% 左右）。此时交互项回归系数仍然为负，值约为 17，且在 5% 的置信水平上显著。

许会给单独以某类人员为对象的分析带来困扰，为此，可以考虑将一般行政人员与管理人员合并（可称之为"行政管理人员"）进行分析，表6-6给出相应的结果。从中可以看出，两类人员合并后交互项 $ds×dh$ 的回归系数估计值取得了预期的负号：交互项回归系数为负，即潜在受干预强的地区的企业和潜在受干预弱的地区的企业"行政管理人员"雇佣人数在《劳动合同法》实施前后的变化上确实存在差异，这种差异符合预期，两组企业雇佣"行政管理人员"的差距在原有差距的基础上进一步扩大。该估计值略小于表6-5中分别由一般行政人员和管理人员所得到的交互项回归系数估计值之和，但大于一般行政人员的交互项回归系数估计值。

表6-6 以"行政管理人员"为样本得到的回归结果

变量	被解释变量："行政管理人员"人数			
	（1）	（2）	（3）	（4）
$ds×dh$	−11.23*	−23.40**	−30.01**	−29.70**
	（−2.09）	（−2.80）	（−3.07）	（−2.68）
dh	22.57***	22.44	29.28	30.17
	（5.74）	（1.52）	（1.67）	（1.46）
ds	−46.05**	−28.98	−26.05	−16.18
	（−3.00）	（−1.85）	（−1.50）	（−0.68）
管理人员工资		39.98**	39.30**	37.20***
		（3.16）	（2.88）	（3.77）
行政人员工资		−20.55	−21.22	−17.30
		（−1.67）	（−1.55）	（−1.84）
GDP指数		5.30	3.54	1.07
		（0.12）	（0.07）	（0.02）
固定资产净值			−0.00*	−0.00
			（−1.99）	（−1.41）
年限			5.53***	4.91**
			（4.35）	（2.99）
常数项	134.80***	−48.64	−99.90	−156.80**
	（11.96）	（−0.93）	（−1.73）	（−3.19）
行业虚拟变量	—	—	—	有
N	2318	1370	1183	1181

注：同表6-3。

四、讨论

本节基于劳动人事争议案件结案率与劳动法律法规历史环境以及预期的《劳动合同法》落实情况之间可能存在的关系，利用双差分方法发现劳动人事争议案件结案率不同的地区的民营企业在雇佣水平变化上确实存在显著差异。如果案件结案率与劳动法律法规历史环境和《劳动合同法》落实情况之间的关系确实成立，那么，上述发现表明各类人员雇佣水平的变化情况可能和《劳动合同法》存在紧密关联，但这要依赖于一系列的前提条件。

首先，它依赖于采取选择性执法的地区的多少。根据前文的分析，用案件结案率高低来反映劳动法律法规历史环境和《劳动合同法》可能落实情况的有效性会受到案件结案率高的地区中采取选择性执法的地区数量的影响，所占的比例越高，则分组的有效性越差，前文获得的结果与《劳动合同法》的真实影响（之差）相去越远。但根据本章第一节的分析，选择性执法地区的存在导致的结果是使上述估计结果低估而不是高估《劳动合同法》的影响。即便如此，仍将考察这种地区的可能情况，这将在下节展开。

其次，由于微观数据的非随机抽样特征，两组企业雇佣人数趋势上可能存在的差异或许会给结论的解释带来干扰。虽然从上述估计结果已达到二者原有差距的较大比例（如生产人员的情形）看，（短期内）潜在趋势的差异或许难以对该结果可能是《劳动合同法》影响所致的解释构成有效威胁，尽管它可能导致了对真实影响的偏离。但由于上述微观数据没有 2007 年前的情况，因此无法对此加以证实或证伪，尽管已经对此进行考虑，如通过缩小雇佣规模增加两组企业相似性的方式，但该方式仍不彻底。不过，还是能从其他微观数据获得一些支持。国泰君安的非上市公司数据显示，来自潜在受干预强的地区的企业和来自潜在受干预弱的地区的企业的雇佣水平在 2005～2007 年的变化上基本相似，二者的差距不存在明显的扩大或缩小的趋势①。如果上述情况在民营企业中也能成立，则说明本章的双差分模型的设计基本合理，结论基本可信。

再次，由于不存在严格的对照组，本章基于案件结案率与劳动法律法规历史环境及《劳动合同法》实施情况之间的关系来考察企业雇佣水平变化与《劳动

---

① 根据国泰君安数据，两组地区企业雇佣水平在 2008 年前基本稳定，差距很小。2006 年劳动争议案件结案率高的地区的企业平均雇佣规模同比下降了 10 人，劳动争议案件结案率低的地区的企业平均雇佣规模同比下降了约 12 人，2007 年则分别同比下降了 9 人和 7 人。

合同法》之间的关系，并试图以此得出有关《劳动合同法》对企业雇佣水平影响的有关结论。但是，在从案件结案率高低到劳动法律法规历史环境好坏，再到《劳动合同法》落实力度强弱，最后到企业雇佣水平的逻辑链条上，要从案件结案率差异与企业雇佣水平变化差异之间的关系中得出《劳动合同法》落实情况的好坏与企业雇佣水平变化差异之间的关系，或进一步得出有关《劳动合同法》对企业雇佣水平影响的结论需要依赖于一系列假设。例如，前文有关《劳动合同法》落实情况好坏与其的影响大小呈正相关关系的假设。如果该假设不成立，如《劳动合同法》落实情况好的地区的企业受到的影响反而小，或者二者存在 U 型关系，则难以从案件结案率的差异与企业雇佣水平变化差异之间的关系中得出《劳动合同法》落实情况与企业雇佣水平变化情况之间的关系，更不可能得出有关《劳动合同法》影响的结论。

最后，本节的结论也得到了其他数据的佐证。国泰君安的非上市公司数据报告了 2007 年和 2009 年我国非上市公司的雇佣情况，非上市公司来自全国各地，2007 年时它共汇报了 126363 家来自潜在受干预强的地区的企业和 201445 家来自潜在受干预弱的地区的企业雇佣情况，2009 年时它汇报了 115662 家来自潜在受干预强的地区的企业和 224967 家来自潜在受干预弱的地区的企业的雇佣情况。数据表明，来自潜在受干预强的地区的企业雇佣规模从 2007 年的 240.71 人下降为 2009 年的 200.33 人，下降了约 16.8%；而来自潜在受干预弱的地区的企业雇佣人数则从 2007 年的 230.24 人下降为 2009 年的 226.62 人，仅下降了约 1.6%，降幅为前者的 1/10。该结果与本节的结论一致，这既表明了上述结论的合理性，也表明了上述分组方法具有内在合理性。

第四节　稳健性分析

依据劳动人事争议案件结案率进行分组的做法无疑具有一定的主观性，因为即便案件结案率能反映劳动法律法规的历史环境，但历史并不等于未来，《劳动合同法》的落实情况未必会和此前劳动法律法规的落实情况保持一致。由于《劳动合同法》实施后可能影响地区经济发展与竞争力（这种影响在《劳动合同法》立法前后曾被广为讨论），原本法律落实情况良好的地区可能会有意识地放松《劳动合同法》执法，而原本法律落实情况不好的地区可能会在《劳动合同法》实施后加强执法。这就会给案件结案率与"未来"法律落实情况之间的关系带来干扰。然而，不存在可以对上述情况进行精确判断的方法，否则开始时就可以有更好的选择，不过，本节仍然试图对此进行检查，尽管这些检查方法本身并不完美。

上述困扰主要源自《劳动合同法》与劳动人事争议案件结案率之间的关系相对较为间接的特点，因此可以尝试寻找能从侧面直接反映《劳动合同法》实施状况的指标来对上述关系进行验证。确实存在一些指标，尽管不完美（否则在前文中就可以直接用它展开分析），存有瑕疵，但它们确实和《劳动合同法》的落实情况存在密切联系，如劳动合同签订率指标等。正如第三章指出的那样，《劳动合同法》会影响劳动合同签订率，因此，劳动合同签订率变化情况可能与法律落实情况存在密切联系，法律落实好的地区能够提高劳动合同签订率，而法律落实差的地区则难以达到提高劳动合同签订率的目的。但是，用劳动合同签订率指标来反映该法的落实情况存在的瑕疵也很明显，因为它是结果指标，在法律之外还有许多因素都可能会影响劳动合同签订率及其变化。

另外，《劳动合同法》的落实情况除了和历史环境有关外，其实施过程中发生的一些事情也可能影响该法在现实中的落实情况，如在实施过程中有些地区可能有针对性地出台了一些优惠或豁免政策，它们使《劳动合同法》的部分内容无法得到切实的贯彻和落实，从分析框架而言，这些政策可能会模糊前文基于案件结案率所体现的劳动法律法规历史环境与《劳动合同法》落实情况之间的对应关系。由于微观数据中正好向企业询问了这方面的信息，因此它也可以作为检验前文分析的方法之一。

一、稳健性分析Ⅰ：基于劳动合同签订率的变化情况

如前文所述，已经有大量文献表明《劳动合同法》确实提高了劳动合同签订率，如果确实如此，那么法律落实好的地区在提高劳动合同签订率方面应该更加明显，因此，检查和比较潜在受干预强的地区的企业和潜在受干预弱的地区的企业的劳动合同签订率变化情况，可以进一步确认案件结案率与《劳动合同法》落实情况之间的关系，尽管这种方法并不完美，可是在不存在完美方法的前提下，它也不失为一种选择。但是，前述分析采用的微观调查数据中并没有提供《劳动合同法》实施前后劳动合同签订率的有关信息（现实中仅有《劳动合同

法》实施之后的情况），而中国人民大学 CGSS 数据则可以在这方面提供帮助。该数据可提供《劳动合同法》实施前后若干年份中受访者在劳动合同方面的有关信息，它的受访者来自全国各地，该数据的缺陷是它并非是专门针对劳动者的调查，因此被访者中劳动者的比例不高。

从前文反映的情况看，农村户口劳动者的劳动合同签订率的变化呈现出明显的地区差异，这种差异与前文依案件结案率进行的分组之间似乎具有一定的关联性，即各组内部劳动合同签订率的变化表现出较大的相似性，而各组之间劳动合同签订率的变化则存在明显差异（如果结合 2006 年、2008 年和 2010 年的数据来看，情况更加明朗）。大体上，潜在受干预强的地区的企业劳动合同签订率普遍呈现明显上升趋势，而潜在受干预弱的地区的企业劳动合同签订率则呈现一定的分化，约一半地区劳动合同签订率不升反降（如果将 2010 年与 2008 年对比则更为严重）。具体而言，对比 2006 年和 2010 年数据，潜在受干预强的地区中除安徽省外其他地区的劳动合同签订率均存在一定程度的提高，而潜在受干预弱的地区中除天津等五个地区①外其余地区的劳动合同签订率均存在程度不等的降低。因此，剔除异常表现的地区后，潜在受干预强的地区的企业劳动合同签订率的变化表现出《劳动合同法》落实情况良好的特征，而潜在受干预弱的地区的企业劳动合同签订率则表现出《劳动合同法》落实情况较差的特征，劳动合同签订率的变化情况与各地区依案件结案率高低分组后所作的预期基本吻合。

相比之下，CGSS 的调查显示，上述相关性在具有城市户口的人群中相对较低，绝大部分地区的具有城市户口的劳动者劳动合同签订率都提高了。总体而言，城市人口劳动合同签订率至少具有两个方面的特征：一是它明显高于具有农村户口劳动者的劳动合同签订率，无论是潜在受干预强的地区的企业还是潜在受干预弱的地区的企业情况均是如此；二是它在《劳动合同法》实施后的变化也大于农村户口劳动者，说明在《劳动合同法》实施后，二者在劳动合同签订率上并没有出现趋同，差距反而拉大，这或许说明《劳动合同法》在落实中可能确实存在一定程度的选择性。尽管两组地区的城市人口劳动合同签订率均有明显提高，但程度上似乎存在一定区别。总体而言，潜在受干预强的地区的企业劳动合同签订率提高幅度大（以变化了多少个标准误为依据），而潜在受干预弱的地区的企业劳动合同签订率幅度小，但也存在少数几个不一致的地区。

---

① 五个地区包括天津、辽宁、上海、湖南和贵州。

因此，劳动人事争议案件结案率高低与《劳动合同法》落实情况之间关系的逻辑链条至少得到了劳动合同签订率指标的较好支持，尽管这种支持并不完美以及它本身尚存在一定瑕疵。为了结合劳动合同签订率指标对基于案件结案率进行的分析进行检验，接下来以民营企业生产人员雇佣人数为例进行重新分析。虽然中国民营企业竞争力调查数据并没有直接显示出生产人员的户口状况，但从农村户口劳动者的占比以及人力资本状况与特点看，他们主要集中在生产岗位，或者说民营企业中生产人员的主要成分是这类劳动者。因此，可以结合农村户口劳动者劳动合同签订率的变化情况在潜在受干预强的地区剔除劳动合同签订率下降的地区，而在潜在受干预弱的地区剔除劳动合同签订率上升的地区。由于考虑了或许更能反映《劳动合同法》实际落实情况的劳动合同签订率指标，重新分析的结果可能更能反映《劳动合同法》实际落实情况与企业生产人员雇佣人数变化之间的关系。结果如表6-7中的第（1）列~第（3）列所示。

表6-7　稳健性检验的回归结果 I

变量	被解释变量：民营企业生产人员人数			被解释变量：民营企业工程技术人员人数		
	（1）	（2）	（3）	（4）	（5）	（6）
$ds \times dh$	-126.50**	-122.40*	-121.90*	-20.97*	-23.06**	-21.58*
	(-2.90)	(-2.45)	(-2.40)	(-2.54)	(-2.60)	(-2.29)
dh	209.80*	213	228.20	10.28	12.59	13.64
	(2.3)	(1.45)	(1.55)	(0.64)	(0.69)	(0.73)
ds	-335.20**	-297.90*	-257.30	-30.58*	-26.05	-16.39
	(-3.10)	(-2.01)	(-1.52)	(-2.01)	(-1.47)	(-0.94)
对数工资	48.19	55.11**	56.85**	9.57	8.76*	9.66*
	(1.76)	(2.98)	(2.87)	(1.83)	(2.1)	(2.56)
GDP 指数	-246.90	-260.50	-296.10	38.58	37.49	31.37
	(-1.17)	(-0.98)	(-1.11)	(1.11)	(0.99)	(0.83)
企业年限		20.51**	17.46**		3.05**	2.85**
		(2.95)	(2.6)		(2.91)	(2.9)
固定资产		0.00*	0.00*		-0.00	0.00
		(2.36)	(2.57)		(-0.34)	(0.12)
常数项	603.20*	294.80	97.19	-10.36	-40.88	-92.71*
	(2.05)	(1.02)	(0.3)	(-0.20)	(-1.06)	(-2.10)

续表

变量	被解释变量：民营企业生产人员人数			被解释变量：民营企业工程技术人员人数		
	（1）	（2）	（3）	（4）	（5）	（6）
行业虚拟变量	—	—	有	762	666	665
N	823	725	724	−20.97*	−23.06**	−21.58*

注：同表6-3。

表6-7的第（1）列模型中加入了企业生产人员的工资和GDP指数作为控制变量，显然，经过采用劳动合同签订率对分组进行调整后，基本结论没有改变，交互项 $ds \times dh$ 回归系数仍然显著，其估计值约为127，符号为负，即潜在受干预强的地区和潜在受干预弱的地区的企业雇佣水平在《劳动合同法》实施前后的变化上存在显著差异，前者比后者少增加了127人。第（2）列进一步添加了企业年限和企业固定资产作为控制变量，第（3）列则继续添加了行业虚拟变量并将标准误调整为考虑了地区聚类效应的稳健标准误，此时交互项回归系数仍为负，回归系数估计值略有下降。但是，总体来看，重新分析得到的结果比上节结果有所增大。如果该估计值确实和《劳动合同法》有关，那么估计值变大或许可以这样解释，综合考虑劳动合同签订率变化的结案率更能反映出《劳动合同法》的实际落实情况（如剔除或减少了选择性执法导致潜在受干预强的地区及法律环境发生了变化的地区），使潜在受干预强的地区更接近为处理组，而潜在受干预弱的地区更接近为对照组，从而使模型估计结果更接近反映《劳动合同法》对企业雇佣水平产生的全部影响（而不是影响之差）。

另外，如果生产人员吸收了全部的农村户口劳动者，那么其他岗位人员就是城市户口劳动者或以城市户口劳动者为主，因此也可以结合城市劳动者劳动合同签订率的变化情况对他们的情况重新进行分析，表6-7中的第（4）列~第（6）列给出了以工程技术人员为例得到的结果。与生产人员的情形相似。

二、稳健性分析Ⅱ：基于优惠或豁免政策的分析

由于《劳动合同法》实施后部分地区给民营企业提供了一些可能抵消《劳动合同法》影响的优惠政策，它将降低《劳动合同法》的实际落实情况以及法律效果，并使案件结案率无法完美反映案件《劳动合同法》的实际落实情况，如潜在受干预强的地区的企业恰好实施了这些政策，而潜在受干预弱的地区的企

业则恰好没有实施这些政策。从微观数据看，全国除少数个别地区外均曾实施或部分实施过针对《劳动合同法》的优惠或豁免政策，尽管力度和范围不大，受影响企业也非常有效。为了避免这些优惠或豁免政策的实施对劳动人事争议案件结案率与《劳动合同法》落实情况之间的关系造成干扰，可以采取两种方式解决这一问题。一是在地区层次方面，如将那些享受相关优惠或豁免政策的企业超过了一定比例（如20%）的地区删除，而仅保留那些大部分企业（如80%以上）都没有享受相关优惠或豁免政策的地区。这将导致损失4个地区的样本。二是在企业层次方面，如将那些享受过相关政策的企业去掉，仅保留没有享受过相关优惠政策的企业。此时样本损失量较大，仅剩下835个有效样本。依据上述两个角度分别对生产人员作了重新分析，删除相关样本后得到的回归结果如表6-8所示。

表6-8 稳健性检验的回归结果 II

变量	被解释变量：民营企业生产人员雇佣人数					
	（1）	（2）	（3）	（4）	（5）	（6）
$ds{\times}dh$	−116.80*	−107.50*	−108.70*	−114.90**	−111.80*	−111.60**
	（−2.49）	（−2.05）	（−2.42）	（−2.77）	（−2.37）	（−2.85）
dh	86.60	71.33	80.51	90.02	99.89	106.20
	（0.95）	（0.68）	（0.73）	（1.01）	（0.99）	（0.97）
ds	18.33	47.60	125.20	−201.10*	−201.30*	−147.70
	（0.22）	（0.57）	（1.01）	（−2.30）	（−2.14）	（−0.96）
生产人员工资	66.54**	70.15**	73.33***	60.95**	62.69**	60.34**
	（3.05）	（3.09）	（3.55）	（2.66）	（2.62）	（2.71）
GDP 指数	28.52	47.75	30.37	−2.412	−31.74	−43.14
	（0.15）	（0.21）	（0.14）	（−0.01）	（−0.14）	（−0.19）
企业固定资产		0.00*	0.00*		0.00	0.00*
		（1.98）	（2.45）		（1.95）	（2.11）
企业年限		22.03*	20.56*		15.43**	12.28*
		（2.57）	（2.28）		（2.66）	（2.51）
常数项	−85.36	−397.50	−649.80*	125.50	−38.16	−198.20
	（−0.35）	（−1.56）	（−2.03）	（0.51）	（−0.15）	（−0.56）
行业虚拟变量	—	—	—	—	—	—

续表

变量	被解释变量：民营企业生产人员雇佣人数					
	（1）	（2）	（3）	（4）	（5）	（6）
N	748	656	655	835	744	743

注：第（1）列~第（3）列不包含调查期间享受过暂缓缴纳五项社会保险政策的企业的比例超过20%的地区；第（4）列~第（6）列不包含调查期间享受过暂缓缴纳五项社会保险政策的企业。其他同表6-3。

　　显然，第（1）列~第（3）列的结果表明，将那些可能存在较多企业享受了相关优惠或豁免政策的地区删除后，前文结论依然成立，即潜在受干预强的地区和潜在受干预弱的地区的民营企业在生产人员雇佣人数变化上确实存在显著差异。第（4）列~第（6）列也有类似结果。因此，即便考虑到各地区可能实施过一些抵消《劳动合同法》效力的政策，依案件结案率高低得到的民营企业生产人员雇佣水平在各地区的差异也显著存在。

第五节　反事实检验

　　尽管经过了上述检验，但对上述结果可靠性的担忧可能仍未消失，因为，即便劳动人事争议案件结案率不同的地区民营企业雇佣水平在《劳动合同法》实施前后的变化真的存在显著差异，但它是否真的和《劳动合同法》有关，还是仅仅是那些原本引起这种差异的因素使然？为了考察这一点，可以来了解一下企业雇佣水平在2008年以前的变化情况，由于中国民营企业竞争力调查最早只有2007年的数据，因此用它无法进行此类分析。不过，国泰君安的非上市公司数据库中存在2008年以前的企业雇佣水平数据，这足以通过构建一次反事实检验来完成对上述问题的考察。

　　国泰君安的数据中并没有民营企业这个类别，但可以考察其中一种和民营企业可能较为接近的企业类型——私营独资公司。可以利用2005年、2006年或2006年、2007年的数据进行一次反事实检验。从2005年的数据来看，共包含20179家私营独资公司，其中提供了有效信息的企业有20165家，包括6508家潜在受干预强的地区的企业和 13291 家潜在受干预弱的地区的企业。两组企业雇佣水平大体上较为相似，分别为 271 人和 267 人。假设导致两组地区企业雇佣水平在《劳动合同法》实施前后的变化出现显著差异的因素并不是《劳动合同法》，而是在 2006 年或 2007 年前即已存在的某些未知因素，那么，可以按照前文的方法利用该数据再次进行分析，结果如表 6-9 所示。

表 6-9　反事实检验的结果

变量	被解释变量：企业员工总数							
	2005 年和 2006 年的数据				2006 年和 2007 年的数据			
	(1)	(2)	(3)	(4)	(5)	(6)	(7)	(8)
$ds \times dh$	1.41	0.95	0.93	0.84	0.36	0.87	0.84	0.75
	(0.86)	(0.53)	(0.51)	(0.46)	(0.41)	(0.93)	(0.86)	(0.77)
ds	−6.18*	−5.04*	−5.18*	−7.75***	−4.91	−4.52*	−4.68*	−7.29***
	(−2.26)	(−2.03)	(−2.09)	(−3.40)	(−1.94)	(−2.27)	(−2.20)	(−3.50)
dh	3.07*	−2.74	−2.66	−2.39	2.59***	−2.58*	−2.48	−2.30
	(2.11)	(−1.54)	(−1.32)	(−1.21)	−4.62	(−2.11)	(−1.48)	(−1.46)
企业平均工资	−0.63***	−0.79***	−0.79***	−0.79***	−0.36***	−0.35***	−0.35***	−0.36***
	(−10.49)	(−13.00)	(−12.93)	(−12.62)	(−7.29)	(−6.81)	(−6.82)	(−7.02)
固定资产		0.00**	0.00**	0.00**		0.00**	0.00**	0.00**
		(3.13)	(3.13)	(3.19)		(2.83)	(2.83)	(2.86)
企业年限		2.44***	2.44***	2.40***		2.16***	2.16***	2.19***
		(10.52)	(10.52)	(10.23)		(9.56)	(9.55)	(9.51)
GDP 指数			−0.00	−0.00			−0.00	−0.00
			(−0.16)	(−0.99)			(−0.16)	(−0.81)
常数项	123.10***	84.40***	84.85***	84.13***	121.40***	86.84***	87.35***	80.64***
	(56.31)	(13.56)	(10.89)	(10.39)	(61.26)	(15.93)	(11.06)	(9.54)
行业虚拟变量	—	—	—	有	—	—	—	有
N	39947	39923	39923	39923	40221	40203	40203	40203

注：括号内为 t 值；***、**、*分别代表在 0.1%、1%、5%的显著性水平；标准误为稳健标准误。

可以发现，无论是以 2005 年、2006 年的数据还是对 2006 年、2007 年的数据进行分析，在控制了企业年限、平均工资和行业等特征后，交互项 $ds{\times}dh$ 的回归系数尽管符号为正，但估计值非常小，不及原雇佣规模的 1%，且在统计上不显著（10% 的置信水平），说明在《劳动合同法》实施前，潜在受干预强的地区和潜在受干预弱的地区的企业雇佣水平变化上不存在显著差异，至少未能发现前者存在相对于后者的显著下降趋势[1]。因此导致两组企业的雇佣水平在《劳动合同法》实施前后的变化存在显著差异的因素似乎并没有给 2005~2006 年或 2006~2007 年企业雇佣水平的变化带来显著差异。因此，大体上可以排除是劳动人事争议案件结案率的差异本身或那些导致劳动人事争议案件结案率差异的内在因素导致了前文结果的出现，这至少增加了前文的发现更可能属于 2008 年后新出现的外生冲击（如《劳动合同法》）的可能性。在 2008 年前后，从劳动力市场的角度而言，最大的并且会在案件结案率不同的地区产生差异影响的外生冲击当数《劳动合同法》。因此，从这个角度看，不妨谨慎地认为，前文所发现的潜在受干预强的地区的民营企业雇佣水平相对于潜在受干预弱的地区的民营企业雇佣水平所出现的下降趋势是《劳动合同法》的影响所致。在合理假设下，这意味着《劳动合同法》的实施给民营企业雇佣水平带来了负面影响。

第六节　最低工资对结论的影响

如果说在《劳动合同法》之外在 2008 年前后还存在一种对劳动力市场的直接冲击，这或许就是 2008 年前后所发生的最低工资调整，而且它也存在地区差异，因此不排除两组民营企业雇佣水平变化差异可能是最低工资影响所致的可能，至少它可能包含了最低工资的影响（有些文献已经分析了最低工资对我国就业产生的影响，尽管它们的结论并不一致）。从公开渠道获得的信息看，2007 年、2008 年和 2009 年的最低工资确实并不一致，不过这个变化主要发生在 2008 年，因为 2009 年中国劳动和社会保障部曾经发文要求暂缓调整最低工资。而 2008 年除 5 省份未调整最低工资外，其他省份均不同程度地调整了最低工资。其中未调整最低

---

[1]　也可以考虑将各种类型的私营企业放在一起，包括私营有限责任公司、私营独资企业、私营股份合作企业。但结论基本不变，即不存在显著为负的交互项回归系数估计值。

工资的 5 个省份中, 1 个省份属于前文的潜在受干预强的地区, 4 个省份属于潜在受干预弱的地区。从这点看, 潜在受干预强的地区和潜在受干预弱的地区在落实劳动法律法规上的区别似乎在最低工资调整上也得到了支持, 不过, 这也加剧了前文得到的结果包含最低工资调整影响的可能。更为甚者, 在调整了最低工资的地区, 两组地区也存在差异。整体来看, 潜在受干预强的地区的最低工资调整幅度大于潜在受干预弱的地区的最低工资调整幅度, 前者最低工资平均提高了约 110 元, 而后者最低工资平均提高了约 81 元。如果提高最低工资会降低企业雇佣水平 (实际上这点尚有争议), 那么潜在受干预强的地区更大幅度提升最低工资的行为也会使企业雇佣水平降低更多 (相对于劳动人事争议案件结案率低的地区), 它在方向上正好与前文估计结果一致, 因此不排除前文结果是最低工资调整所致的可能[1]。

进一步考察发现, 在所有提高了最低工资的地区中, 潜在受干预强的地区和潜在受干预弱的地区在最低工资变化上的差异主要来自少数几个地区, 如潜在受干预强的地区中有 2 个地区的最低工资标准提高幅度偏大, 而潜在受干预弱的地区中有 3 个地区最低工资标准提高幅度偏小, 如果把这些偏小或偏大的地区去除, 则两组地区内部以及地区之间的最低工资标准调整幅度较为接近, 差距不明显, 而两组地区最低工资标准提高幅度的平均值分别为 99 元和 96 元。

为了了解最低工资调整对前文结论的影响, 接下来将最低工资的变化考虑到前文分析中。可以通过三种方式将最低工资融入到分析中: 第一种方式是根据最低工资的变化情况, 将少部分最低工资 (按最高标准) 变化异常的地区剔除, 从而增加两组地区在最低工资标准变化上的相似性; 第二种方式是不删除最低工资变化异常的地区, 但将最低工资作为控制变量加入分析中; 第三种方式是在去掉最低工资调整异常地区的同时将最低工资作为控制变量加入分析中, 结果如表 6-10 和表 6-11 所示。

表 6-10 考虑最低工资后的回归结果 I

解释变量	被解释变量: 生产人员雇佣人数				被解释变量: 工程技术人员雇佣人数			
	(1)	(2)	(3)	(4)	(5)	(6)	(7)	(8)
$ds \times dh$	-106.30**	-110.10*	-123.50*	-119.80	-16.15**	-19.79*	-20.85*	-19.78*
	(-2.98)	(-2.41)	(-2.05)	(-1.83)	(-2.68)	(-2.28)	(-2.41)	(-2.49)

[1] 王梅 (2012) 对中国东、中、西部劳动力市场的研究表明, 最低工资对就业的影响在方向上并不明确。

续表

解释变量	被解释变量：生产人员雇佣人数				被解释变量：工程技术人员雇佣人数			
	（1）	（2）	（3）	（4）	（5）	（6）	（7）	（8）
dh	118.60	111.40	75.57	30.24	8.19	0.07	8.04	-4.40
	(1.03)	(0.79)	(0.58)	(0.13)	(0.65)	(0.01)	(0.51)	(-0.21)
ds	-81.30	-71.67	-80.03	-27.09	-5.34	4.625	4.08	18.79
	(-0.57)	(-0.41)	(-0.36)	(-0.09)	(-0.40)	(0.23)	(0.22)	(0.54)
对数工资	72.64***	72.28***	75.09**	73.47**	10.63*	9.85**	14.49*	13.34*
	(3.97)	(3.98)	(3.22)	(3.11)	(2.5)	(2.58)	(2.37)	(2.47)
GDP指数	-62.27	-55.09	83.14	103.20	31.01	39.84	43.88	49.31
	(-0.27)	(-0.22)	(0.34)	(0.38)	(1)	(1.29)	(1.6)	(1.78)
固定资产	0.00*	0.00*	0.00	0.00	-0.00	-0.00	-0.00	-0.00
	(2.27)	(2.24)	(1.65)	(1.79)	(-0.09)	(-0.14)	(-0.36)	(-0.06)
企业年限	17.82**	17.79**	15.96	15.72	2.14**	2.11**	2.45*	2.40*
	(2.77)	(2.79)	(1.72)	(1.78)	(2.88)	(2.88)	(2.42)	(2.56)
最低工资标准		0.08		0.38		0.08		0.10
		(0.12)		(0.28)		(0.83)		-0.63
常数项	-390.60	-444.80	-436.90	-695.70	-91.96*	-145.70	-140.80*	-206.70
	(-1.22)	(-0.73)	(-0.88)	(-0.63)	(-2.11)	(-1.63)	(-2.42)	(-1.47)
行业虚拟变量	有	有	有	有	有	有	有	有
N	900	900	598	598	1055	1055	698	698

注：最低工资采用的是各地区最低工资标准中的最高值；除去了年限小于等于2的企业。括号内为 t 值；***、**、* 分别代表在0.1%、1%、5%的显著性水平；标准误均为考虑了地区聚类效应的稳健标准误。

除了表6-10中最低工资标准采用最低工资标准中的最高标准而表6-11中最低工资标准采用最低工资标准中的最低标准的差异外，表6-10和表6-11的设置完全相同，其中第（1）列和第（5）列为没有考虑最低工资的情形，第（2）列和第（6）列为直接将最低工资标准作为控制变量加入模型中，第（3）列和第（7）列为在样本中删除了最低工资标准调整异常的企业情形，第（4）列和第（8）列则既在样本中删除了最低工资标准表现异常的企业，且将最低工资标准作为控制变量加入模型中的情形。从表6-10和表6-11得到的结果看，即便考虑了最低工资标准调整的差异，潜在受干预强的地区和潜在受干预弱的地区在企业雇佣水平的变化上依然存在显著差异，即前者的企业雇佣水平相对于后者显著下降（由于样本数量减少，第（4）列对应的交互项 $ds \times dh$ 回归系数估计值的显著性有所降低，但依然在5%的置信水平上显著）。不仅如此，通过比较交互项回归系数估计值的大小可以发现，考虑最低工资标准调整的做法并未对前文的结果产生根本影响，交互项 $ds \times dh$ 的回归系数估计值的大小基本不变。

表6-11 考虑最低工资后的回归结果 II

解释变量	被解释变量：生产人员雇佣人数				被解释变量：工程技术人员雇佣人数			
	(1)	(2)	(3)	(4)	(5)	(6)	(7)	(8)
$ds \times dh$	−106.30**	−95.84**	−123.50*	−129.40*	−16.15**	−16.72*	−20.85*	−20.58*
	(−2.98)	(−2.63)	(−2.05)	(−2.20)	(−2.68)	(−2.46)	(−2.41)	(−2.46)
dh	118.60	146	75.57	114.20	8.19	6.28	8.04	6.40
	(1.03)	(1.16)	(0.58)	(0.74)	(0.65)	(0.53)	(0.51)	(0.46)
ds	−81.30	−120.90	−80.03	−142.60	−5.34	−2.88	4.08	6.63
	(−0.57)	(−0.74)	(−0.36)	(−0.50)	(−0.40)	(−0.17)	(0.22)	(0.24)
对数工资	72.64***	74.83***	75.09**	77.32***	10.63*	10.35**	14.49*	14.26*
	(3.97)	(4.16)	(3.22)	(3.35)	(2.5)	(2.66)	(2.37)	(2.52)
GDP 指数	−62.27	−90.56	83.14	61.59	31.01	33.17	43.88	44.87
	(−0.27)	(−0.38)	(0.34)	(0.24)	(1)	(1.12)	(1.6)	(1.8)
固定资产	0.00*	0.00*	0.00	0.00	−0.00	−0.00	−0.00	−0.00
	(2.27)	(2.25)	(1.65)	(1.52)	(−0.09)	(−0.10)	(−0.36)	(−0.27)
企业年限	17.82**	17.95**	15.96	16.36	2.14**	2.13**	2.45*	2.43*
	(2.77)	(2.8)	(1.72)	(1.8)	(2.88)	(2.89)	(2.42)	(2.54)
最低工资标准		−0.34		−0.37		0.02		0.02
		(−0.76)		(−0.52)		(0.32)		(0.17)
常数项	−390.60	−223.20	−436.90	−241.50	−91.96*	−101.50	−140.80*	−147.70
	(−1.22)	(−0.50)	(−0.88)	(−0.33)	(−2.11)	(−1.69)	(−2.42)	(−1.81)
行业虚拟变量	有	有	有	有	有	有	有	有
N	900	900	598	598	1055	1055	698	698

注：同表6-10。

第七节　本章小结

　　本章基于各地区落实劳动法律法规的历史情况与落实《劳动合同法》的现实情况之间可能存在内在联系的认识，考察了劳动人事争议案件结案率与各地区劳动法律法规历史环境乃至《劳动合同法》落实情况之间的相关性，并以此为基础考察潜在受干预强的地区和潜在受干预弱的地区的民营企业雇佣水平在《劳动合同法》实施前后的变化情况。结果发现，潜在受干预强的地区和潜在受干预弱的地区在民营企业雇佣水平的变化上存在显著差异，潜在受干预强的地区民营企业雇佣水平相对于潜在受干预弱的地区民营企业雇佣水平有所下降，该结果符合基于劳动人事争议案件结案率与各地区劳动法律法规历史环境乃至《劳动合同法》落实情况之间关系所作的预期。

　　民营企业在员工雇佣上的调整不仅仅停留在雇佣水平上，还体现在雇佣结构上，雇佣结构的调整意味着企业在调整员工时可能根据自身情况和特点做出了理性的安排。不仅如此，如果从生产人员和工程技术人员的比率来看，《劳动合同法》实施后，生产人员和工程技术人员的比率趋于下降，如果这个比率具有生产率的含义，似乎意味着《劳动合同法》实施后民营企业的生产率可能有所提高。但从劳动者的角度看，这也意味着不同劳动者对《劳动合同法》提供的就业保护可能会存在不同的感受，同时，也意味着在《劳动合同法》实施前企业对劳动者利益的侵蚀存在群体性的差别，有些劳动者（如生产人员和一般行政人员）可能被侵占了较多的利益，因此，在《劳动合同法》实施后，因为用工关系的规范化，这种因"过多"雇佣消失而带来的雇佣水平下降在他们身上也最为明显。

　　为了确认各地区劳动人事争议案件结案率差异与民营企业雇佣水平变化差异之间的相关性与《劳动合同法》实施之间的关系，为此展开了一系列的检验，如在案件结案率的基础上考虑了部分更能反映《劳动合同法》落实情况的指标，包括劳动合同签订率以及各地区在《劳动合同法》实施后采取优惠或豁免政策的情况，等等，力图使由案件结案率所反映的劳动法律法规历史环境更能反映《劳动合同法》的实际落实情况。这些努力最终表明，由案件结案率所反映的劳动法律法规历史环境大体上或许能较好地反映《劳动合同法》的实际落实情况，这增加了企业雇佣水平变化存在的上述差异是《劳动合同法》的影响所致的可能性。

为了检查民营企业雇佣水平变化在地区上呈现的差异是否是分组本身所导致的结果（而和《劳动合同法》的实施之间没有必然联系），本章构造了一个反事实检验，结果表明民营企业雇佣水平变化差异在《劳动合同法》实施之前并不存在，因此它并不是分组本身必然导致的结果，它的出现离不开外生冲击的影响。从这个角度看，将不同地区的企业在雇佣水平变化上出现的差异归因于《劳动合同法》的影响可能不会存在太大的风险，换言之，在合理假设下，可以谨慎地认为《劳动合同法》对企业雇佣水平存在负面影响，各地区法律落实情况的不同导致了企业雇佣水平受到影响的不同，进而导致了各地区的企业雇佣水平在变化上出现显著差异。

尽管2008年前后许多地区都调整了最低工资标准，当然这种调整也存在地区差异，但它不会对前文的结论产生影响，因为即便将地区间最低工资标准调整的差异考虑进去，潜在受干预强的地区和潜在受干预弱的地区的民营企业雇佣水平在《劳动合同法》实施前后变化依然存在显著的差异，且大小基本不变。

不过，值得注意的是，由于与《劳动合同法》同时生效的还有其他法律，因此上述估计可能综合了所有同期生效的劳动法律法规的影响。根据微观数据所涉及的年份，与《劳动合同法》同期生效的还有另外两部重要的劳动法律法规，即《就业促进法》和《劳动争议调解仲裁法》，它们给劳动力市场带来的潜在冲击同样不可忽视。《就业促进法》所涉及的内容主要体现在宏观层面，即就业支持和公平就业两个方面。它可能不会直接影响企业的雇佣情况，但如果它采取补贴的方式扩大就业，则可能会提高企业雇佣水平，因此它可能倾向于降低《劳动合同法》对民营企业雇佣水平的负面影响。

《劳动争议调解仲裁法》对结论的影响则较为模糊。《劳动争议调解仲裁法》并不直接干涉那些影响企业雇佣的相关因素，但它可能会加快劳动争议的解决过程，缩短解决劳动争议所需要的时间，降低劳动者发起劳动争议维护自身权益的（时间）成本。就此而言，《劳动争议调解仲裁法》有利于《劳动合同法》的落实及影响的发挥，有利于《劳动合同法》效应的显现。但由于它降低了劳动者维护自身权益的成本，因此即便没有《劳动合同法》，劳动者也会更加容易发起诉讼维护自身利益，导致企业成本上升而雇佣水平下降。因此，前文结果可能包含了《劳动争议调解仲裁法》的影响，因为前文的结果是基于地区差异的比较，而从各地区案件结案率的排名在《劳动合同法》实施前后总体表现看，大部分地区的排名基本维持稳定，虽然少部分地区排名受到了影响，但正如本章第二节所指出的，它可能是这些地区在《劳动合同法》实施后短期内劳动争议案件数出现了大幅度异常变化的原因所致。

第七章　溢出效应：劳动者加班时间的变化

　　《劳动合同法》实施前后民营企业雇佣水平的变化在不同企业和地区间具有明显差异，且这种差异在方向上和《劳动合同法》对企业雇佣水平的预期影响保持一致，即民营企业雇佣水平在受《劳动合同法》影响大的企业或地区上升较小，而在受《劳动合同法》影响小的企业或地区上升较大。如果这种差异确实源于《劳动合同法》的外生冲击，那么民营企业的劳动投入将可能因为员工雇佣水平降低而受到影响。不过，企业的劳动投入不仅取决于雇佣水平，还取决于员工的工作时间。如果《劳动合同法》实施后，受就业保护上升或企业其他激励措施影响，导致员工工作时间延长，则企业最终劳动投入可能未必下降？那么，员工雇佣水平的降低是否对民营企业的生产经营产生了实质性影响？或者说民营企业劳动者是否会延长工作时间进而增加劳动投入保障了企业的正常生产经营呢？

　　通过正向有效激励促进劳动者延长工作时间是民营企业在降低雇佣水平时确保生产经营正常进行的可行选择。Jous（2006）曾提出就业与加班之间存在负向关系的观点，不过他同时认为加班时间下降并不会带来就业上升，即二者之间的关系是单向的。如果这种关系确实存在，可以预期，如果在《劳动合同法》实施后企业降低了雇佣水平，那么，为解决生产中的劳动投入，企业将可能会通过各种有效激励鼓励劳动者延长加班时间[①]。实际上，Edward（1990）很早就曾研究过就业保护机制对劳动时间的影响，认为保护机制对劳动时间的影响甚至可能大于对人数的影响。劳动者延长加班时间既是保护机制下企业应对雇佣水平下降

---

　　① Jolls（2006）认为加班实际上是以使少部分人密集就业的形式增加了企业的"实际"就业但同时却使另一部分人处于失业状态。

的方式，也是企业雇佣水平下降得以顺利实现的重要保障。与雇佣新员工相比，在就业保护制度及有效激励下，员工主动延长加班时间客观上可以起到帮助企业解决生产中的劳动投入问题，其优势在于它有效地回避了就业保护带来的困扰，让企业可以根据自身生产经营状况的需要灵活调节生产中的劳动投入，但却不需要为此支付承担任何雇佣成本和解雇成本，尽管它为此可能向劳动者支付了相对较高的加班工资。关于员工加班时间延长与否的探讨不仅可以考察员工雇佣水平下降后企业是否采取了积极应对措施，即是否企业采取了鼓励员工主动延长加班时间的措施，还有助于考察劳动者延长加班时间是否足以抵消员工雇佣水平下降带来的对企业生产经营的冲击。

第一节 加班时间的宏观表现

图 7-1 描述了 2006～2010 年 16～19 岁年龄组、30～34 岁年龄组、45～49 岁年龄组城镇就业人员的平均工作时间情况。如果按照每周正常工作时间为 40 小时的国家规定，那么劳动者在 40 小时之外的工作时间即为加班时间，趋势上它与平均工作时间的变化相同。

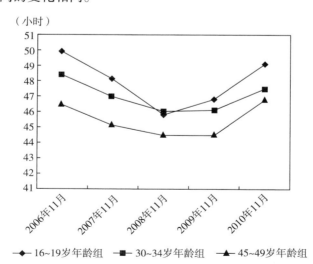

图 7-1 城镇就业人员调查周平均工作时间

资料来源：根据历年《中国劳动统计年鉴》数据整理计算得到。

从图 7-1 看，三个年龄组的平均工作时间有相同或相似的变化趋势，即 2008 年以前平均工作时间呈下降趋势，而 2008 年以后平均工作时间呈上升趋势。实际上，《中国劳动统计年鉴》的数据显示，除 50~54 岁年龄组略有不同外，几乎所有年龄组的平均工作时间都与图 7-1 所呈现的情形相同或相似，即在 2008 年前与 2008 年后经历了完全相反的变化趋势。不仅如此，本书还考察了按受教育年限划分的不同受教育程度城镇就业人员的平均工作时间，结果与之相似。因此，大体可以认为城镇就业人员的加班时间普遍有如下经历：在《劳动合同法》实施前加班时间趋于下降；在《劳动合同法》实施后加班时间趋于上升。

将加班时间变化状况与同期其他人口信息对比或许能有更清晰的认识。表 7-1 给出了 2006~2010 年城镇就业人员数量、平均工作时间及其他人口指标的情况。城镇就业人员调查周平均工作时间表现为《劳动合同法》实施前趋于减少而《劳动合同法》实施后趋于增加（尽管 2008 年表现为降幅大幅收窄，2009 年止跌回升），与之相对，城镇就业人员数量则保持持续增长，增速均在 3.7% 以上，尽管增速历年差距不大，但总体上《劳动合同法》实施后的增速明显低于《劳动合同法》实施前的情形。《劳动合同法》实施前后城镇就业人数的变化趋势（增速前快后慢）和城镇就业人员平均工作时间变化趋势（先减后增）存在某种呼应关系。这种关系似乎并非劳动力市场趋于紧张的结果，表 7-1 中的经济活动人口和登记失业率也表明了这点，因为 2008 年后经济活动人口增速并不比以前低，登记失业率也有类似表现。而且《劳动合同法》实施前全国就业人员数同比增幅均要高于或非常接近于 16 岁以上人口增幅，但此后全国就业人数同比增幅却明显低于 16 岁以上人口增幅（也低于经济活动人口增幅），因此，似乎难以将劳动者工作时间在《劳动合同法》实施前后的变化归因于劳动力市场紧张的结果。

表 7-1　城镇就业人员数量、平均工作时间及其他宏观变量的变化情况 单位:%

年份	调查周平均工作时间		就业人数	16 岁以上人口	全国就业人员数	经济活动人口	登记失业率
	同比增速	增速变化	同比增速	同比增速	同比增速	同比增长	
2006	-1.11	-6.16	4.37	0.90	0.80	0.50	4.10
2007	-3.81	-2.70	4.47	1.00	0.80	0.50	4.00
2008	-1.98	1.83	3.72	1.20	0.60	0.50	4.20
2009	0.22	2.20	3.80	1.10	0.70	0.70	4.30
2010	5.21	4.99	4.10	2.80	0.40	1.10	4.10

资料来源：同图 7-1。

如果 2008 年后劳动者工作时间的延长不是劳动力市场紧张的结果，那么，这可能表明是企业改变了用工模式，它一方面减少了雇佣水平，另一方面却采取了激励措施，鼓励员工延长加班时间（以解决生产中的劳动投入），前者已在前文中得到了验证，后者则是本章要讨论的问题，本章将证实，劳动者加班时间的转变和《劳动合同法》的实施之间存在密切的关系，劳动者延长工作时间可能是《劳动合同法》降低了企业雇佣水平后，企业为应对劳动投入下降而对劳动者采取了有效激励措施且劳动者接受了这种激励后的结果，不过，它也可能是《劳动合同法》本身的结果，如就业保护的增强可能提升了劳动者主动延长工作时间的激励，但也可能是其他因素所致，如 2008 年的国际金融危机，金融危机带来的产品需求下降或许可以解释 2008 年后城镇就业增速的下降，但它却不能解释 2008 年前中国经济增速过快甚至过热情形下，劳动者加班时间的下降以及 2009 年及此后加班时间普遍上升的趋势。2008 年前后劳动者加班时间变化趋势的改变极可能是劳动力市场制度变化的结果，这种变化不仅改变了企业的用工方式，也改变了企业的薪酬制度设计，尤其是更加重视加班激励，而《劳动合同法》则正是这期间所发生的最大制度变化。

第二节　员工延长加班时间的企业表现

为了进一步明确《劳动合同法》与法律实施前后民营企业员工加班时间变化的关系，接下来借助前文分析企业雇佣规模变化时的思路，即基于企业年限与无固定期限劳动合同条款法律效力的关系，利用微观数据进行深入考察。

一、生产人员

表 7-2 给出了依据企业年限划分的三类企业生产人员加班时间及其变化情况。与加班时间的宏观表现有所不同的是，微观数据显示民营企业生产人员加班时间总体上趋于下降，尽管降幅不大（约为 4.4%），但各类企业的具体情况相差甚大。其中，年限等于 10 的企业生产人员加班时间的表现与上节所揭示的宏观趋势一致，即《劳动合同法》实施后加班时间有所上升，平均上升了约 5.32%；而年限小于 10 的企业和年限大于 10 的企业的生产人员平均加班时间则

趋于下降，但二者也存在明显差异，前者下降了约 8.95%，后者下降了约 2.64%。

表 7-2　三类企业生产人员的加班时间及其变化情况　　　　　单位：小时

企业类型	观测值	变化		水平	
		均值	标准差	均值	标准差
所有企业	476	−0.30	3.20	5.50	6.50
年限小于 10	194	−0.50	3.30	5.10	6
年限等于 10	34	0.30	3.80	5.20	6.50
年限大于 10	247	−0.20	3	5.80	7

资料来源：根据《2009 年全国民营企业就业状况调查》数据计算整理得到。

　　三类企业生产人员加班时间的变化趋势和第四章揭示的企业生产人员雇佣人数变化趋势存在明显的对应关系：年限为 10 的企业生产人员雇佣人数增加量最少，加班时间延长量最多；年限小于 10 的企业生产人员雇佣人数增加量最多，加班时间延长量最少；年限大于 10 的企业生产人员雇佣人数变化量和加班时间延长量都处于中间位置。无论是加班时间的变化，还是加班时间变化与雇佣人数变化之间的对应关系，都和基于企业年限与无固定期限劳动合同条款法律效力的关系所作的预期相符，即在《劳动合同法》无固定期限劳动合同条款制约下，年限为 10 的企业由于突如其来的冲击而受到的影响最大，以加班激励措施来鼓励劳动者主动延长加班时间的必要性自然也最高；年限小于 10 的企业则由于暂时未被这种制约覆盖（如不存在连续工作满 10 年的员工）而导致回旋空间大、受到冲击最小，企业采取加班激励措施来鼓励劳动者延长加班时间的必要性最低；而年限大于 10 的企业受到的冲击位居二者之间，因此企业采取加班激励措施来鼓励劳动者延长加班时间的必要性也位居二者之间。

　　上述现象表明，生产人员加班时间的上升或许是为了应付《劳动合同法》对生产人员雇佣水平带来的不利冲击。但显然，这还需要控制其他因素的干扰，接下来通过回归分析完成这一工作。与前文类似，可以在以生产人员加班时间变化量为被解释变量的回归模型中通过企业年限或依企业年限而设置的定序变量来体现《劳动合同法》无固定期限劳动合同条款的法律效力，表 7-3 给出了相应的回归结果。但正如前文所指出的那样，这种回归分析并不能构成严格的因果关系解释。回归模型的设置与前文相似，即采取以下形式：

$$\Delta y = \alpha + \gamma' \times \Delta a_0 + \sum \delta \times X + \varepsilon \qquad (2\text{-}10)$$

其中，Δy 由企业雇佣人数的变化量改为企业员工加班时间的变化量，其他变量设置与第五章完全相同。

表 7-3　以企业生产人员加班时间变化量为被解释变量的回归结果

变量	被解释变量：企业生产人员加班时间变化量							
	（1）	（2）	（3）	（4）	（5）	（6）	（7）	（8）
企业年限	0.11 *	0.12 **	0.12 *	0.12 *				
	(1.84)	(2.05)	(1.97)	(1.91)				
定序变量					−0.50 **	−0.55 **	−0.52 *	−0.52 *
					(−2.04)	(−2.26)	(−1.87)	(−1.71)
加班规模	0.12 ***	0.13 ***	0.12 ***	0.12 *	0.12 ***	0.13 ***	0.12 **	0.12 **
	(4.94)	(5.01)	(4.74)	(2.04)	(4.95)	(5.03)	(2.29)	(2.10)
生产人员工资	0.00	−0.00	0.00	0.00	−0.00	−0.00	−0.00	−0.00
	(0.01)	(−0.01)	(0.11)	(0.54)	(−0.10)	(−0.14)	(−0.04)	(−0.04)
固定资产净值	−0.00	−0.00	−0.00	−0.00 **	−0.00	−0.00	−0.00 *	−0.00 **
	(−0.82)	(−0.96)	(−0.89)	(−2.06)	(−1.03)	(−1.20)	(−1.86)	(−2.13)
人均 GDP		−0.19	−0.19	−0.19 **		−0.19	−0.18 **	−0.18
		(−1.59)	(−1.57)	(−2.53)		(−1.60)	(−2.09)	(−2.23)
常数项	−1.80 **	−1.43 **	−1.52	−1.52 *	−0.05	0.51	0.50	0.50
	(−3.00)	(−2.25)	(−1.59)	(−1.81)	(−0.12)	(0.95)	(0.98)	(0.83)
行业虚拟变量	—	—	有	有	—	—	有	有
N	251	251	250	250	250	251	250	250

注：括号内为 t 值；***、**、*分别代表在 1%、5%、10%的显著性水平；第（4）列、第（8）列采用稳健标准误，并考虑了地区水平上的聚类效应，其余各列采用的是回归标准误。样本剔除了成立年限较短的企业和成立年限很长的企业，仅包括成立年限大于 4 和小于 15 的企业。

表 7-3 中的第（1）列对应的回归模型采用的解释变量是企业年限，模型中加入了企业特征作为控制变量，包括企业生产人员加班时间规模、生产人员工资和企业固定资产净值。企业年限的回归系数估计值为正，并在 5%的置信水平上显著。即控制了企业规模等因素后，企业生产人员加班时间在《劳动合同法》

实施前后的变化量和企业年限之间大体上呈正向关系，成立年限长的企业劳动者倾向于增加更多加班时间，成立年限短的企业劳动者倾向于增加更少加班时间。第（2）列在第（1）列的基础上加入了人均 GDP 作为控制变量，因为收入水平可能会影响劳动者的加班意愿。第（3）列则进一步加入了控制行业特征的虚拟变量，第（4）列则在第（3）列的基础上将标准误调整为考虑了地区聚类效应的稳健标准误。企业员工加班时间变化量和企业年限之间的关系并未发生改变，企业年限的回归系数估计值依然为正，并在 10% 的置信水平上显著。整体来看，不同成立年限的企业劳动者加班时间变化量存在显著差异，高一成立年限的企业生产人员加班时间延长量要比低一成立年限的企业生产人员加班时间延长量高出 0.12 小时左右。尽管 0.12 小时的差异并不大，但考虑到加班时间基数及其在企业年限上的累积效应，它对企业产生的最终影响不容忽视。

第（5）列是以定序变量为解释变量得到的回归结果，其中定序变量的设置与第四章分析企业生产人员雇佣人数变化时相同。依企业年限设置的定序变量的估计结果为负，且在 5% 的置信水平上显著。这一结果说明，年限为 10 的企业生产人员加班时间延长最多，年限小于 10 的企业生产人员加班时间延长最少，而年限大于 10 的企业生产人员加班时间延长量处于居中水平。第（6）列~第（8）列陆续在模型中引入了人均 GDP 和行业虚拟变量并对标准误考虑了地区聚类效应，但结果不变，虽然定序变量的显著性略有下降，稳定在 0.52 左右。因此，在控制了其他因素后，三类企业劳动者在加班时间变化上呈现的趋势符合预期，即年限为 10 的企业生产人员雇佣水平下降大，在相关激励措施和机制下，员工会更多地延长加班时间，年限小于 10 的企业生产人员雇佣水平下降小，在相应的激励措施和机制下，员工会较少地延长加班时间，而年限大于 10 的企业生产人员雇佣水平的下降处于适中水平，因此在相应的激励措施和机制下，员工加班时间的延长量处于适中水平。

从方向上看，上述结果与基于不同年限的企业生产人员雇佣人数变化上的差异而对劳动者加班时间所作的预期相符，即成立年限短的企业生产人员加班时间延长量小，成立年限长的企业生产人员加班时间延长量大。

二、工程技术人员

企业工程技术人员在延长加班时间上的表现似乎和生产人员略有不同，表7-4给出了三类企业的情况。首先，三类企业工程技术人员加班时间在《劳动合同法》实施后均有所下降。其次，三类企业工程技术人员加班时间的变化与企业年限大小之间似乎存在线性关系，成立年限短的企业工程技术人员加班时间延长量少，成立年限长的企业工程技术人员延长量多，但没有发现成立年限为10的企业工程技术人员的加班时间变化有异常表现。

表7-4　三类企业工程技术人员的加班时间及其变化情况　　单位：小时

企业类型	观测值	水平		变化	
		均值	标准差	均值	标准差
所有企业	511	4.92	6.87	−0.20	3.23
年限小于10	208	5.15	6.75	−0.29	3.19
年限等于10	38	4.14	4.49	−0.23	2.89
年限大于10	264	4.86	7.24	−0.13	3.33

资料来源：同表7-2。

为了考察工程技术人员加班时间变化在控制其他因素后能否呈现预期的现象，接下来进行回归分析，表7-5给出了相应的回归结果，其设置与表7-3相同，差别仅在于定序变量的设置，根据工程技术人员加班时间的变化趋势，此时定序变量的设置为：当企业年限小于10时定序变量取值为0，当企业年限等于10时，定序变量取值为1，当企业年限大于10时，定序变量取值为2。

表7-5　以工程技术人员加班时间变化量为被解释变量得到的回归结果

变量	被解释变量：工程技术人员的加班时间变化量							
	(1)	(2)	(3)	(4)	(5)	(6)	(7)	(8)
企业年限	0.12	0.11	0.12	0.12**				
	(1.81)	(1.75)	(1.79)	(3.06)				
定序变量					0.35	0.34	0.37	0.37*
					(1.86)	(1.82)	(1.95)	(2.26)
加班规模	0.07	0.07*	0.07*	0.07	0.07*	0.07*	0.07	0.07
	(2.19)	(2.19)	(2.17)	(0.87)	(2.21)	(2.21)	(0.87)	(0.88)
工程技术人员工资	−0.00	−0.00	−0.00	−0.00	−0.00	−0.00	−0.00	−0.00
	(−1.08)	(−1.13)	(−1.38)	(−1.37)	(−0.98)	(−1.03)	(−1.25)	(−1.26)

变量	被解释变量：工程技术人员的加班时间变化量							
	（1）	（2）	（3）	（4）	（5）	（6）	（7）	（8）
固定资产净值	−0.00	−0.00	−0.00	−0.00	−0.00	−0.00	−0.00	−0.00
	（−0.48）	（−0.45）	（−0.54）	（−1.06）	（−0.49）	（−0.45）	（−1.11）	（−1.14）
人均 GDP		0.06	0.06	0.06		0.06	0.06	0.06
		（0.5）	（0.52）	（0.71）		（0.52）	（0.63）	（0.77）
常数项	−1.55*	−1.68*	−1.67	−1.67**	−0.77**	−0.92*	−0.83*	−0.83*
	（−2.38）	（−2.40）	（−1.53）	（−3.10）	（−2.71）	（−2.24）	（−2.02）	（−2.22）
行业虚拟变量	—	—	有	有	—	—	有	有
N	269	269	268	268	269	269	268	268

注：括号内为 t 值；***、**、*分别代表在 0.1%、1%、5%的显著性水平；第（4）列、第（8）列采用稳健标准误，并考虑了地区水平上的聚类效应，其余各列采用的是回归标准误。

表 7-5 中第（1）列以企业年限作为解释变量，加入了部分企业特征作为控制变量后，此时企业年限的回归系数估计值为正，说明工程技术人员加班时间延长量和企业年限之间存在正向关系，成立年限长的企业工程技术人员加班时间延长多，而成立年限短的企业工程技术人员加班时间延长少。第（2）列~第（4）列依次增添了人均 GDP 和行业虚拟变量作为控制变量并调整了标准误设置，回归结果基本维持不变，说明在控制了相关特征后，企业工程技术人员加班时间的变化符合基于《劳动合同法》与企业雇佣水平之间的关系所产生的预期，该估计结果在 1%的置信水平上显著（第（4）列）。

上述结果得到了以定序变量为解释变量的回归分析的支持（第（5）列~第（8）列）。第（5）列~第（7）列的回归分析以定序变量为解释变量，并在模型中依次增添企业特征、人均 GDP 和行业特征作为控制变量。第（8）列则将标准误调整为考虑了地区聚类效应的稳健标准误，依企业年限设置的定序变量回归系数估计值稳定在 0.35~0.37，并在 5%的置信水平上显著。

上述结果共同表明，企业工程技术人员加班时间的变化大体上符合基于前文得到的企业年限与无固定期限劳动合同条款法律效力及雇佣人数变化之间关系对工程技术人员加班时间变化所作的预期（由于定序变量设置的原因，这种对应关系并不完美），即成立年限长的企业（受法律影响大）工程技术人员雇佣量下降多，因此在企业有效激励措施下或《劳动合同法》加强就业保护的刺激下，工程技术人员的加班时间延长最多；而成立年限短的企业（受法律影响小）工程技术人员雇佣量下降少，因此在企业激励措施或是《劳动合同法》加强就业保护刺激下，工程技术人员的加班时间延长较少；并未发现成立年限为 10 的企业在工程技术人员雇佣人数以及加班时间的变化呈现出特殊性。

三、服务人员

表 7-6 给出了依年限划分的三类企业服务人员加班时间及其变化情况。显然，三类企业服务人员加班时间均呈下降趋势，但下降趋势最为典型的是成立年限小于 10 的企业，成立年限等于 10 的企业下降最少，而成立年限大于 10 的企业服务人员平均加班时间变化量居中。这种分布状况和预期一致。不过为了更好地揭示二者关系，同样需要对其他因素进行控制。例如，尽管成立年限等于 10 的企业服务人员加班时间下降最少，但考虑到它与成立年限大于 10 的企业在加班时间基数上的差别，二者下降幅度较为接近。

表 7-6　三类企业服务人员加班时间及其变化情况　　　　单位：小时

企业类型	观测值	水平		变化	
		均值	标准差	均值	标准差
所有企业	435	4.17	6.44	−0.16	2.95
年限小于 10	162	3.81	4.86	−0.37	1.91
年限等于 10	29	2.36	3.18	−0.02	1.35
年限大于 10	240	4.69	7.57	−0.05	3.65

资料来源：同表 7-2。

表 7-7 是以服务人员为分析对象得到的结果，该模型的设计和表 7-3 完全相同，其中第（1）列～第（4）列的解释变量为企业年限，第（5）列～第（8）列的解释变量为定序变量，该定序变量的设置也与表 7-3 相同。

表 7-7　以服务人员加班时间变化量为被解释变量得到的回归结果①

变量	被解释变量：服务人员加班时间变化量							
	（1）	（2）	（3）	（4）	（5）	（6）	（7）	（8）
企业年限	0.13**	0.13**	0.15***	0.15**				
	(3.19)	(3.17)	(3.5)	(3.17)				
定序变量					-0.39*	-0.39*	-0.42*	-0.42*
					(-2.19)	(-2.16)	(-2.21)	(-2.34)
加班规模	0.03	0.03	0.03	0.03	0.04	0.04	0.03	0.03
	(1.76)	(1.75)	(1.68)	(1.29)	(1.87)	(1.87)	(1.28)	(1.34)
服务人员工资	0.00	0.00	0.00	0.00	-0.00	-0.00	-0.00	-0.00
	(0.32)	(0.32)	(0.25)	(0.8)	(-0.01)	(-0.00)	(-0.21)	(-0.22)
固定资产净值	0.00	0.00	0.00	0.00***	0.00	0.00	0.00***	0.00***
	(1.32)	(1.31)	(1.31)	(8.02)	(1.07)	(1.07)	(5.21)	(5.26)
人均GDP		0.00	-0.05	-0.05		0.01	-0.03	-0.03
		(0.06)	(-0.62)	(-0.77)		(0.16)	(-0.30)	(-0.48)
常数项	-1.55**	-1.56***	-1.83**	-1.83**	0.25	0.21	0.33	0.33
	(-3.68)	(-3.44)	(-2.74)	(-3.39)	(0.89)	(0.59)	(0.86)	(0.98)
行业虚拟变量	—	—	有	有	—	—	有	有
N	219	219	218	218	219	219	218	218

注：同表 7-5。

表 7-7 中第（1）列在回归模型中添加了部分企业特征为控制变量，此时，企业年限的回归系数估计值符号为正，表明成立年限长的企业服务人员较多地延长了加班时间，成立年限短的企业服务人员较少地延长了加班时间。第（2）列与第（3）列依次增添了人均 GDP 和行业虚拟变量作为控制变量，第（4）列则进一步将标准误调整为考虑了地区聚类效应的稳健标准误。结论并没有改变，估计值大体维持在 0.15 左右，该结果在 1% 的置信水平上显著。

第（5）列对应的回归模型以定序变量为解释变量，添加了部分企业特征为控制变量。定序变量回归系数估计值为负，表明成立年限为 10 的企业服务人员延长加班时间最多，成立年限大于 10 的企业次之，而成立年限小于 10 的企业服

---

① 剔除了 1 家异常企业，该企业员工加班时间发生了大幅变化，下降幅度超过 40 小时。

务人员延长加班时间最少。第（6）列与第（7）列则相继在模型中增添了人均GDP和行业虚拟变量作为控制变量，第（8）列则将标准误调整为考虑了地区聚类效应的稳健标准误。上述调整并未对模型结论产生根本影响，依企业年限而设置的定序变量的估计结果依然为负，并在5%的置信水平上显著，估计值的大小维持在0.39~0.42。

上述结果和不同年限的企业在服务人员雇佣人数上的变化所呈现的现象正好相呼应，它似乎意味着，在《劳动合同法》的冲击下，企业在减少服务人员雇佣水平时可能采取了有效的激励措施以促使劳动者主动延长加班时间，以缓解新增雇佣下降对劳动投入带来的冲击，或者说劳动者延长加班时间正好反过来保障了企业能顺利减少企业服务人员雇佣水平以缓解《劳动合同法》的冲击。

四、一般行政人员

表7-8给出了三类企业一般行政人员的加班时间及其变化情况。对于一般行政人员而言，成立年限长的企业一般行政人员延长加班时间较多，成立年限短的企业一般行政人员延长加班时间较少，而成立年限等于10的企业并没有表现出特殊性。

表7-8 三类企业一般行政人员加班时间及其变化情况　　　单位：小时

企业类型	观测值	水平		变化	
		均值	标准差	均值	标准差
所有企业	501	3.96	7.70	-0.10	4.64
年限小于10	209	3.91	6.95	-0.35	6.19
年限等于10	38	2.87	3.52	-0.30	2.32
年限大于10	253	4.19	8.69	0.13	3.21

资料来源：同表7-2。

尽管一般行政人员延长加班时间的情况并没有特殊表现，但至少它与预期并不矛盾。接下来在回归分析中通过控制其他因素来考察企业一般行政人员延长加班时间的具体情况。表7-9给出了相应的回归结果，其模型设计与表7-3相同。

表7-9 以企业一般行政人员加班时间变化量为被解释变量得到的回归结果

变量	被解释变量：一般行政人员加班时间变化量							
	（1）	（2）	（3）	（4）	（5）	（6）	（7）	（8）
企业年限	0.06	0.07	0.07	0.07				
	（0.95）	（1.05）	（1.03）	（1.68）				
定序变量					−0.02	−0.03	−0.04	−0.04
					（−0.07）	（−0.12）	（−0.18）	（−0.18）
加班规模	0.36***	0.36***	0.37***	0.37	0.36***	0.36***	0.37	0.37
	（10.21）	（10.2）	（9.99）	（1.65）	（10.19）	（10.18）	（1.57）	（1.67）
一般行政人员工资	0.00	0.00	0.00	0.00	0.00	0.00	0.00	0.00
	（0.04）	（0.13）	（0.11）	（0.11）	（0.03）	（0.12）	（0.1）	（0.1）
固定资产净值	0.00	0.00	0.00	0.00	0.00	0.00	0.00	0.00
	（0.19）	（0.11）	（−0.05）	（−0.14）	（0.18）	（0.11）	（−0.23）	（−0.25）
人均GDP		−0.12	−0.15	−0.15*		−0.11	−0.14	−0.14
		（−1.14）	（−1.30）	（−2.07）		（−1.05）	（−1.39）	（−1.92）
常数项	−1.80**	−1.51*	−0.98	−0.98	−1.19**	−0.85	−0.18	−0.18
	（−2.77）	（−2.17）	（−0.92）	（−1.62）	（−2.80）	（−1.59）	（−0.30）	（−0.34）
行业虚拟变量	—	—	有	有	—	—	有	有
N	269	269	268	268	269	269	268	268

注：同表7-5。

表7-9中第（1）列的回归模型包含了部分企业特征作为控制变量，企业年限的回归系数估计值为正，但它在统计上不显著（10%的置信水平）。第（2）列和第（3）列依次增添了人均GDP和行业虚拟变量为控制变量，第（4）列则调整了模型的标准误设置，此时企业年限的回归系数估计值依旧在统计上不显著。从这个角度而言，在控制了相关因素后，企业一般行政人员在延长加班时间上的情况在企业年限上并不存在特殊表现。第（5）列~第（7）列以定序变量为解释变量的回归也有类似结果，在添加了企业特征、人均GDP和行业虚拟变量为控制变量后，尽管定序变量回归系数估计值有预期的符号，但它在统计上不显著；第（8）列将标准误进行了调整，但结果不变。

一般行政人员在延长加班时间上的表现和其在雇佣水平上的表现相呼应。如果说第四章的结果说明以企业年限代表的无固定期限劳动合同条款法律效力的差异没有带来企业在一般行政人员雇佣人数变化上的差异，那么此处的结果则可以表明企业在一般行政人员雇佣人数变化的无差异导致了他们在加班时间变化的无差异。或许是由于《劳动合同法》无固定期限劳动合同条款没有影响一般行政人员的雇佣水平，因此企业也不需要调整一般行政人员的加班时间。

五、管理人员

表 7-10 给出了三类企业管理人员的加班时间及其变化情况。三类企业管理人员加班时间的变化和一般行政人员相似，成立年限小于 10 的企业管理人员延长加班时间最少，成立年限大于 10 的企业管理人员延长加班时间最多，成立年限等于 10 的企业居中，即总体上三类企业的管理人员的加班时间变化与企业年限之间呈现出一定程度的正向关系。

表 7-10　三类企业管理人员加班时间及其变化情况　　　　单位：小时

企业类型	观测值	水平		变化	
		均值	标准差	均值	标准差
所有企业	536	4.99	6.93	-0.14	3.49
年限小于 10	223	5.14	5.96	-0.44	3.99
年限等于 10	40	3.39	4.11	-0.37	2.62
年限大于 10	272	5.11	7.91	0.03	2.62

资料来源：同表 7-2。

为了进一步确认管理人员加班时间变化与《劳动合同法》（无固定期限劳动合同条款）的关系，接下来在回归分析中对其他因素进行控制，表 7-11 给出了相应的回归结果，除定序变量的设置外①，其模型设置与表 7-3 相同。

表 7-11　以企业管理人员加班时间为被解释变量得到的回归结果

变量	被解释变量：管理人员加班时间变化量							
	(1)	(2)	(3)	(4)	(5)	(6)	(7)	(8)
企业年限	0.15*	0.16*	0.17*	0.17				
	(1.99)	(2.13)	(2.23)	(1.91)				

---

① 该模型中定序变量的设置如下：当企业年限小于 10 时取值为 0，当企业年限等于 10 时取值为 1，当企业年限大于 10 时取值为 2。

续表

变量	被解释变量：管理人员加班时间变化量							
	（1）	（2）	（3）	（4）	（5）	（6）	（7）	（8）
定序变量					0.35	0.38	0.42*	0.42
					(1.65)	(1.76)	(2.01)	(2.00)
加班规模	0.19***	0.19***	0.19***	0.19*	0.19***	0.19***	0.19	0.19*
	(5.34)	(5.36)	(5.24)	(2.08)	(5.34)	(5.36)	(1.86)	(2.08)
管理人员工资	0.00	0.00	0.00	0.00	0.00	0.00	0.00	0.00
	(−0.01)	(0.16)	(0.42)	(0.62)	(0.09)	(0.24)	(0.61)	(0.7)
固定资产净值	−0.00**	−0.00**	−0.00**	−0.00	−0.00**	−0.00**	−0.00	−0.00
	(−2.95)	(−3.03)	(−3.09)	(−0.84)	(−2.95)	(−3.02)	(−0.86)	(−0.84)
人均GDP		−0.15	−0.18	−0.18		−0.14	−0.16	−0.16
		(−1.24)	(−1.33)	(−1.39)		(−1.15)	(−1.31)	(−1.39)
常数项	−2.33**	−2.00*	−1.43	−1.43*	−1.27***	−0.88	−0.11	−0.11
	(−3.12)	(−2.52)	(−1.21)	(−2.24)	(−3.84)	(−1.89)	(−0.19)	(−0.20)
行业虚拟变量	—	—	有	有	—	—	有	有
N	278	278	277	277	278	278	277	277

注：同表7-5。

表7-11中第（1）列对应的回归模型以企业年限为解释变量，加入了部分企业特征作为控制变量，企业年限的回归系数估计值为正，说明在控制了企业特征后，成立年限长的企业管理人员延长加班时间大于成立年限短的企业，该结果在5%的置信水平上显著。第（2）列与第（3）列在模型中依次增添了人均GDP和行业虚拟变量为控制变量，第（4）列则将标准误进行了调整，此时企业年限估计结果依然为正，估计值维持在0.15~0.17。第（5）列与第（6）列对应的回归模型以定序变量为解释变量，并依次在模型中增添了企业特征和人均GDP作为控制变量，定序变量回归系数估计值符号为正。第（7）列则进一步添加了行业虚拟变量为控制变量，此时定序变量回归系数仍为正，回归系数估计值为0.42。第（8）列将标准误调整为考虑了地区聚类效应的稳健标准误，定序变量回归系数估计值维持不变，并在10%的置信水平上显著。

管理人员延长加班时间的情况在不同年限企业中展现的差异和企业雇佣水平变化情况大体上相呼应（由于定序变量设置的关系，这种对应并非完美），如果前文所发现的不同年限企业在管理人员雇佣水平上呈现的差异是因为与企业年限相关的《劳动合同法》无固定期限劳动合同条款法律效力的差异所致，则上述结果说明，企业在减少新增雇佣后，可能采取了相应的激励措施，以鼓励管理人员延长他们的加班时间，相应的措施取得了良好的成效，有效弥补了劳动投入受到的影响。

第三节　员工延长加班时间的区域表现

根据上章分析，历史劳动争议案件结案率高的地区和历史劳动争议案件结案率低的地区落实《劳动合同法》时可能存在差异，借助于这种认识，第六章发现两组地区的民营企业雇佣水平在《劳动合同法》实施前后的变化上确实存在显著差异，且这种差异符合基于历史劳动争议案件结案率与《劳动合同法》落实情况之间关系的预期。正如前文所言，为了应对《劳动合同法》给企业雇佣水平带来的不利影响，民营企业可能会推出一些激励措施，鼓励员工主动延长加班时间，以弥补劳动投入的下降，那么如果这种变化成立，应该也能在劳动争议案件结案率不同的两组地区中观察到员工加班时间上的显著差异，且这种差异正好和雇佣水平的表现呼应。表7-12给出了两组地区民营企业各类员工加班时间状况的描述性统计，由于部分其他指标已在前文进行过介绍，故这里不再赘述。

表7-12　依据劳动争议案件结案率高低分组后的描述性统计（2007年）

单位：小时/周

变量	历史劳动争议案件结案率高的区域					历史劳动争议案件结案率低的区域				
	样本值	均值	标准差	最小值	最大值	样本值	均值	标准差	最小值	最大值
生产人员										
加班时间	231	4.90	5.38	0	40	231	6.36	7.24	0	48
工程技术人员										
加班时间	253	4.93	6.41	0	56	237	5.31	8.26	0	64
服务人员										
加班时间	201	4.22	6.60	0	60	207	4.66	7.26	0	48

续表

变量	历史劳动争议案件结案率高的区域					历史劳动争议案件结案率低的区域				
	样本值	均值	标准差	最小值	最大值	样本值	均值	标准差	最小值	最大值
一般行政人员										
加班时间	250	3.66	5.15	0	40	232	3.93	6.15	0	40
管理人员										
加班时间	269	4.70	5.67	0	40	245	4.86	5.45	0	32

资料来源：同表7-2。

从表7-12来看，民营企业的各类人员加班时间的总体表现是历史劳动争议案件结案率低的地区大于历史劳动争议案件结案率高的地区，对微观数据的进一步考察发现，这主要是因为2007年时前者有少数企业存在超时加班现象①，而后者长时间加班现象较为少见，以及前者有加班现象的企业比后者多②的原因所致。两组企业各类人员加班时间均在《劳动合同法》实施前后发生了变化。以企业生产人员为例，两组企业生产人员的加班时间均有明显上升，但存在较大差异，历史劳动争议案件结案率高的地区企业生产人员延长加班时间的长度明显大于历史劳动争议案件结案率低的地区，这与《劳动合同法》冲击下企业雇佣水平的变化一致，符合本书对企业可能采取有效激励措施以鼓励劳动者延长加班时间的预期一致，即如果《劳动合同法》降低了企业雇佣水平，而历史劳动争议案件结案率高的地区由于企业雇佣人数下降多，那么为满足劳动需求，企业将采取更加有效的激励措施，以鼓励劳动者延长加班时间，因此预期企业员工延长加班时间的数量和长度会较多；历史劳动争议案件结案率低的地区企业雇佣人数下降少，因此预期企业采取的激励措施力度会相对较小，而由于激励小，企业员工延长加班时间的数量和长度均可能较少。为了更好地考察企业员工延长加班时间的情况，接下来沿用第六章的双差分方法进行考察。

（一）生产人员与工程技术人员

表7-13给出了以企业生产人员和工程技术人员为分析对象得到的回归结果，模型的基本设置与第六章大致相同，仅将被解释变量由雇佣人数换成了加班时间。

① 这里指的是加班时间超过36小时的情况，但即便将这些企业剔除，两组地区的企业平均加班时间仍不平衡。

② 即加班时间为0。

表 7-13　双差分回归分析的结果 I

变量	被解释变量：生产人员加班时间			被解释变量：工程技术人员加班时间		
	（1）	（2）	（3）	（4）	（5）	（6）
$ds{\times}dh$	0.76*	0.67*	0.67*	0.57*	0.41	0.40
	（2.32）	（2.14）	（2.54）	（1.97）	（1.3）	（1.58）
dh	-0.92**	-0.81**	-0.82***	-0.52*	-0.50	-0.46
	（-3.36）	（-3.38）	（-5.19）	（-2.05）	（-1.80）	（-1.89）
ds	-1.08	-1.61*	-1.55	-0.19	-0.25	-0.24
	（-1.61）	（-2.27）	（-1.80）	（-0.27）	（-0.33）	（-0.33）
对数工资	-0.08	-0.12	-0.15	0.70	0.77	0.81*
	（-0.66）	（-0.90）	（-1.15）	（1.87）	（1.95）	（2.01）
固定资产		0.00*	0.00		0.00*	0.00***
		（2.43）	（0.86）		（2.47）	（3.95）
企业年限		0.01	0.01		0.01	0.01
		（0.24）	（0.22）		（0.26）	（0.13）
人均 GDP	0.39	0.32	0.33	-0.25	-0.25	-0.31
	（1.83）	（1.42）	（1.86）	（-1.20）	（-1.15）	（-1.87）
常数项	6.31***	6.96***	8.95**	0.36	-0.37	-2.35
	（4.97）	（4.64）	（2.75）	（0.13）	（-0.12）	（-0.74）
行业虚拟变量	—	—	有	—	—	有
N	823	741	739	893	786	784

注：括号内为 t 值；***、**、* 分别代表在 0.1%、1%、5%的显著性水平；第（1）列、第（2）列、第（4）列、第（5）列采用的是稳健标准误，第（3）列、第（6）列则采用的是考虑了地区聚类效应的稳健标准误。

表 7-13 中第（1）列~第（3）列的被解释变量为企业生产人员的加班时间。从结果看，交互项 $ds{\times}dh$ 回归系数估计值始终为正，即《劳动合同法》实施后历史劳动争议案件结案率高的地区和历史劳动争议案件结案率低的地区的企业生产人员在加班时间变化上存在显著差异，前者相对于后者延长了更多的加班时间，该结果在 5%的置信水平上显著。该结果符合预期，因为根据第六章分析，历史劳动争议案件结案率高的地区由于《劳动合同法》落实情况较好，导致企业生产人员雇佣水平下降较多，为了弥补用工需求，企业可能会推出更有效的激励措施来鼓励员工主动延长加班时间，这种激励措施的力度需要强于历史劳动争

议案件结案率低的地区。劳动争议案件结案率高的地区的企业生产人员加班时间比劳动争议案件结案率低的地区多延长了 0.67 小时，它相当于二者加班时间原有差距的 50% 以上。第（4）列的被解释变量是企业工程技术人员的加班时间，加入了企业工程技术人员的工资以及人均 GDP 作为控制变量，交互项 $ds×dh$ 回归系数估计值的符号为正，但在加入了企业年限和固定资产净值以及行业虚拟变量作为控制变量并对标准误进行了调整后（第（6）列），回归结果在统计上不显著（10% 的置信水平）。这似乎说明企业工程技术人员在延长加班时间的表现在依历史劳动争议案件结案率得到的两组地区间不存在差异。

上述结果与基于企业工程技术人员雇佣人数的变化所进行的预测不符，为了避免该结果可能会受到其他因素的影响，如被两组企业工程技术人员在延长加班时间上的内在变化趋势的差异所抵消。为此，可以考虑对企业规模进行适当限制以增强两组企业的相似性。例如，为了增加两组企业之间以及各组企业内部的相似性，可将企业限定为工程技术人员规模在 20 ~ 500 人的企业。作此限定后，2007 年两组企业的工程技术人员在延长加班时间上的表现非常相似，仅相差约 0.2 小时，涵盖的样本为原样本的 60% 左右。如果将新的样本带入第（4）列 ~ 第（6）列对应的双差分模型中，此时交互项 $ds×dh$ 的回归系数为正，并且在 5% 的置信水平上显著①。即在限制企业规模后，可以发现不同区域企业的工程技术人员在延长加班时间的变化上确实存在显著差异，且这种差异符合基于第六章结论对工程技术人员延长加班时间的行为所作的预期。在缺乏其他证据的前提下，不妨谨慎地认为，在企业工程技术人员雇佣人数因《劳动合同法》而降低后，为了使用工需求得到满足，企业会视具体情形采取一些激励措施，鼓励工程技术人员延长加班时间，且在受影响越严重的区域，企业采取的激励措施越强，工程技术人员延长加班时间的表现也越强，反之亦然。

（二）服务人员、一般行政人员与管理人员

表 7-14 给出了以企业服务人员、一般行政人员和管理人员为分析对象得到的回归结果，模型设置均与第六章对雇佣人数的分析相呼应。其中第（1）列是以服务人员的加班时间为被解释变量的结果，控制变量加入了企业服务人员的工资、人均 GDP、企业固定资产净值和企业年限作为控制变量，交互项 $ds×dh$ 回归

---

① 如果将两组企业工程技术人员最低雇佣规模限定为 2 人，则涵盖的企业达到原样本的 90% 左右，此时交互项回归系数估计值依然为正，并在 10% 的置信水平上显著。

系数估计值为正，但在统计上并不显著（10%的置信水平）。第（2）列则加入了企业的行业特征并对标准误考虑了地区聚类效应，但这并未改变原来的结论，即未发现历史劳动争议案件结案率不同的两组地区在企业服务人员加班时间的变化上存在显著差异。第（3）列是以一般行政人员的加班时间为被解释变量并加入了企业一般行政人员的工资、人均GDP、企业固定资产净值和企业年限作为控制变量，交互项回归系数估计值符号为负，但在10%的置信水平上不显著。该结果在控制了企业的行业特征并调整了标准误后也不会改变（第（4）列），历史劳动争议案件结案率不同的两组地区在企业一般行政人员加班时间的变化上并不存在显著差异。第（5）列是以管理人员加班时间为被解释变量的结果，控制变量为管理人员工资、人均GDP、企业年限和企业固定资产作为控制变量，交互项 $ds \times dh$ 回归系数估计值为正，但在10%的置信水平上不显著。第（6）列则增加行业虚拟变量作为控制变量，并将标准误调整为考虑了地区聚类效应的稳健标准误，这没有改变第（5）列的结论，即历史劳动争议案件结案率的差异并没有使两组地区的企业管理人员在延长加班时间上的表现存在显著差异。

表 7-14　双差分回归分析的结果 II

变量	被解释变量：服务人员加班时间		被解释变量：一般行政人员加班时间		被解释变量：管理人员加班时间	
	（1）	（2）	（3）	（4）	（5）	（6）
$ds \times dh$	0.08	0.47	-0.11	-0.11	0.29	0.27
	(0.2)	(1.04)	(-0.47)	(-0.49)	(1.04)	(1.14)
dh	-0.32	-0.52	-0.07	-0.07	-0.34	-0.31
	(-0.94)	(-1.22)	(-0.29)	(-0.28)	(-1.17)	(-1.57)
ds	-0.51	-2.02	-0.83	-0.90	-0.32	-0.54
	(-0.62)	(-1.89)	(-1.02)	(-1.10)	(-0.42)	(-0.75)
对数工资	0.28	0.28	0.22	0.18	0.34	0.39
	(1.11)	(1.29)	(0.94)	(0.75)	(0.82)	(0.9)
固定资产净值	0.00**	0.00	0.00*	0.00	0.00*	0.00
	(3.06)	(0.13)	(2.17)	(1.87)	(2.19)	(1.7)
年限	0.07	-0.01	-0.06	-0.03	0.05	0.03
	(1.4)	(-0.08)	(-0.50)	(-0.32)	(0.32)	(0.18)

续表

变量	被解释变量：服务人员加班时间		被解释变量：一般行政人员加班时间		被解释变量：管理人员加班时间	
	（1）	（2）	（3）	（4）	（5）	（6）
人均 GDP	-0.03 (-0.13)	-0.12 (-0.47)	-0.19 (-0.93)	-0.18 (-0.76)	-0.10 (-0.38)	-0.15 (-0.66)
常数项	2.18 (1.04)	7.30*** (3.52)	3.32 (1.44)	2.21 (1.08)	1.82 (0.46)	0.70 (0.16)
行业虚拟变量	—	有	—	有	—	有
N	657	417	524	522	551	549

注：括号内为 t 值；***、**、*分别代表在 0.1%、1%、5%的显著性水平；第（2）列、第（4）列、第（6）列采用的是考虑了地区聚类效应的稳健标准误，其余各列采用的是稳健标准误。

服务人员延长加班时间表现情况与服务人员雇佣水平的变化相呼应，如果说第六章的结果表明《劳动合同法》没有对服务人员雇佣人数产生影响，那么此处未发现服务人员在延长加班时间上受到了显著影响则是应有之义。但是，第六章的结果表明，（在合理假设下）《劳动合同法》对企业一般行政人员和管理人员的雇佣水平产生了负面影响，而此处的结果则似乎意味着企业没有对他们采取鼓励延长加班时间的激励措施以弥补劳动投入可能出现的下降[①]。

第四节　本章小结

民营企业员工延长加班时间的行为表现总体上符合预期，它与员工雇佣人数的变化相呼应，表明在《劳动合同法》的冲击下，民营企业降低了雇佣水平以应对《劳动合同法》的影响，同时，企业还会采取一些有助于激励的措施，有效鼓励了员工延长加班时间，以帮助企业解决雇佣水平下降后的劳动投入问题，雇佣水平降低越多的企业，其采取的激励措施越强，而鼓励员工延长加班时间的

[①] 基于子样本的分析表明，解释变量回归系数估计值不显著异于 0 不太可能是因为自身加班时间内在趋势差异抵消的结果。

结果越有效，反之亦然。这也表明民营企业雇佣水平与加班时间之间在理论上的替代关系可能在实践中确实存在。或许正是借助于鼓励员工延长加班时间这一手段，企业才能够在《劳动合同法》实施后成功地降低员工雇佣规模。不过依据历史劳动争议案件结案率展开的分析也发现，企业一般行政人员和管理人员加班时间的变化没有呈现出预期的结果，如果第六章分析发现的企业一般行政人员或管理人员雇佣水平的变化在历史劳动争议案件结案率不同的地区所存在的显著差异确实是《劳动合同法》的影响所致，本章结果表明民营企业似乎没有对这两类人员采取类似的激励措施，导致他们并没有相应地延长加班时间，但不清楚这是因为劳动者工作性质差异还是个体特征差异的原因所致①。

值得注意的是，民营企业员工加班时间可能存在测量误差，这或许会对前文的结论产生影响。由于国家法律法规限制企业任意延长工人的加班时间，因此在微观数据调查中企业可能会低报员工的加班时间，这对于围绕企业员工加班时间展开的分析极为不利，降低结论的可信性，也会降低加班时间的变化对企业雇佣水平变化的解释力。但它可能不会给结论带来严重的问题，因为低报加班时间的行为可能更倾向于在加班严重情形下出现。如果确实如此，那么历史劳动争议案件结案率高的地区的企业更可能在 2009 年低报员工加班时间，因为他们在 2009 年的加班时间比 2007 年高，也高于历史劳动争议案件结案率低的地区的企业；而历史劳动争议案件结案率低的地区的企业更可能在 2007 年低报员工加班时间，因为他们在 2007 年的加班时间比 2009 年高，且高于历史劳动争议案件结案率高的地区（如工程技术人员）。从这个角度看，尽管低报加班时间的行为可能会影响前文结论的一致性，但这种影响最终的结果是导致本章结论倾向于低估两组地区企业员工加班时间变化的差异，而不是高估这种差异，因此并不会对本章的上述结论产生根本性影响。但是，其他因素可能带来的测量误差也值得注意。

---

① 当依据企业年限分析时发现，《劳动合同法》对一般行政人员具有显著加班时间效应，这或许对于一般行政人员而言加班时间效应更多的是体现在无固定期限劳动合同条款的冲击上，即可能是仅当涉及那些"老"员工的替代时，才需要延长加班时间。

第八章　就业保护对制造业民营企业雇佣的影响

从前文的分析发现，大体上不同类型的民营企业员工雇佣水平在《劳动合同法》实施前后的变化存在显著差异，并且这种差异和《劳动合同法》的预期影响一致，尽管未必能就此将其归因于《劳动合同法》的影响，但从上述分析的结构看，它和《劳动合同法》至少是难以撇清关系。为了使分析在结论更有价值和针对性，接下来选定制造业进行专门的分析，这样做可以避免不同行业生产经营特点差异大给上述分析造成的影响。集中考察制造业企业员工雇佣水平在《劳动合同法》实施前后的变化与《劳动合同法》的实施之间的关系可以增强分析对象的相似性以增强结论的稳健性和价值。前文所使用的微观数据涵盖了所有行业，巨大的行业差异使结论即便成立也难以对实践发挥指导性作用，失去应有的价值。例如，Autor 等（2007）发现，当包含不同行业时结论较为模糊，而当仅包含制造业时结论较为清晰。另外，集中考察制造业还有助于和现有文献结论进行比较。许多文献都集中于分析制造业，如 Autor 等（2007）、Park 等（2012）及张志明（2017）等。同时，在本书的框架下，选择典型行业进行专门分析也有助于在不同行业的比较中发现新问题，产生新结论。

第一节　民营企业总雇佣水平

将分析对象限定为制造业企业所带来的最大不足是会导致样本量下降较多。在《中国民营企业竞争力调查》数据中，制造业民营企业数量在样本总量中所占的比重约为 36.95%；而在企业雇佣水平以及相关信息的样本中，制造业民营企业的数量所占的比重约为 37.15%，二者较为接近。在该调查数据中，可供分析的制造业企业共有 464 家，其中 222 家企业位于前文所认定的历史劳动争议案件结案率高的地区，242 家企业位于在前文所认定的历史劳动争议案件结案率低的地区。为了分析这些制造业企业的雇佣水平在《劳动合同法》实施前后的变化情况及其与《劳动合同法》实施之间的关系，接下来利用第五章的方法来展开深入分析，考察历史劳动争议案件结案率不同的地区在制造业企业雇佣水平变化上的差异情况。表 8-1 给出了以制造业企业总雇佣水平为被解释变量、使用依历史劳动争议案件结案率所设计的双差分模型得到的结果，回归模型的设置如下：

$$y_{it} = \alpha + \beta ds_i + cdh_t + \gamma ds_i \times dh_t + \sum \delta X + \varepsilon_{it} \quad i = 1, \cdots, n \tag{8-1}$$

其中，y 为制造业企业的雇佣水平或加班时间，而其他变量的设置则与第五章和第六章中的情形相同。

表 8-1　劳动合同法对制造业企业总雇佣水平的影响

变量	被解释变量：企业总雇佣水平			
	(1)	(2)	(3)	(4)
$ds \times dh$	-154.10	-144.20	-144.20	-198.40**
	(-1.78)	(-1.59)	(-1.70)	(-2.89)
dh	57.79	-150.50	-150.50	-286.80*
	(0.23)	(-0.60)	(-0.65)	(-2.25)
ds	-89.79	47.51	47.51	-161.80
	(-0.42)	(0.22)	(0.16)	(-0.81)
管理人员工资	451.30*	296.60	296.60	
	(2.26)	(1.48)	(1.53)	
行政人员工资	128	310.70	310.70	
	(0.6)	(1.7)	(1.66)	
工程技术人员工资	-121.60	-282.70	-282.70	
	(-0.39)	(-0.90)	(-1.10)	
生产人员工资	-202.80	-90.61	-90.61	
	(-1.47)	(-0.67)	(-0.66)	
服务人员工资	8.48	4.79	4.79	
	(0.09)	(0.07)	(0.05)	

续表

变量	被解释变量：企业总雇佣水平			
	（1）	（2）	（3）	（4）
人均人工成本				-0.78
				（-1.32）
GDP 指数	202.70	521.30	521.30	987.50*
	（0.3）	（0.77）	（0.87）	（2.48）
固定资产净值		0.00	0.00	0.00
		（0.8）	（0.78）	（1.32）
企业年限		45.37**	45.37*	20.05*
		（2.7）	（2.57）	（2.24）
常数项	-1267.20	-1804.30*	-1804.30*	-79.79
	（-1.69）	（-2.49）	（-2.11）	（-0.22）
N	445	413	413	490

注：括号内为 t 值；***、**、*分别代表在 0.1%、1%、5% 的显著性水平；第（1）列、第（2）列采用的是稳健标准误，第（3）列、第（4）列则采用的是考虑了地区聚类效应的稳健标准误。

表 8-1 中第（1）列在双差分回归模型中引入了工资成本和 GDP 指数作为控制变量，此时交互项 $ds \times dh$ 回归系数估计值为负，且在 10% 的置信水平上显著。第（2）列在第（1）列的基础上添加了企业固定资产和企业年限作为控制变量，第（3）列则将标准误调整为考虑了地区聚类效应的稳健标准误，交互项回归系数估计值依旧保持为负。交互项回归系数估计值约为 144，即《劳动合同法》实施后历史劳动争议案件结案率高的地区的制造业企业员工雇佣水平相对于历史劳动争议案件结案率低的地区的制造业企业员工雇佣水平少增加 144 人。第（4）列将第（3）列中简单并列的各类人员工资替换成一个较综合性的人均用工成本，替换后的回归系数估计值有所提高，且在 5% 的置信水平上显著。以制造业企业为对象得到的交互项回归系数估计值大于不分行业的情形，尤其是在以人均用工成本体现工资成本时，交互项回归系数的估计值相当于不分行业情况下的 1.87 倍。虽然不能把交互项的结果直接归因于《劳动合同法》的影响，但如果交互项回归系数确实反映了依历史劳动争议案件结案率所体现的《劳动合同法》落实情况的差异给企业雇佣水平变化所产生的影响差异，那么上述差距则说明《劳动合同法》落实情况的差异给制造业企业雇佣水平的变化带来的差异要大于

不分行业的情形。如果上述情况属实，它似乎表明《劳动合同法》可能对制造业产生了比其他行业更大的影响。

第二节　民营企业生产人员雇佣水平

由于生产人员主要集中于制造业，因此可以预期前文围绕企业生产人员雇佣水平和加班时间得到的结论在这里能够得到保持。表 8-2 为以制造业民营企业生产人员雇佣人数及加班时间作为被解释变量并采用双差分模型得到的结果。该表的设置与第五章和第六章基本相同，差别仅在于样本由全部行业改成了制造业企业。

表 8-2　以制造业生产人员为分析对象的回归结果

变量	被解释变量：生产人员人数			被解释变量：生产人员加班时间		
	（1）	（2）	（3）	（4）	（5）	（6）
$ds \times dh$	−73.99	−64.40	−64.40*	0.57	0.76*	0.76**
	（−1.71）	（−1.44）	（−2.15）	（1.65）	（2.13）	（3.17）
dh	−12.49	−122.50	−122.50	−0.99**	−1.12**	−1.12***
	（−0.13）	（−1.24）	（−1.17）	（−2.94）	（−3.14）	（−4.83）
ds	−105.20	−26.13	−26.13	−1.20	−1.40	−1.40
	（−0.86）	（−0.21）	（−0.14）	（−1.28）	（−1.46）	（−1.24）
GDP 指数	222.70	362.60	362.60			
	（0.77）	（1.18）	（1.18）			
人均 GDP				0.62*	0.59	0.59*
				（1.99）	（1.84）	（2.36）
生产人员工资	0	80.99**	80.99**	−0.11	−0.13	−0.13
	（.）	（2.89）	（2.90）	（−0.75）	（−0.82）	（−0.87）
固定资产		0.00	0.00		−0.00*	−0.00**
		（0.9）	（0.86）		（−2.37）	（−2.71）
年限		23.25*	23.25*		0.037	0.037
		（2.42）	（2.38）		（0.91）	（0.98）

续表

变量	被解释变量：生产人员人数			被解释变量：生产人员加班时间		
	（1）	（2）	（3）	（4）	（5）	（6）
常数项	−86.05	−520.60	−520.60	6.34***	6.22**	6.22***
	（−0.24）	（−1.47）	（−1.19）	（3.51）	（3.19）	（3.6）
N	551	500	500	465	436	436

注：同表8-1。

表8-2中第（1）列对应的模型以生产人员人数为被解释变量，且包含GDP指数和企业生产人员的工资作为控制变量。交互项 $ds \times dh$ 的回归系数估计值为负，符合预期，即《劳动合同法》实施前后历史劳动争议案件结案率高的地区的制造业企业相对于历史劳动争议案件结案率低的地区减少了生产人员的雇佣人数。从2007年两组企业生产人员的雇佣情况看，《劳动合同法》实施后两组企业生产人员雇佣水平的差距进一步扩大，该结果在10%的置信水平上显著。第（2）列继续加入企业年限和企业固定资产作为控制变量，此时交互项回归系数估计值符号维持不变。第（3）列对标准误进行了调整，此时得到的交互项回归系数估计值仍为负，并在5%的置信水平上显著，估计值维持在64左右。这意味着与历史劳动争议案件结案率密切相关的《劳动合同法》落实情况使历史劳动争议案件结案率高（即《劳动合同法》落实情况可能较好）的地区的制造业企业生产人员雇佣人数相对于历史劳动争议案件结案率低（即《劳动合同法》落实情况可能较差）的地区减少了64人左右。有意思的是，如果上述结果确实是《劳动合同法》的影响所致，那么它表明《劳动合同法》对制造业企业生产人员产生的影响可能小于其他行业，尽管上节已经表明《劳动合同法》对制造业企业总雇佣水平的影响可能大于不分行业的情形。造成这种差异的原因或许和生产人员对于不同行业的重要性有关，对于制造业而言，生产人员处于基础性地位，裁减生产人员给企业带来的影响更大，而对于其他行业如服务行业，生产人员可能处于从属地位，裁减生产人员给企业带来的影响小，《劳动合同法》的冲击甚至可能导致它们将生产或与生产相关的环节外包出去，从而导致《劳动合同法》对非制造行业的企业的生产人员的影响大。

第（4）列以生产人员加班时间为被解释变量，在控制了人均GDP和企业生产人员的工资等因素后，交互项回归系数估计值为正，符合预期。第（5）列添加了企业年限和企业固定资产作为控制变量，第（6）列则对标准误进行了调整。此类调整并没有改变模型的基本结论，交互项回归系数估计值仍为正，交互项回归系数的估计值约为 0.76，即历史劳动争议案件结案率不同的两组地区在制造业企业生产人员加班时间的变化上存在显著差异，约为 0.76 小时，该结果在 1% 的置信水平上显著。它略大于不分行业的情形，即相对于其他行业而言，制造业企业生产人员雇佣水平下降（的差异）带来的劳动投入减少得到了加班时间更加充足的支持和补充，这或许和前文所提到的不同行业中生产人员重要性的差异有关。

不同区域的制造业民营企业在生产人员雇佣人数上的变化情况与基于历史劳动争议案件结案率、劳动法律法规历史环境以及《劳动合同法》可能落实情况之间的关系所作的预期基本一致，也与前文在不分行业的情形下得到的结论基本一致，即便不能将其直接并完全归因于《劳动合同法》，但这至少说明它和《劳动合同法》的实施情况可能存在密切关系。根据前文对历史劳动争议案件结案率与劳动法律法规历史环境以及《劳动合同法》可能落实情况之间关系的分析，或许可以谨慎地认为，上述不同区域在制造业企业生产人员雇佣人数的变化上所呈现的差异确实是《劳动合同法》的影响所致。如果真是如此，则上述结果表明，《劳动合同法》显著地降低了制造业企业生产人员雇佣水平，同时企业采取了延长员工加班时间的措施以应对这种影响。

第三节 民营企业工程技术人员雇佣水平

从微观数据展现的情况来看，制造业民营企业中工程技术人员占到了全部工程技术人员的一半左右，因此可以预期前文围绕企业工程技术人员雇佣水平展开的分析所得到的结论在制造业企业这里也应该能够再现。表 8-3 给出了以制造业民营企业工程技术人员雇佣人数和加班时间为被解释变量采用双差分模型得到的结果。

表 8-3　以制造业工程技术人员为分析对象的回归结果

变量	被解释变量：工程技术人员人数			被解释变量：工程技术人员加班时间		
	（1）	（2）	（3）	（4）	（5）	（6）
ds×dh	−19.61	−23.01*	−23.01*	1.12*	1.08*	1.08**
	(−1.90)	(−2.03)	(−2.27)	(2.32)	(2.08)	(3.15)
dh	0.18	−3.16	−3.16	−0.83*	−1.05*	−1.05*
	(0.01)	(−0.13)	(−0.13)	(−1.97)	(−2.10)	(−2.40)
ds	−28.94	−24.34	−24.34	−1.18	−1.35	−1.35
	(−1.53)	(−1.24)	(−1.00)	(−0.91)	(−1.01)	(−0.83)
GDP 指数	49.14	49.79	49.79			
	(0.77)	(0.7)	(0.74)			
人均 GDP				−0.26	−0.24	−0.24
				(−0.67)	(−0.60)	(−0.64)
工程技术人员工资	15.92*	14.81*	14.81*	0.90	0.98	0.98
	(2.42)	(2.18)	(2.05)	(1.41)	(1.5)	(1.42)
固定资产		0.00	0.00		0.00	−0.00*
		(0.65)	(0.62)		(−1.33)	(−2.07)
年限		3.12**	3.12*		0.08	0.08
		(2.75)	(2.09)		(1.44)	(1.5)
常数项	−65.86	−96.27	−96.27	−0.74	−2.13	−2.13
	(−0.96)	(−1.36)	(−1.47)	(−0.15)	(−0.38)	(−0.35)
N	533	487	487	401	371	371

注：同表 8-1。

　　表 8-3 中第（1）列以企业工程技术人员雇佣人数为被解释变量，并对 GDP 指数和企业工程技术人员的工资进行了控制。交互项 ds×dh 回归系数估计值为负，符合预期。第（2）列则添加了企业年限和企业固定资产为控制变量，交互项回归系数估计值略有上升，第（3）列则将标准误调整为考虑了地区聚类效应的稳健标准误，回归结果维持不变，且在 5% 的置信水平上显著。上述估计结果说明《劳动合同法》实施后，历史劳动争议案件结案率高（潜在的可能受《劳动合同法》干预强）的地区的制造业企业的工程技术人员雇佣人数相对于历史劳动争议案件结案率低（亦即潜在的可能受《劳动合同法》干预弱）的地区有所下降，这和不分行业的情形一致，但此时的估计结果大于不分行业的情形。不

同地区的制造业企业在工程技术人员雇佣水平变化上的差异得到了加班时间的支持。第（4）列以企业工程技术人员加班时间为被解释变量的估计结果表明，历史劳动争议案件结案率高的地区的制造业企业工程技术人员加班时间相对于历史劳动争议案件结案率低的地区的制造业企业工程技术人员加班时间有所增加，在加入了更多的控制变量并对标准误考虑了地区聚类效应后，交互项回归系数估计值依然为正，交互项回归系数估计值在1%的置信水平上显著（第（6）列）。估计结果稳定在1.08左右，该结果也大于不分行业时对应的情形。

正如前文所分析的那样，如果两组区域在制造业企业雇佣人数上的变化确实是《劳动合同法》的影响所致，则上述结果说明企业为了应对《劳动合同法》的影响而减少了工程技术人员的雇佣人数，但为了弥补用工需求，企业延长了他们的加班时间。并且与不分行业的情形相比，制造业企业工程技术人员雇佣人数和加班时间变化在两组地区之间表现出的差异均大于不分行业的情形，该如何解释这一现象？虽然可能不能再用工程技术人员对于制造业企业和其他行业的重要性的差异来解释该现象，但从上述结果看，如果企业的决策是理性的，则它似乎可以说明制造行业中工程技术人员存在冗员的可能性大于其他行业。

第四节　民营企业服务人员雇佣水平

制造业企业中服务人员的数量相对较低，这不仅表现在它在制造业企业中所占的比重低于生产人员，也表现在它在总雇佣水平中的比重低于其他行业。制造业企业中服务人员的状况可能会影响到《劳动合同法》与其雇佣水平之间的关系。表8-4给出了以制造业企业服务人员为分析对象得到的回归结果。

表8-4　以制造业服务人员为分析对象的回归结果

变量	被解释变量：服务人员人数			被解释变量：服务人员加班时间		
	（1）	（2）	（3）	（4）	（5）	（6）
$ds \times dh$	−0.73	−2.91	−2.91	−0.29	−0.38	−0.38
	（−0.04）	（−0.16）	（−0.17）	（−0.84）	（−1.07）	（−1.16）

续表

变量	被解释变量：服务人员人数			被解释变量：服务人员加班时间		
	（1）	（2）	（3）	（4）	（5）	（6）
dh	-53.73	-65.60	-65.60	0.01	-0.11	-0.11
	（-1.42）	（-1.64）	（-1.59）	（0.03）	（-0.28）	（-0.32）
ds	-35.84	-29.42	-29.42	-0.72	-0.89	-0.89
	（-0.65）	（-0.49）	（-0.49）	（-0.68）	（-0.81）	（-0.72）
GDP 指数	146.30	165.70	165.70			
	（1.36）	（1.45）	（1.44）			
人均 GDP				0.00	-0.07	-0.07
				（0.01）	（-0.17）	（-0.17）
服务人员工资	25.56	23.95	23.95	0.45	0.43	0.43
	（1.58）	（1.46）	（1.25）	（1.19）	（1.18）	（1.19）
固定资产		0.00	0.00		0.00	0.00
		（0.38）	（0.37）		（0.96）	（1.25）
年限		3.48	3.48		0.07	0.07
		（1.64）	（1.54）		（1.33）	（1.37）
常数项	-141.10	-182.30	-182.30	1.46	1.09	1.09
	（-0.85）	（-1.03）	（-0.89）	（0.49）	（0.34）	（0.37）
N	442	410	410	327	307	307

注：同表 8-1。

表 8-4 中第（1）列对应的模型以制造业企业服务人员雇佣人数为被解释变量，并加入了 GDP 指数和企业服务人员的工资作为控制变量，此时，交互项 *ds×dh* 的回归系数估计值取得了预期的符号，但该结果在统计上不显著（10% 的置信水平）。第（2）列和第（3）列的结果表明，添加更多的控制变量并调整标准误的设置后，交互项 *ds×dh* 回归系数估计值依然在统计上不显著。与此相对应，第（4）列~第（6）列也表明，当以服务人员加班时间作为被解释变量时，交互项 *ds×dh* 回归系数估计值也在统计上不显著，甚至估计值的符号也不符合预期①。

由于交互项回归系数估计值在统计上不显著，因此可以认为，历史劳动争议案件结案率不同的两组地区的制造业企业服务人员雇佣人数在《劳动合同法》

---

① 或许对服务人员的分析应该将视线重点转向服务型行业。

实施前后的变化不存在显著差异。如果说历史劳动争议案件结案率与劳动法律法规历史环境以及《劳动合同法》可能落实情况之间确实存在如前文所述的关联性，那么，上述结果似乎表明，与历史劳动争议案件结案率密切相关的《劳动合同法》干预程度的地区差异并没有带来制造业企业服务人员雇佣人数和加班时间变化上的相应差异。这似乎意味着《劳动合同法》对制造业企业服务人员雇佣水平没有产生影响，或者是《劳动合同法》对企业服务人员的影响与该法的落实程度无关。如果该法的落实情况和该法的影响程度之间存在正向关系，则由上述结果似乎可以谨慎地认为《劳动合同法》对制造业企业服务人员雇佣水平没有产生影响。而这也与第五章不分行业的情形下得到的结论相似。

第五节　民营企业一般行政人员雇佣水平

与服务人员的情况不同，从微观数据的情况看，制造业民营企业中一般行政人员的数量大体上比不分行业的情况多，相当于后者的 1.3 倍，这种差别似乎也体现在行政人员雇佣人数在《劳动合同法》实施前后的变化上。表 8-5 给出了以制造业民营企业一般行政人员为分析对象得到的回归结果。

表 8-5　以制造业一般行政人员为分析对象的回归结果

变量	被解释变量：行政人员人数			被解释变量：行政人员加班时间		
	（1）	（2）	（3）	（4）	（5）	（6）
$ds \times dh$	−35.07*	−38.82*	−38.82**	−0.24	−0.30	−0.30
	（−2.42）	（−2.42）	（−2.64）	（−0.67）	（−0.77）	（−0.88）
dh	12.91	12.52	12.52	0.04	0.05	0.05
	（0.4）	（0.35）	（0.36）	（0.12）	（0.12）	（0.11）
ds	−23.12	−15.86	−15.86	−0.399	−0.60	−0.60
	（−1.14）	（−0.73）	（−0.52）	（−0.30）	（−0.44）	（−0.34）
GDP 指数	36.81	27	27			
	（0.4）	（0.26）	（0.28）			

续表

变量	被解释变量：行政人员人数			被解释变量：行政人员加班时间		
	（1）	（2）	（3）	（4）	（5）	（6）
人均 GDP				0.03	0.01	0.01
				(0.07)	(0.01)	(0.01)
一般行政人员工资	18.69**	17.72*	17.72*	0.73	0.712	0.712
	(2.59)	(2.4)	(2.26)	(1.5)	(1.45)	(1.31)
固定资产		0.00	0.00		0.00	0.00
		(0.68)	(0.66)		(1.09)	(1.13)
年限		4.66***	4.66**		0.01	0.01
		(3.45)	(2.67)		(0.15)	(0.16)
常数项	−61.91	−100.70	−100.70	−1.14	−0.91	−0.91
	(−0.76)	(−1.18)	(−1.29)	(−0.28)	(−0.21)	(−0.18)
N	546	497	497	386	361	361

注：同表8-1。

表8-5中第（1）列对应的回归模型以制造业企业一般行政人员雇佣人数为被解释变量，并加入了企业一般行政人员的工资和 GDP 指数作为控制变量。交互项 $ds×dh$ 的回归系数估计值为负，说明两组地区的制造业企业在一般行政人员雇佣人数的变化上存在显著差异，历史劳动争议案件结案率高的地区的制造业企业一般行政人员雇佣人数相对于历史劳动争议案件结案率低的地区的制造业企业一般行政人员雇佣人数有所下降，该结果在5%的置信水平上显著。如果历史劳动争议案件结案率的差异确实和《劳动合同法》的落实情况密切相关，那么意味着从企业一般行政人员雇佣人数的角度看，《劳动合同法》的实施使法律落实情况较好的地区的制造业企业处于更加不利的地位。第（2）列继续添加了企业年限和企业固定资产作为控制变量，此时交互项回归系数估计值略有上升。第（3）列则调整了模型的标准误，这一调整也没有改变交互项回归系数的估计结果，但统计显著性略有上升，该估计值在1%的置信水平上显著。交互项回归系数估计值约为38，大于不分行业时的情形，这一结论即便在考虑到制造业企业与其他行业在一般行政人员雇佣水平基数的差异后也成立。第（4）列~第（6）列显示，以一般行政人员的加班时间为被解释变量，在加入一系列控制变量后，交互项的回归系数不显著。与不分行业时的对应情形相似，两组地区的制造业企

业在一般行政人员雇佣人数变化上的差异没有得到加班时间的支撑。如果一般行政人员雇佣水平变化的差异确实是因为与两组地区在《劳动合同法》落实情况上的差异所致，那么这意味着《劳动合同法》落实情况的差异没有带来企业一般行政人员在加班时间变化上的差异。即企业并没有采取延长加班时间的措施来对冲雇佣水平下降的影响。正如前文分析所指出的那样，这或许和一般行政人员的工作性质有关，但也可能和他们的个体素质有关。

由于以制造业民营企业一般行政人员雇佣人数为被解释变量得到的交互项回归系数估计值大于不分行业的情形，如果该估计值确实属于《劳动合同法》的影响，那么或许说明《劳动合同法》对制造业企业一般行政人员雇佣水平的影响大于其他行业，即制造业民营企业一般行政人员受到了相对于其他行业更大的影响。这或许是因为一般行政人员对于制造业企业的重要性不及其他行业，也或许是因为制造业民营企业中一般行政人员的冗员大于其他行业，又或者二者兼而有之，毕竟，微观数据显示，制造业民营企业的一般行政人员雇佣规模确实大于其他行业。

第六节　民营企业管理人员雇佣水平

总体来看，制造业民营企业管理人员的雇佣规模大于不分行业的情形，前者相当于后者的 1.25 倍，但在管理人员占总雇佣水平的比例上前者略低于后者（制造业企业中管理人员占雇佣总人数的比例约为 5%）。表 8-6 给出了以制造业民营企业中的管理人员为分析对象得到的回归结果。

表 8-6　以制造业管理人员为分析对象的回归结果

变量	被解释变量：管理人员人数			被解释变量：管理人员加班时间		
	（1）	（2）	（3）	（4）	（5）	（6）
$ds{\times}dh$	−10.86*	−12.00*	−12.00*	0.14	0.06	0.06
	（−2.20）	（−2.23）	（−2.32）	（0.42）	（0.18）	（0.23）
dh	−0.49	−3.18	−3.18	−0.46	−0.61	−0.61*
	（−0.05）	（−0.29）	（−0.31）	（−1.56）	（−1.92）	（−2.45）

续表

变量	被解释变量：管理人员人数			被解释变量：管理人员加班时间		
	（1）	（2）	（3）	（4）	（5）	（6）
ds	−8.99	−5.60	−5.60	−0.87	−1.10	−1.10
	（−0.67）	（−0.39）	（−0.27）	（−1.11）	（−1.41）	（−1.08）
GDP 指数	30.11	30.13	30.13			
	（0.94）	（0.85）	（0.97）			
人均 GDP				0.09	0.04	0.04
				（0.3）	（0.14）	（0.25）
管理人员工资	12.01**	11.31**	11.31*	−0.09	−0.08	−0.08
	（2.85）	（2.65）	（2.26）	（−0.42）	（−0.35）	（−0.28）
企业固定资产		−0.00	−0.00		−0.00	−0.00
		（0.73）	（0.69）		（−0.42）	（−0.62）
年限		2.20**	2.20*		0.07	0.07
		（2.68）	（2.04）		（1.7）	（1.67）
常数项	−65.26	−84.52	−84.52	5.75**	5.05*	5.05
	（−1.48）	（−1.85）	（−1.84）	（2.61）	（2.18）	（1.85）
N	551	504	504	415	385	385

注：同表 8-1。

表 8-6 中第（1）列的结果表明，在控制了 GDP 指数和企业管理人员的工资后，两组地区的制造业企业管理人员雇佣人数在《劳动合同法》实施前后发生的变化存在显著差异，历史劳动争议案件结案率高（亦即潜在的可能《劳动合同法》落实情况较好）的地区的制造业企业管理人员雇佣人数相对于历史劳动争议案件结案率低（亦即潜在的可能《劳动合同法》落实情况相对较差）的地区的制造业企业管理人员雇佣人数有显著降低。第（2）列加入了企业年限和企业固定资产作为控制变量，第（3）列则对标准误进行了调整，但这些调整显然并没有改变原来的结果，交互项回归系数估计值基本维持不变，在 5% 的置信水平上保持显著。交互项回归系数估计值大于不分行业时的情形，即便考虑到管理人员雇佣水平在制造业和其他行业的基数差异后也是如此。

由于以制造业企业管理人员雇佣人数为被解释变量得到的交互项回归系数估计值大于不分行业的情形，因此，如果由它表明的两组地区的制造业企业管理人员雇佣人数在《劳动合同法》实施前后变化的差异确实来源于与历史劳动争议案件结案率密切相关的《劳动合同法》落实情况的差异，则似乎说明《劳动合同法》落实情况的差异对制造业企业管理人员雇佣人数在《劳动合同法》实施前后的变化产生的影响大于其他行业（相当于后者的 2 倍以上）。在前文的分析与假设下，由上述结果可以谨慎地认为《劳动合同法》可能对企业管理人员雇佣人数产生了负面影响，且这种影响在制造业大于其他行业。

与一般行政人员的情况类似，制造业民营企业管理人员雇佣人数在《劳动合同法》实施前后的变化也没有得到管理人员加班时间变化的支持，第（4）列~第（6）列显示，尽管交互项的估计值取得了预期的符号，但它在 10% 的置信水平上不显著异于 0。历史劳动争议案件结案率不同（因此《劳动合同法》落实情况不同）的两组地区在管理人员加班时间的变化上并不存在显著差异，民营企业似乎没有采取该方式来应对雇佣水平下降带来的影响。

第七节 本章小结

本章专门对制造业民营企业雇佣水平（及加班时间）的变化与《劳动合同法》实施之间可能存在的关系进行了分析，得到了和不分行业时相似的结果，历史劳动争议案件结案率高的地区的制造业民营企业员工雇佣水平相对于历史劳动争议案件结案率低的地区的制造业民营企业员工雇佣水平有所下降。如果历史劳动争议案件结案率的高低与劳动法律法规的历史环境以及《劳动合同法》可能落实情况之间确实存在着密切关系，那么，上述结果似乎表明两组地区的制造业民营企业的员工雇佣水平在《劳动合同法》实施前后变化的差异可能源自《劳动合同法》影响（的差异）。在合理假设下，不妨谨慎地认为不同区域制造业民营企业生产人员、工程技术人员、一般行政人员和管理人员雇佣人数变化的差异是《劳动合同法》的影响（差异）所致，即可以谨慎地认为《劳动合同法》对它们的雇佣水平可能存在负面影响。

值得注意的是，如果两组地区所展现的制造业民营企业雇佣人数变化的差异确实是劳动合同落实情况的差异所致，那么本章结果似乎表明，《劳动合同法》对制造业民营企业雇佣人数的影响总体上大于其他行业，但生产人员除外。无论是总雇佣规模还是工程技术人员、一般行政人员和管理人员的雇佣水平，《劳动合同法》在制造业企业产生的影响似乎都大于其他行业的总体情况。但制造业企业生产人员受到的影响似乎小于其他行业的情形，这种特殊性或许和生产人员对制造业企业的重要性有关。生产人员在制造业企业中的基础性地位使他对于制造业企业的重要性远大于其他行业，导致企业在面对《劳动合同法》的影响时可能避免减少"重要人员"。

同时，本章也发现在《劳动合同法》的影响下，制造业民营企业是否采取延长加班时间的措施来应对企业雇佣水平下降的影响存在着群体上的分化，不同岗位的员工面临不同的遭遇，对于与生产直接密切相关的人员（如生产人员和工程技术人员），企业采取了延长加班时间的措施来抵消雇佣水平下降的影响；对于与生产并非直接密切相关的人员（如一般行政人员和管理人员），企业并没有采取延长加班时间的措施来抵消雇佣水平变化的影响。这与不分行业的情形相似。这种分化的情况可能和不同人员的受教育程度有关，但也可能与工作岗位的性质及延长加班时间的意义和价值有关，又或者是和员工的可替代性有关，由于缺乏相关数据，无法就此做进一步的判断。

另外，或许和制造业民营企业不愿意减少生产人员有关，制造业企业的生产人员与工程技术人员的比率下降的速度小于其他行业，如果这个比率能反映劳动生产率的进步，这似乎意味着制造业民营企业劳动生产率尽管有所提高，但提高的幅度可能小于其他行业。这个结论对于制造业是比较不利的。

第九章　结论和建议

　　就业保护在国际学术研究中引发的问题由来已久，我国《劳动保护法》的内容在很大程度上属于就业保护性质，因此在法律实施后存在一定的争论是正常的，也与国际上早已存在的关于就业保护制度的争论一脉相承。

　　本书基于《劳动合同法》在实施过程中可能存在企业差异或地区差异的特点考察了《劳动合同法》的实施与企业雇佣水平变化之间的关系。（在企业层次上）基于企业年限的客观差异及其与《劳动合同法》无固定期限劳动合同条款法律效力之间的关系展开分析的方法，和（在区域层次上）基于劳动人事争议案件结案率与劳动法律法规的历史环境以及《劳动合同法》实施之间的关系而展开分析的方法，得到的结果都符合有关《劳动合同法》对企业雇佣水平存在影响的预期，尽管二者在因果关系解释能力上存有差异，但实际上，这两种方法具有内在联系：根据前文的分析，一方面，劳动人事争议案件结案率高的地区的劳动力市场法律法规历史环境以及《劳动合同法》落实情况可能较好，导致企业员工雇佣人数增加量不及案件结案率低的地区；另一方面，无固定期限劳动合同条款法律效力的问题使成立年限为 10 的企业员工雇佣水平增加量受到的影响大于其他成立年限的企业，即它在《劳动合同法》面前表现得最为敏感。如果二者均能成立，则意味着成立年限为 10 的位于案件结案率高的地区的企业和成立年限为 10 的位于案件结案率低的地区的企业在员工雇佣人数增加量上的差异会有更加明显的表现，前者的企业雇佣人数增加量应该远不及后者。而事实上确实如此，如果仅考虑成立年限为 10 的企业，微观数据显示案件结案率高的地区和案件结案率低的地区的企业雇佣人数同比增幅分别为 5.42% 和 22.44%（生产人员），前者远不及后者，二者差距达 1∶4.15。这也从侧面说明了两种方法具有内在合理性。

　　那么，在合理假设下，由前文的结果可以谨慎地认为《劳动合同法》对企业雇佣水平产生了影响,《劳动合同法》落实情况的差异或法律效力的差异导致了不同企业雇佣水平在《劳动合同法》实施前后的变化存在显著差异。但研究同时也发现,企业在雇佣水平上升但新增雇佣下降的同时采取了积极的应对措施,通过实施激励措施,企业成功鼓励劳动者延长工作时间以补充劳动投入,抵消新增雇佣下降可能带来的影响。在此基础上,可以得出一些结论并提出几点有价值的建议。不过,需要强调的是,由于分析框架及微观数据的限制,以下结论可能仅仅适用于短期,在长期中未必成立。

第一节 结论

1. 就业保护保护了就业安全但也影响了新增雇佣

首先,《劳动合同法》实施后企业雇佣水平发生了变化。潜在的可能受《劳动合同法》影响大的地区或企业在《劳动合同法》实施后的雇佣水平的增加量不及潜在的可能受《劳动合同法》影响小的地区或企业。即便本书未能直接从严格的因果关系的角度证明这种差异确实是《劳动合同法》的影响所致,但由于它的发现是基于那些和企业或区域受《劳动合同法》的影响程度可能密切相关的特征,因此,在合理的假设下,在缺乏新证据之前,不妨谨慎地认为这种差异正是《劳动合同法》的影响所致,即《劳动合同法》可能会导致企业雇佣水平至少降低 15%~25%。

其次,就业保护还改变了企业的雇佣结构。由于《劳动合同法》实施后企业的新增雇佣的变化在各类人员之间存在显著差异,如果这种变化确实是《劳动合同法》的影响所致,那么说明《劳动合同法》影响了企业的雇佣结构。企业在减少雇佣水平时似乎更多地减少了与企业生产直接相关的人员如生产人员和工程技术人员,而与生产非直接相关的人员如服务人员、一般行政人员和管理人员受到的负面影响相对较小,但这在不同行业上存有差异。

最后,由于《劳动合同法》降低了企业的新增雇佣,从劳动者的角度看,意味着在业劳动者的就业安全得到提升的同时却延长了失业劳动者再就业所需要花费的时间,因为在企业数量不变的前提下,企业雇佣规模的下降将在一定程度上增加他们的就业难度。企业雇佣水平的变化意味着企业因为就业保护而减少的解雇量小于企业新增雇佣的减少量，如果把前者看成就业保护的收益，后者看成就业保护的成本，那么，如果经济持续增长，失业劳动者的就业难度的增加将不会以显性方式呈现，而只会以隐性或相对的方式呈现。如果经济增长带动企业数量的持续上升，那么即便企业新增雇佣水平下降，它也意味着在业劳动者的收获大于失业劳动者的利益损失，因此从劳动者群体的角度而言，劳动者的终极就业安全得到了提升，而不仅仅是在业劳动者的就业安全提升了。不过，幸运的是，由于经济的增长，正如企业雇佣水平的下降意味着劳动者的就业安全受到了威胁一样，企业雇佣结构的改变也意味着不同劳动者受到的威胁存在差异。大体上，生产人员和工程技术人员的就业安全受到的影响可能大，或者说从《劳动合同法》中享受到的就业安全较低，因为企业对他们的雇佣水平明显下降，并且为此下降采取了延长在职员工加班时间的替代措施。相比之下，一般行政人员和管理人员的就业安全受到的影响相对较小。

2. 企业采取了理性与积极的措施应对《劳动合同法》的影响

首先，面对《劳动合同法》的压力，企业在减少雇佣水平时做出了理性的安排。理性地调整了企业的雇佣结构，通过有选择性地减少特定类别的员工来实现对《劳动合同法》的积极主动应对。雇佣结构的调整对提高劳动生产率具有重要含义。David等（2007）曾发现，就业保护机制实施后企业生产性工人下降但非生产性工人上升（即相当于本书的工程技术人员，作者注），因为企业可能采取资本深化等行为来提高劳动生产率。Kugler等（2003）也曾讨论了替代效应的问题，不过他们的分析主要针对不同年龄群体劳动者之间的替代。而这种替代实际上也关系到劳动生产率的差异（作者注）。都阳（2013）利用2008年前后制造业企业的微观调查数据也观测到低技能工人和高技能工人之间正的替代弹性。钱雪松和石鑫（2024）则观测到就业保护推动了企业用机器设备替代生产型劳动力，但同时也提高了企业技术和研发型劳动力的雇佣。《劳动合同法》实施前后企业不仅降低了生产人员的雇佣，也降低了工程技术人员的雇佣，但生产人员雇佣水平的降低远大于工程技术人员，这直接降低了企业内部生产人员与工程技术人员的比例，工程技术人员比例的提高有助于提升企业的劳动生产率。

企业在资源配置调整方面的理性安排还体现在对核心资源和非核心资源的处理上。基于制造业的分析不仅表明《劳动合同法》对制造业的影响大体上大于对其他行业的影响（或许是因为制造行业竞争程度高从而利润率低的结果），而且还揭示出企业在《劳动合同法》的影响下在资源配置调整方面做出了理性的安排，通过尽可能减少非核心资源而保留或避免减少核心资源来减轻受到的冲击。尽管制造业在总体上受到了更大的影响，但其核心资源即生产人员受到的冲击反而比同类人员在其他行业受到的冲击小，而非核心资源如一般行政人员则受到了比其他行业更大的影响。因此，不仅是不同人员在相同行业受到的冲击存在差异，相同人员在不同行业受到的冲击也存在差异，借助于这种非对称的调整，企业部分地减轻了《劳动合同法》对其正常生产经营的影响。

其次，短期内企业会采取激励措施鼓励员工延长加班时间的方式来减缓企业雇佣水平下降带来的冲击，但最终企业的实际劳动投入仍然下降了。由于在增加员工雇佣方面变得更加慎重，企业更可能通过采取激励措施鼓励在职员工延长加班时间来满足生产劳动需求。《劳动合同法》实施前后不同地区或企业员工雇佣水平的变化和员工加班时间的变化相呼应，这既说明企业可能通过员工延长加班时间的方式来抵消企业雇佣水平下降的冲击，也说明企业雇佣水平和加班时间之间可能在实践上确实存在替代关系。不过，这种关系似乎因"人"而异，因为企业在减少一般行政人员和管理人员的雇佣水平时却没有延长他们的加班时间，这可能是岗位性质使然，如负责对外联系的行政人员在下班时间加班可能根本没有意义；也可能是员工素质所致，如一般行政人员和管理人员的受教育程度普遍高于生产人员，更高的素质使他们不愿意接受长时间的加班。

尽管企业以延长加班时间的方式来弥补雇佣水平"下降"的影响（这种"下降"指的是它低于了应有的水平，下同），但最终企业的真实劳动投入仍然"下降"了。以生产人员为例，虽然企业在降低生产人员雇佣水平的同时增加了他们的加班时间，但企业通过延长加班时间来弥补由于雇佣水平"下降"而导致的劳动投入不足的能力非常有限，从制造业企业看，能通过加班时间弥补的劳动投入相当于企业生产人员雇佣水平"下降"了17%左右，因此，企业的"真实"劳动投入仍然"下降"了，不过，如果考虑到企业可能存在低报加班时间的行为，实际情况可能会略好一些，但企业"真实"劳动投入"下降"的基本结论可能不会改变，除非企业低报加班时间的情形非常严重①。

最后，面对《劳动合同法》的压力，企业可能还采取了提升资本劳动比以提高劳动生产率的应对措施。这种影响不仅体现在生产人员与工程技术人员比例

---

① 除非《劳动合同法》实施前后两组地区的企业在加班时间上的低报非常严重，使真实效应能在前文估计的基础上提升5倍，否则不足以逆转正文的结论。

关系的改变上，也体现在资本劳动比的改变上。对微观数据的计算表明，虽然《劳动合同法》实施后企业资本劳动比（年末固定资产净值/生产人员数量）低于《劳动合同法》实施前的水平，如在受《劳动合同法》影响可能较大的地区企业资本劳动比仅为《劳动合同法》实施前的60%①，可能是全球金融危机的影响，因为金融危机降低了企业的投资意愿或者给它们带来了财务困难，并不意味着中国民营企业没有采取提升资本劳动比从而提高劳动生产率的方式来对冲《劳动合同法》的影响。对比潜在的可能受《劳动合同法》影响大的地区的企业和潜在的可能受《劳动合同法》影响小的地区的企业可以发现，前者比后者下降速度快得多。因此，至少相对于潜在受《劳动合同法》影响小的地区的企业而言，潜在受《劳动合同法》影响大的区域的企业资本劳动比提升了，这或许说明在《劳动合同法》的影响下，保持相对高的资本劳动比对于潜在的可能受《劳动合同法》影响大的区域的企业意义更大，因此，即便在困难时期，它们也保持了相对高水平的资本劳动比。也或许在金融危机过去后它们的资本劳动比将会得到显著提升。

3. 短期内《劳动合同法》可能使就业低于潜在水平

短期内《劳动合同法》降低了企业的雇佣水平，这种效应还可能传递到宏观就业上。很多人认为就业保护在短期内会促进就业、减少失业，因为就业保护机制带来的更高解雇成本会降低企业的解雇水平，只要企业雇佣新员工人数的减少量低于解雇水平的下降，企业的总雇佣水平将上升。如果企业数量不变，社会的总就业将上升。但前文的分析表明《劳动合同法》短期内可能不仅不会提高企业雇佣水平，反而会降低企业雇佣水平，如果企业的数量保持不变，劳动力市场的就业将出现下降。不过，从本书研究结果看，由于企业雇佣水平的下降是以相对而非绝对的方式出现，《劳动合同法》的影响是使企业雇佣规模的增加低于了其应有的水平，因此，从宏观就业而言，《劳动合同法》是使其低于了应有的就业水平。总体上，《劳动合同法》使中国民营企业总雇佣规模至少减少了10%，换言之，如果没有《劳动合同法》，中国民营企业总雇佣规模至少要在当时的基础上再增加10%。

另外，基于制造业企业的分析结果也值得引起重视，这不仅是因为制造业占据了我国就业的重要比例，具有牵一发而动全身的效果，更是因为制造业企业的

---

① 在剔除1家异常企业后。

区域布局对成本较为敏感且易迁移的特点。本书研究结果表明,制造业企业受《劳动合同法》的影响可能大一些,它们的员工新增雇佣水平下降得多一些,因此,要注意有些制造业企业可能会因为《劳动合同法》的影响而将生产转向国外,从而对我国制造业发展以及总体就业造成长期伤害。

4. 劳动力市场对就业保护制度短期反应大于长期

如果前文分析的结果确实是受《劳动合同法》的影响所致,说明我国劳动力市场对制度的短期反应较为敏感,无论是从企业雇佣水平还是从企业成本看都是如此。按照笔者的估计,劳动力需求数量因《劳动合同法》落实不同而形成的差异约占劳动力数量的16%。而根据都阳(2013)的估计,我国制造业工人劳动力需求弹性为-0.40(低技能工人)。如果《劳动合同法》对企业雇佣水平的影响全部为法律带来的解雇成本所致,则意味着《劳动合同法》给企业带来的成本(差异)可能高达40%及以上,《劳动合同法》对企业成本的影响非常显著[①]。从无固定期限劳动合同条款的情况来看也是如此。无固定期限劳动合同条款确实给企业造成了一定影响,给企业新增雇佣水平带来了实质性的冲击,它使那些成立年限长因而可能受无固定期限劳动合同条款制约强的企业雇佣水平增加量低于那些成立年限短因而可能受无固定期限劳动合同条款制约弱的企业。

由此来看,就业保护制度给企业的成本以及员工雇佣均带来了较大的影响,这和许多针对西方国家的文献研究结果不同,这也说明我国的劳动力市场对规制较为敏感,不过这种敏感性可能是来自劳动者的方面。当前政府越来越重视劳动力市场制度建设的重要性,但本书结果表明,劳动力市场制度确实重要,但合适的劳动力市场制度更加重要。

不过就业保护机制的影响存在时效性的观点在中国可能也成立。由于成立年限为10的企业(可能是首次经历无固定期限劳动合同条款的冲击)在雇佣水平变化上做出了最强烈的反应(即雇佣水平的增加最为谨慎),而成立年限大于10的企业(可能已经在上年度经历过无固定期限劳动合同条款的冲击)在雇佣水平变化上的表现更加缓和(即雇佣水平的增加量较多),这表明无固定期限劳动合同条款的影响在长期中可能将趋于消失,成立年限较长(大于18)的企业的

---

① 如果根据《劳动合同法》的规定进行粗略估计,在工资不变情况下,工作满1年的劳动者带来的企业成本增加量包括,正常离职的经济补偿金(最低为1/12,最高2/13),五险一金(30%~40%,如果之前没有缴纳),总计最低在38%~48%,最高在45%~55%。而如果市场工资水平能得到调整,则企业实际成本变化可能会有所下降,而正文中40%的估计显然意味着工资水平调整可能性不大。

表现似乎已经说明了这一点。这可能是因为这些企业过去的经历给它们以机会切实了解《劳动合同法》的影响，从而掌握应对《劳动合同法》冲击的方法；但也可能正如有学者所言，这或许仅仅说明它们实际上是用一年的时间证明自己曾经高估了《劳动合同法》带来的影响，最终它们再次"露出真面目"。但无论如何，它似乎说明《劳动合同法》对劳动力市场的不利影响在长期中可能会趋于消失。

第二节 建议

目前，我国已经进入中等收入国家的行列，经济增长速度已经放缓，正面临着跨越"中等收入陷阱"的艰巨任务，如何解决好劳动力市场的规范性和效率问题不仅关系到我国当前的经济增长，更关系到是否能够顺利地跨越"中等收入陷阱"，成功迈入高收入国家的行列。为此，结合前文所归纳的结论，本书提出以下几点建议：

1. 转变保护思路，从岗位保护向劳动者的保护过渡

企业雇佣规模的显著下降表明就业保护不仅对企业的正常生产经营产生了负面影响，劳动者也未必能因此变得更加安全[1]，相反，它却可能使部分劳动者因为失业或就业困难而变得更加不安全[2]。这种效应如此之大，迫使大家重新反思当前的就业保护政策。要用发展的眼光来看待就业保护，不要用静止的眼光看待它。用发展的眼光来看待就业保护就意味着应该转变保护的思路，如由注重岗位保护向注重劳动者保护过渡。当前的就业保护注重将劳动者保护在所从事的岗位上，实际上它保护的是劳动者的岗位，而真正需要保护的是劳动者。

当前，对《劳动合同法》进行改革已经被提上议事日程，改革在坚持立法原意的同时（谢增毅，2017），也应该在岗位保护之外努力探索劳动者保护的新方式。例如，改革我国当前的失业保险制度，化消极保障为积极保障，融就业保护于失业支持之中，使失业保险制度建设与我国当前产业结构转型升级相适应，

---

① 如基于无固定期限劳动合同条款的分析表明，企业可能会对即将面对无固定期限劳动合同的劳动者下手。
② 企业规模低于潜在水平导致社会就业水平低于潜在水平。

强化失业保险体系的功能价值，使失业保险制度不仅具有保障价值，还能服务于我国产业结构转型升级的需要。

2. 创新企业制度，从宏观上降低劳动合同法对就业的影响

《劳动合同法》降低了企业雇佣规模，并在短期内立竿见影地降低了劳动力市场的就业水平，但如果企业调整雇佣规模仍不能解决经营问题，那么由《劳动合同法》带来的企业破产潮必将出现，长期中由破产导致的企业数量下降将加剧因企业规模下降带来的失业问题。因此，从长期来看，在宏观上可以通过企业制度创新的方式降低它的影响，如改革当前企业注册制度，降低企业准入门槛，通过在全社会营造鼓励创新的环境努力增加企业数量，从而在企业规模下降的同时促进全社会的就业。在加强就业保护的同时通过开放和鼓励创业，双管齐下，既有助于加强对劳动者的保护，也有助于缓解失业问题，解决就业保护与失业的两难困境。

3. 理性对待企业采取的应对措施，给符合条件的企业提供缓冲期

《劳动合同法》实施后，企业采取了一些应对措施，这些措施应该理性并区别对待。根据本书的分析，短期内企业对《劳动合同法》的影响可能反应过度，首次受到冲击的企业可能受到较大的影响，但随着时间的推移，企业会逐渐地回归理性。因此，对于企业采取的有些措施，如通过激励措施鼓励在职员工延长加班时间（乃至削减企业雇佣水平），可以在短期内采取宽容的态度，给它们提供一定的缓冲期。设立缓冲期的目的一方面旨在帮企业渡过难关，毕竟企业破产带来的就业压力更大；另一方面旨在让企业对《劳动合同法》逐渐形成正确的认识，不至于因为高估困难而使企业的生产经营受到不必要的干扰。但这样的缓冲期只能适用于符合条件的特殊企业，如首次面对冲击的企业。另外，企业在缓冲期所采取的过渡性措施不应该持续存在，因为这种措施毕竟可能会伤害员工的正当权益。

4. 加大人力资本投入，调整长期劳动供给结构

本书的分析表明，在《劳动合同法》实施后，企业采取了调整雇佣结构、提高资本劳动比等措施，这些措施可以作为企业的长期举措。为此，政府可以提供资金支持或在改变劳动供给结构上下大力气，通过加大人力资本投入（包括正规教育和在职培训）来调整长期劳动供给结构，从而适应企业劳动需求的不断转变。这既可以使企业提高竞争力并避免生存危机，从容应对《劳动合同法》的影响，也可以达到有效保护劳动者的目的，教育（包括正规教育和在职培训）

不仅可以培养符合当前需求的劳动人才，更重要的是它还有助于培养劳动者日后的学习、适用以及创新能力。从长远来看，也有助于我国突破"中等收入陷阱"，进入高收入国家行列。

5. 加强《劳动合同法》地区落实平衡，促进地区经济良性竞争

根据本书的分析，《劳动合同法》在落实过程中可能存在区域差异，这种差异会使有些区域或企业获得了不当的竞争优势，从而降低了其他区域或企业的竞争力，这不仅不利于劳动者保护、企业乃至区域经济开展良性竞争以及通过竞争使劳动生产率高的企业击败劳动生产率低的企业，还不利于新兴产业击败落后产业，更不利于通过资源在企业间以及产业间进行重新配置来获得效率的改进和提升。

《劳动合同法》在落实过程中存在的区域差异对资源配置产生的扭曲应更加值得关注，因为它可能更加不利于我国通过雁阵模式进行产业结构转移与升级，也不利于我国当前大力推行的创新战略。因此，要加强及平衡《劳动合同法》及其他劳动法律法规在所有区域的落实情况，督促公平执法，让所有企业平等竞争，从而在实现就业保护的同时促进区域经济良性竞争。

参考文献

中文文献

［1］《劳动合同法相关法律法规文件汇编》，中国劳动社会保障出版社 2008 年版。

［2］《劳动合同相关法律法规文件汇编》，中国工人出版社 2015 年版。

［3］《为协助中小企度过"寒冬"，东莞建议——暂缓实施〈劳动合同法〉》，《温州日报》（转自 21 世纪经济报道）2008 年 11 月 26 日第 9 版。

［4］《新编劳动合同法小全书》，法律出版社 2014 年版。

［5］《最新劳动法律适用大全》，中国法制出版社 2005 年版。

［6］白重恩、钱震杰：《谁在挤占居民的收入——中国国民收入分配格局分析》，《中国社会科学》2009 年第 5 期。

［7］白重恩、钱震杰、武康平：《中国工业部门要素分配份额决定因素研究》，《经济研究》2008 年第 8 期。

［8］蔡昉：《关于〈劳动合同法〉的争论是正常的》，《经济观察报》2008 年 5 月 12 日第 16 版。

［9］蔡昉：《刘易斯转折点与公共政策方向的转变——关于中国社会保护的若干特征性事实》，《中国社会科学》2010 年第 6 期。

［10］蔡昉：《论对劳动雇佣关系的合法保护——破除关于〈劳动合同法〉的认识误区》，《光明日报》2008 年 4 月 29 日第 10 版。

［11］蔡昉：《破解中国经济发展之谜》，中国社会科学出版社 2014 年版。

［12］蔡昉：《人口转变、人口红利与刘易斯转折点》，《经济研究》2010 年第 4 期。

［13］蔡昉：《探索适应经济发展的公平分配机制》，《人民论坛》2005 年第

10 期。

[14] 蔡昉：《中等收入陷阱的理论、经验和针对性》，《经济学动态》2011 年第 12 期。

[15] 蔡昉：《中国经济增长如何转向全要素生产率驱动型》，《中国社会科学》2013 年第 1 期。

[16] 蔡昉：《中国劳动力市场发育与就业变化》，《经济研究》2007 年第 7 期。

[17] 蔡昉、都阳：《〈劳动合同法〉颁布实施的意义、争议与相关政策取向》，《领导之友》2008 年第 2 期。

[18] 蔡昉、都阳：《工资增长、工资趋同与刘易斯转折点》，《经济学动态》2011 年第 9 期。

[19] 蔡昉、都阳、王美艳：《劳动力市场总体状况》，孔泾源主编《中国劳动力市场发展和政策研究》，中国计划出版社 2006 年版。

[20] 蔡昉、王德文：《中国农村改革与变迁》，格致出版社 2008 年版。

[21] 陈清泰：《国有企业走向市场之路》，中国发展出版社 2000 年版。

[22] 陈熹煜：《我国〈劳动合同法〉经济补偿金制度的完善探讨》，《法制博览》2022 年第 15 期。

[23] 程连升：《超时加班与就业困难——1991-2005 年中国经济就业弹性下降分析》，《中国经济史研究》2006 年第 4 期。

[24] 程延园、杨柳：《〈劳动合同法〉实施对我国企业人力资源管理的影响》，《经济理论与经济管理》2010 年第 7 期。

[25] 董润青：《中美劳动者保护立法的模式比较及思考》，《河北法学》2009 年第 10 期。

[26] 都阳：《制造业企业对劳动力市场变化的反应：基于微观数据的观察》，《经济研究》2013 年第 1 期。

[27] 都阳、屈小博：《劳动合同法与企业劳动力成本——基于珠三角地区外向型制造业企业的调查与分析》，《山东经济》2010 年第 3 期。

[28] 杜海燕、郭晋刚：《中国国有企业改革：制度、行为与效率》，《东岳论丛》1993 年第 1 期。

[29] 杜正武：《欠薪问题的法律思考》，《社会》2003 年第 8 期。

[30] 段宏磊：《〈劳动合同法〉中惩罚性赔偿制度的立法反思与改进》，《西

南民族大学学报（人文社会科学版）》2022年第7期。

［31］高文静、施新政、陆瑶、王佳琪：《劳动力保护与企业风险——来自2008年新〈劳动合同法〉的证据》，《金融研究》2022年第1期。

［32］龚和艳：《探索提升劳动争议案件处理能力浙江构建实体化劳动争议仲裁机构》，《中国劳动》2007年第6期。

［33］郭元晞：《国有企业与乡镇企业的比较分析》，《经济体制改革》1990年第1期。

［34］国家经贸委企业司：《关于解决国有企业历史包袱问题》，《经济工作通讯》1993年第9期。

［35］河北省高级人民法院课题组：《〈劳动合同法〉施行后对劳动争议案件的影响分析》，《司法适用》2009年第8期。

［36］贺东山：《新法律环境下的弱势群体就业权保护研究》，中南大学出版社2013年版。

［37］贾平：《小型国有企业低效率运行的原因及治理对策》，《开发研究》1993年第5期。

［38］姜俊禄：《中国劳动合同法实务指南》，中信出版社2009年版。

［39］蒋帆、于大川：《解雇规制对就业稳定性的影响——基于〈劳动合同法〉实施效果的实证研究》，《劳动经济研究》2021年第6期。

［40］李稻葵：《理性看待劳动收入占比下降》，《上海经济》2010年第7期。

［41］李稻葵、刘霖林、王红领：《GDP中劳动份额演变的U型规律》，《经济研究》2009年第1期。

［42］李丁、张耀军、巫锡炜、余丹林：《政策执行与市场分割：〈劳动合同法〉长期影响的异质性研究》，《开放时代》2021年第5期。

［43］李建强、叶云龙、于雨潇、王红建：《〈劳动合同法〉、利润冲击与企业短期应对——基于企业盈余管理的视角》，《会计研究》2020年第9期。

［44］刘彩凤：《劳动合同法对我国企业解雇成本与雇佣行为的影响——来自企业态度的问卷调查》，《经济管理》2008年第Z2期。

［45］刘京权：《〈劳动合同法〉视角下企业劳动用工风险管控策略研究》，《现代企业文化》2023年第11期。

［46］刘力、谢郁：《制度规范、劳动保护与企业创新——基于〈劳动合同

法〉颁布的准自然实验》,《科学决策》2021 年第 10 期。

[47] 刘琦:《我国劳动安全事故的原因及对策》,《湖湘论坛》2005 年第 6 期。

[48] 刘庆玉:《〈劳动合同法〉对就业的影响分析——基于加班时间的视角》,《山西财经大学学报》2015 年第 10 期。

[49] 刘润芳、杨建飞:《我国居民收入份额下降的原因分析及对策建议》,《西安财经学院学报》2011 年第 9 期。

[50] 刘文华、江峰:《当前劳动争议案件特点及变化趋势分析》,《中国劳动》2009 年第 3 期。

[51] 陆瑶、施新政、刘璐瑶:《劳动力保护与盈余管理——基于最低工资政策变动的实证分析》,《管理世界》2017 年第 3 期。

[52] 罗长远、张军:《劳动收入占比下降的经济学解释》,《管理世界》2009 年第 5 期。

[53] 倪骁然、朱玉杰:《劳动保护、劳动密集度与企业创新——来自 2008 年〈劳动合同法〉实施的证据》,《管理世界》2016 年第 7 期。

[54] 潘红波、陈世来:《〈劳动合同法〉、企业投资与经济增长》,《经济研究》2017 年第 4 期。

[55] 潘敏、袁歌骋:《劳动保护与企业杠杆变动分化——基于〈劳动合同法〉实施的经验证据》,《经济理论与经济管理》,2019 年第 10 期。

[56] 钱雪松、石鑫:《加强劳动保护提高了劳动收入份额吗?——基于〈劳动合同法〉实施的经验研究》,《经济学(季刊)》2024 年第 1 期。

[57] 屈小博:《〈劳动合同法〉的实施有效吗?——来自"中国企业-员工匹配调查(CEES)"的微观证据》,《劳动经济研究》2017 年第 5 期。

[58] 任诚宇:《劳动争议"事件多案件少"令人心忧》,《劳动保护》1997 年第 8 期。

[59] 孙忠英:《公司化是国有企业改革的方向》,《甘肃理论学刊》1994 年第 2 期。

[60] 田秋生:《国有企业经营机制转换中的城镇就业矛盾》,《兰州大学学报》1993 年第 3 期。

[61] 王德文、蔡昉:《市场竞争、就业改革与企业效率》,《世界经济》2005 年第 6 期。

〔62〕 王甫希、程延园、冯娇娇：《〈劳动合同法〉对企业用工灵活性的影响——基于无固定期限劳动合同条款的研究》，《中国人民大学学报》2018 年第 1 期。

〔63〕 王桦宇：《劳动合同法实务操作与案例精解》，中国法制出版社 2011 年版。

〔64〕 王梅：《最低工资与中国劳动力市场》，中国经济出版社 2012 年版。

〔65〕 王美艳：《〈劳动合同法〉的实施：问题和对策建议》，《贵州财经学院学报》2013 年第 1 期。

〔66〕 王致兵：《我国劳动安全问题及对策》，《辽宁科技大学学报》2009 年第 2 期。

〔67〕 魏建、肖永泼：《劳动合同法与农民工劳动合同签订意愿》，《理论学刊》2013 年第 2 期。

〔68〕 吴敬琏：《改革：我们正在过大关》，生活·读书·新知三联书店 2004 年版。

〔69〕 吴克明、成刚：《教育的收入效应新探》，《教育与经济》2008 年第 4 期。

〔70〕 吴要武：《"刘易斯转折点"来临：我国劳动力市场调整的机遇》，《开放导报》2007 年第 3 期。

〔71〕 吴要武：《非正规就业的未来》，《经济研究》2009 年第 7 期。

〔72〕 吴要武、蔡昉：《中国城镇非正规就业：规模与特征》，《中国劳动经济学》2007 年第 3 期。

〔73〕 夏凡：《企业超时加班问题及对策研究》，《人口与经济》2010 年第 s1 期。

〔74〕 肖红叶、郝枫：《中国收入初次分配结构及其国际比较》，《财贸经济》2009 年第 2 期。

〔75〕 谢增毅：《劳动力市场灵活性与劳动合同法的修改》，《法学研究》2017 年第 2 期。

〔76〕 熊诗芸、陈丹：《浅析〈劳动合同法〉对中小型企业的影响》，《湖北经济学学报（人文社会科学版）》2011 年第 7 期。

〔77〕 许建宇：《构建我国欠薪保障制度的法学思考》，《中州学刊》2006 年第 9 期。

[78] 杨光：《中华人民共和国劳动和社会保障法律法规实用指南》，经济管理出版社 2002 年版。

[79] 于传荣、王若琪、方军雄：《新〈劳动合同法〉改善了上市公司的创新活动吗》，《经济理论与经济管理》2017 年第 9 期。

[80] 张明昂、施新政、邵小快：《劳动力市场制度约束与企业出口：基于〈劳动合同法〉的证据》，《世界经济》2022 年第 2 期。

[81] 张志明、崔日明、代鹏：《贸易开放、〈劳动合同法〉实施与中国制造业用工行为——基于增加值贸易视角》，《国际贸易问题》2017 年第 4 期。

[82] 郑英隆、武志伟、田莎莎：《对农民工劳动签约率影响因素的实证研究：基于劳动合同法的探讨》，《广州商学院学报》2013 年第 4 期。

英文文献

[1] Acemoglu D. , & Finkelstein A. "Input and technology choices in regulated industries：Evidence from the health care sector", *Journal of Political Economy*, 2006, 116（5）：837-880.

[2] Acharya V. V. , Subramanian K. , & Baghai R. "Wrongful discharge laws and innovation", *Review of Financial Studies*, 2014, 27（1）：301-346.

[3] Adnett N. , Bougheas S. , & Georgellis Y. "On the trade - off between work-related training and labor mobility：The role of firing and exit costs", *Journal of Economics*, 2004, 82（1）：49-70.

[4] Ahsan A. , & Pagés C. "Are all labor regulations equal? Evidence from Indian manufacturing", *Journal of Comparative Economics*, 2009, 37（1）：62-75.

[5] Almeida R. , & Carneiro P. "Enforcement of labor regulation and firm size", *Journal of Comparative Economics*, 2009, 37（1）：28-46.

[6] Arum R. , Budig M. , & Grant D. S. "Labor market regulation and the growth of self - employment", *International Journal of Sociology*, 2000, 30（4）：3-27.

[7] Autor D. H. , Donohue Ⅲ J. J. , & Schwab S. J. "The costs of wrongful-discharge laws", *The Review of Economics and Statistics*, 2006, 88（2）：211-231.

[8] Bauer T. K. , Bender S. , & Bonin, H. "Dismissal protection and worker flows in small establishments", *Rwi Discussion Papers*, 2004, 74（296）：804-821.

[9] Bertola G. "A pure theory of job security and labour income risk", *Review of Economic Studies*, 2004, 71 (1): 43–61.

[10] Bhattacharjea A. "The effects of employment protection legislation on Indian manufacturing", *Economic and Political Weekly*, 2009, 44 (22): 55–62.

[11] Blanchard O., & Portugal P. "What hides behind an unemployment rate: Comparing Portuguese and US labor markets", *American Economic Review*, 2001, 91 (1): 187–207.

[12] Blanchard O., & Wolfers J. "The role of shocks and institutions in the rise of European unemployment: The aggregate evidence", *The Economic Journal*, 2000, 110 (462): 1–33.

[13] Brügemann B. "Employment protection: Tough to scrap or tough to get?", *The Economic Journal*, 2007, 117 (521): F386–F415.

[14] David H., Kerr W. R., & Kugler A. D. "Does employment protection reduce productivity? Evidence from US States", *The Economic Journal*, 2007, 117 (521): 189–217.

[15] Dewit G., Görg H., & Montagna C. "Should I stay or should I go? Foreign direct investment, employment protection and domestic anchorage", *Review of World Economics*, 2009, 145 (1): 93–110.

[16] Drago R. "Do efficiency wages explain dismissals?", *Applied Economics*, 1993, 25 (10): 1301–1308.

[17] Edward P. Lazear. "Job security provisions and employment", *The Quarterly Journal of Economics*, 1990, 105 (3): 699–726.

[18] Edwards P., Ram M., & Black J. "Why does employment legislation not damage small firms?", *Journal of Law and Society*, 2004, 31 (2): 245–265.

[19] Elmeskov J., Martin J., Scarpetta S., Elmeskov J., & Martin J. "Key lessons for labor market reforms: Evidence from oecd countries experience", Social Science Electronic Publishing, 1998.

[20] Freeman R. B., & Li X. "How does China's new labor contract law affect floating workers?", Social Science Electronic Publishing, 2013.

[21] Freyens B., & Oslington P. "Dismissal costs and their impact on employment: Evidence from australian small and medium enterprises", *Economic Record*,

2007, 83 (260): 1-15.

[22] Galdón-Sánchez J. E. "Employment protection legislation and the it-sector in oecd countries", *Recherches économiques De Louvain*, 2001, 68 (1): 169-184.

[23] Garibaldi P., Pacelli L., & Borgarello A. "Employment protection legislation and the size of firms", *Giornale degli Economisti e Annali di Economia*, 2004, 63 (1): 33-68.

[24] Grassi E. "The effect of EPL on the conversion rate of temporary contracts into permanent contracts: Evidence from Italy", *Giornale degli Economisti e Annali di Economia*, 2009, 68 (2): 211-231.

[25] Harrison Ann. "Has globalization eroded labor's share? Some cross-country evidence", MPRA Paper, 2005.

[26] Heckman James J., & Carmen Pagés. "Introduction in law and employment: Lessons from latin america and the caribbean", Cambridge, MA: NBER Books edited by Heckman and Pagés, 2004, 41 (11): 1-107.

[27] Heckman J., Pagés-Serra C., Edwards A. C., & Guidotti P. "The cost of job security regulation: Evidence from latin american labor markets [with Comments]", *Economia*, 2000, 1 (1): 109-154.

[28] Holmes R. A. "The impact of state labor regulations on manufacturing input demand during the progressive era", *The Journal of Economic History*, 2005, 65 (2): 531-532.

[29] Ichino A., & Riphahn R. T. "The effect of employment protection on worker effort: Absenteeism during and after probation", *Journal of the European Economic Association*, 2005, 3 (1): 120-143.

[30] Jolls C. "law and the labor market", *Annual Review of Law & Social Science*, 2006, 2: 359-385.

[31] Kahn L. M. "The impact of employment protection mandates on demographic temporary employment patterns: International microeconomic evidence", *The Economic Journal*, 2007, 117 (521): F333-F356.

[32] Kessing S. G. "Employment protection and product market competition", *The Scandinavian Journal of Economics*, 2006, 108 (2): 339-352.

[33] Kim P. T. "Bargaining with imperfect information: A study of worker per-

ceptions of legal protection in an At- Will World", *Cornell Law Review*, 1997, 83 (1): 105-160.

[34] Koeniger W., & Prat J. "Employment protection, Product market regulation and firm selection", *The Economic Journal*, 2007, 117 (521): F302-F332.

[35] Kugler A. D. "The effect of job security regulations on labor market flexibility. Evidence from the colombian labor market reform". In *Law and Employment: Lessons from Latin America and the Caribbean*, University of Chicago Press, 2004: 183-228.

[36] Kugler A. D., Jimeno-Serrano J. F., & Hernanz V. "Employment consequences of restrictive permanent contracts: Evidence from spanish labour market reforms", *Social Science Electronic Publishing*, 2003, 6 (3): 247-273.

[37] Kuhn P. "Employment protection laws: Policy issues and recent research", *Canadian Public Policy/Analyse de Politiques*, 1993, 19 (3): 279-297.

[38] Lazear E. P. "Job security provisions and employment", *The Quarterly Journal of Economics*, 1990, 3 (105): 699-726.

[39] MacLeod W. B., & Nakavachara V. "Can wrongful discharge law enhance employment?", *The Economic Journal*, 2007, 117 (521): F218-F278.

[40] Mortensen D. T., & Pissarides C. A. "New developments in models of search in the labor market", in *Handbook of Labor Economics*, 1999, 3: 2567-2627.

[41] Neugart M., Skedinger P. "Employment Protection Legislation", *Journal of Economics*, 2011, 102 (2): 185-187.

[42] Park Albert; Giles John; Du Yang. "Labor regulation and enterprise employment in China". © World Bank, Washington, DC, 2012. http://hdl.handle.net/10986/27106.